Joachim Llambi

Das wollte ich Ihnen
schon immer
mal sagen

JOACHIM LLAMBI

Das wollte ich Ihnen *schon immer* mal sagen

Mut zur ehrlichen Kritik

Econ

Econ ist ein Verlag der Ullstein Buchverlage GmbH

ISBN 978-3-430-20164-3

2. Auflage 2019
© Ullstein Buchverlage GmbH, Berlin 2014
Alle Rechte vorbehalten
Umschlaggestaltung: Sabine Wimmer, Berlin
Gesetzt aus der MillerText bei
Pinkuin Satz und Datentechnik, Berlin
Druck und Bindung: CPI books GmbH, Leck
Printed in Germany

Für meine Frau Ilona,
meine wichtigste und ehrlichste Kritikerin

Inhalt

Prolog: Als ich einmal »Scheiße« sagte   9

Kritik der reinen Unterhaltung 15
Let me entertain you: Kritik als Unterhaltungsmasche 17
Raue Sitten: Die Verantwortung unserer Vorbilder 30
Qualitätsmerkmal Unterhaltungswert? Warum im
Fernsehen und im Leben nicht allein Personality zählt 40
Weniger nörgeln, mehr kritisieren! Wie wir
tatsächlich aus Fehlern schlau werden können 49
Meinungsmaschine Internet: Wie die Anonymität
unsere Kommunikation verändert 61
Das Leben ist kein Wunschkonzert:
Wie Kritiklosigkeit unsere Maßstäbe ruiniert 74

Warum wir ehrliche Kritiker brauchen 89
Aus Fehlern lernen: Das Leben ist die Summe der
Kritiken 91
Wer Leistung will, muss Leistung fördern:
Warum wir Kritik wieder ernst nehmen müssen 105
Eine Frage der Haltung: Warum Kritik ein aufrechtes
Rückgrat erfordert 118
Kritische Momente: Wie Kritik Veränderungen anstößt . . . 131
Bildung will gelernt sein: Warum unsere Kinder
kritische Vorbilder brauchen 147
Voneinander lernen: Die Zukunft gehört den Kritikfähigen 162

Kritik macht Freunde 173
Kritik tut gut – und macht beliebt: Warum Sie mit
Ihrer Meinung nicht hinterm Berg halten sollten 175
Gesunde Maßstäbe: Warum es nicht ohne Kriterien geht . . 189
Jetzt mal Tacheles! Gleicher Maßstab heißt nicht
Gleichbehandlung 202
Was glauben Sie eigentlich, wer Sie sind?
Woran man einen kompetenten Kritiker erkennt 213
Auch Kritiker dürfen sich irren: Warum es egal ist,
wer recht hat 226
In der Kritik und in der Liebe ist nicht alles erlaubt:
Wo Kritik an ihre Grenzen stößt 236

**Epilog: Warum wir niemals »Scheiße« sagen sollten –
und es doch manchmal tun** 249

Prolog: Als ich einmal »Scheiße« sagte

»Manuela, ich muss sagen, es war heute gar nicht so schlecht. Es war – ich benutze dieses Wort eigentlich nicht – es war scheiße.«

So leitete ich in der fünften Liveshow der sechsten Staffel von *Let's Dance* meine Einschätzung der Samba von Komödiantin Manuela Wisbeck ein. Vielleicht war es nicht meine Sternstunde als Kritiker. Ich hätte mich anders ausdrücken können.

In der Begründung meiner Kritik an Manuela Wisbeck tat ich das auch. Am nächsten Tag wurde vor allem das »Sch«-Wort kolportiert, doch meine Kritik ging natürlich noch weiter. Unter anderem mit der Erklärung: »Es kann nicht sein, dass wir in dieser Sendung, wo es um Tanz geht, immer nur Klamauk machen, nur Kasperletheater spielen. Ich möchte endlich auch mal eine anspruchsvolle Choreographie sehen.« Vorher war ich, weil ich es sehr ernst meinte, sogar fachlich ins Detail gegangen und hatte von Running Promenades, Botafogos und Voltas (typische Tanzfiguren bei der Samba) gesprochen.

Ich hatte nicht ohne Grund »Scheiße« gesagt, um mir Luft zu machen. Sondern weil der Auftritt aus tänzerischer Sicht Scheiße war. Nicht besser, sondern schlechter als in der Vorwoche. Bereits vier Sendungen lang hatte ich jede Woche sachlich Kritik an den Auftritten dieser Kandidatin geübt, und sie hatte sich offensichtlich nicht im Geringsten darum geschert. Anscheinend war ich nicht zu ihr durchgedrungen.

Es war an der Zeit, ein Zeichen zu setzen. Und da muss man als Kritiker eben auch mal deutlich werden.

Manchmal werde ich von den Medien als »Dieter Bohlen von *Let's Dance*« bezeichnet. Ich finde das weder richtig noch schlimm; wenn man in der Öffentlichkeit steht, muss man mit solchen Vergleichen leben. In erster Linie bin ich für meine Rolle als Kritiker bekannt. Und einer, der Kritik verteilt, bekommt öfter mal selbst welche ab. Ein gutes Zeichen, finde ich: Ich würde mir eher Sorgen machen, wenn immer alle einer Meinung mit mir wären. Sowohl in der Jury von *Let's Dance* als auch bei den Zuschauern im Saal und vor dem Fernseher. Wenn ich als Kritiker nie polarisiere, mache ich irgendetwas falsch.

Dass ich dann auch mal mit Dieter Bohlen verglichen werde, weil das so schön naheliegt, gehört eben dazu. Der Vergleich ist in den Medien ein sehr beliebtes Mittel der Kritik, weil er plakative Aussagen ermöglicht. Wenn ich gefragt werde, wodurch wir beide uns unterscheiden, sage ich nicht minder plakativ: Dieter Bohlen ist für unterhalb der Gürtellinie zuständig, ich für darüber. Natürlich hatte auch ich als Fernsehjuror schon Momente, wo ich mich in der Wortwahl vergriffen habe – wie nach Manuela Wisbecks Samba. Immerhin handelt es sich bei *Let's Dance* um eine Unterhaltungssendung. Die Balance zwischen fachlich sauberer Kritik und griffig formulierten Urteilen zu finden, mit denen die Zuschauer etwas anfangen können, ist nicht immer leicht. Wenn ich dann mal deutlich werde, liegt der Verdacht nahe, ich täte das für den Unterhaltungswert.

Doch es gibt einen entscheidenden Unterschied zwischen den schärferen Urteilen von Herrn Llambi und denen von Dieter Bohlen speziell in den ersten Folgen einer Staffel von *Deutschland sucht den Superstar (DSDS)*. Wenn Bohlen bei den offenen Castings einen völlig unbegabten Sänger zur

Schnecke macht, dann schickt die Jury ihn hinterher in die Wüste. Im Gegensatz zu unseren Kandidaten können die meisten Casting-Teilnehmer im Vorfeld wahrscheinlich nicht wirklich einschätzen, worauf sie sich da einlassen. Bei *Let's Dance* ist das anders. Dort geht es tatsächlich um die Entwicklung jedes einzelnen Kandidaten, den ich bewerte. Er ist nämlich schon gesetzt. Wir von der Jury, genau wie die Zuschauer, wollen Leistung von ihm sehen. Genau dafür soll unsere Kritik sorgen. Wenn ich »Scheiße« sage, dann verfolge ich damit ein konkretes Ziel. Im Fall von Manuela Wisbeck ging es mir darum, eine Fallhöhe zu erzeugen. Die bisherige Kritik war an ihr abgeprallt. Ein verbales Stoppschild musste her, damit sie begriff, dass Schluss war mit lustig. Im Alltag ist es nicht anders: Da hat auch der geduldigste Kritiker irgendwann genug. Und dann hat er die Wahl: Entweder redet er Tacheles, oder er frisst das alles in sich hinein. Dann ändert sich: nichts.

Leider hält die Angst vor den Konsequenzen viele davon ab, aufrichtig Kritik zu üben – auf der Arbeit oder auch im Privatleben. Schlimmer noch: Sie fürchten sich, selbst Opfer klarer Worte zu werden. Das ist fatal, denn beides hemmt uns ungemein. Diese Angst vor der Ehrlichkeit erwächst aus einem falschen Verständnis von Kritik. Und das kommt nicht von ungefähr.

Wir haben vergessen, wofür Kritik eigentlich da ist. Im Fernsehen wird uns suggeriert, dass wir entweder zu denen gehören, die draufhauen – oder zu denen, die gehauen werden. In vielen Firmen wird offene Kritik geradezu unterdrückt. Die Political Correctness hat dort einen höheren Stellenwert als das Potential, das in einem offenen Umgang unter Kollegen liegt. Kritik als Unterhaltungsmasche; Kritik als Mobbing-waffe; Kritik, die auf die Vergabe schlechter Noten begrenzt ist – das alles lässt nicht zur Geltung kommen, wie nützlich

Kritik eigentlich ist. Der Missbrauch von Kritik führt nicht nur dazu, dass viele sich lieber auf die Zunge beißen als mit der Wahrheit rauszurücken – sondern leider auch dazu, dass sie selbst nicht mehr kritikfähig sind.

Ehrliche Kritik ist nicht Draufhauen. Sie ist nicht bedrohlich. Sie dient nicht der Erniedrigung. Kritik ist eines der wichtigsten Kommunikationsmittel, die uns im Alltag zur Verfügung stehen. Sie ist das Schlüsselinstrument der Förderung von Menschen. Eine zentrale Führungsaufgabe. Sie verschafft uns Erleichterung. Wir sollten sie nicht nur wieder schätzen lernen, wenn wir sie zu hören bekommen; wir sollten uns wünschen, kritisiert zu werden. Kritik bringt uns voran. Das ist ihr eigentlicher Sinn und Zweck. Alles andere ist nur Masche. Und wenn Kritik das Ziel verfolgt, Menschen zu fördern, dann darf der Kritiker auch mal Tacheles reden, ohne dass gleich die Moralpolizei kommen muss.

Ich bin der Meinung, dass wir uns mit ehrlicher Kritik langfristig eher Freunde machen als mit unaufrichtigem Geschwafel um den heißen Brei. Dieses Buch habe ich geschrieben, um Ihnen zu zeigen, dass das tatsächlich funktioniert.

Mit der eigenen Meinung hinterm Berg zu halten ist manchmal vielleicht einfacher. Ehrlich Kritik zu üben erfordert Mut. Mit Ehrlichkeit macht man sich nicht bei jedem beliebt. Wohl aber bei denen, auf die es im Leben ankommt: bei den Menschen, mit denen wir offen reden können. Die unsere Meinung schätzen und mit uns vorwärtsgehen wollen. Jene Zeitgenossen, die lieber in trauter Harmonie auf der Stelle treten, anstatt auch mal konstruktive Reibung zuzulassen, liegen mir nicht. Ich lebe und arbeite lieber mit denen, die es ernst meinen mit der gemeinsamen Sache. Und wer es ernst meint, der lässt Kritik nicht nur zu – er fordert sie ein. Nur eine Beziehung, in der ehrliche, wohlmeinende Kritik zum normalen Umgangston gehört, ist eine funktionierende Beziehung. Und auf solche Beziehungen können wir im Leben nicht verzichten – weder zu Hause noch am Arbeitsplatz.

Bevor ich Wertungsrichter bei *Let's Dance* wurde, war ich bereits Wertungsrichter bei Profi-Tanzturnieren. Davor war ich selbst professioneller Tänzer und habe an internationalen Turnieren bis hin zu Weltmeisterschaften teilgenommen. Neben dem Tanzparkett ist mir jedoch auch das Börsenparkett vertraut. Heute bin ich selbstständiger Aktienhändler. Zuvor habe ich fast 25 Jahre lang an den Börsen in Düsseldorf und Frankfurt gehandelt – in einer Umgebung, in der man nicht zimperlich sein darf. Dort müssen Entscheidungen im Sekundentakt fallen. Im Fernsehen, beim Tanzen und an der Börse habe ich oft Kritik geübt und wohl genauso oft Kritik eingesteckt. Erfolg ist ohne beides nicht zu haben – ebenso wenig wie ein gutes Gefühl, wenn er sich einstellt.

Dass eine artige Wortwahl das A und O des Kritisierens wäre, werden Sie in diesem Buch nicht zu lesen bekommen. Wohl aber, dass Kritik auch eine Frage des persönlichen Stils ist. Ein Kritiker darf, muss sogar aufrichtig Profil zeigen. Das unterscheidet ihn von denen, die nur eine Masche fahren.

Mir geht es darum zu zeigen, wie unsere Wahrnehmung von Kritik systematisch verfälscht wird – von manchen Fernsehsendungen, vom unehrlichen Umgang miteinander am Arbeitsplatz, von der Kommunikationskultur in düsteren Winkeln des Internets. Aus meiner persönlichen Erfahrung in der Unterhaltungsbranche, im Sport und in der Wirtschaft will ich schildern, wie wichtig ein ehrlicher, kritischer Umgang miteinander für unser Zusammenleben ist – und was wir verpassen, wenn wir uns Kritik nicht zutrauen. Und ich möchte Ihnen etwas darüber erzählen, wie Kritik funktioniert, die ihren Namen verdient. Sie können nämlich durchaus Einfluss darauf nehmen, ob Sie sich mit Ihrer Kritik Freunde machen oder sich selbstverschuldet ins Aus schießen. Nur eines ist keine Option: lieber den Mund zu halten als zu ändern, was Sie ändern können.

Eines kann ich Ihnen nicht versprechen: dass Sie mich am Ende dieses Buches mehr oder weniger mögen werden. Aber darauf kommt es auch gar nicht an. Sondern darauf, dass Sie zu Ihrer Meinung stehen und den Mut zur ehrlichen Kritik aufbringen.

KRITIK DER
REINEN UNTERHALTUNG

Let me entertain you: Kritik als Unterhaltungsmasche

Auf den Hund gekommen

Kritik kann wehtun. Ich weiß das, denn ich bin oft kritisiert worden – vor allem seit ich in der Öffentlichkeit stehe. Zum Glück gehöre ich zu denen, die das nicht nur ganz gut aushalten, sondern sogar dankbar dafür sind – wenn ich Kritik bekomme, die ihren Namen verdient. Ehrliche Kritik. Wie glaubwürdig wäre ich denn als Kritiker, wenn ich selbst nicht kritikfähig wäre?

Doch es gibt Momente, da geht auch mir Kritik auf unangenehme Weise nahe. Immer dann, wenn sie nicht ehrlich ist, sondern eigennützigen Zwecken dient. Vor nicht allzu langer Zeit tat ich etwas Unbedachtes und musste dafür gewaltig Kritik einstecken. Und zwar öffentlich. So weit alles schön und gut. Das Ärgerliche daran: Meinen Kritikern ging es dabei nicht um konstruktive Kritik an meinem Verhalten, sondern um eine Schlagzeile. Das sagt leider viel darüber aus, was uns heute so alles als Kritik verkauft wird. Die Medien haben großen Einfluss auf jeden Aspekt unserer Kommunikation – also auch darauf, wie wir einander kritisieren und wie wir mit Kritik umgehen.

Im Januar 2012 bekam ich eine telefonische Anfrage von der Produktionsfirma der RTL-Sendung *Die Große Hundeshow* von Hundetrainer Martin Rütter. Dort treten unter anderem Prominente mit ihren Hunden auf und durchlaufen verschiedene Übungen mit pädagogischem Effekt für Hundebesitzer – und natürlich hat das Ganze einen hohen Unterhaltungsfaktor. »Schön«, sagte ich dem Redakteur, »da gibt es nur ein kleines Problem: Ich habe keinen Hund.«

»Macht nichts«, gab darauf der Redakteur zurück, »wir leihen einen für Sie aus. Wir wollen einen Hund aus dem Tierheim in der Sendung dabeihaben, um diesen Tieren eine Plattform zu geben.«

Einen Hund auf Probe mitzunehmen, ist übliche Praxis in Tierheimen. Schließlich wird auch der Hund nicht glücklich, wenn er mit Herrchen oder Frauchen nicht zusammenpasst. Ein Problem sah ich nicht: Ich konnte meine Qualitäten als Hundehalter testen, und den vielen abgeschobenen Tieren wäre auch geholfen. Tatsächlich hatte ich ohnehin schon öfter über einen Familienhund nachgedacht – und hier war die Gelegenheit, mich mal als Herrchen zu erproben. Ich sagte zu und nahm an der Show teil.

Doch ich hatte nicht daran gedacht, dass Kritik im Fernsehen auch gern um ihrer selbst willen stattfindet – und dass ich mit dieser Aktion eine gute Zielscheibe abgab. Ich war nicht irgendein potentieller Hundehalter, der einen Hund auf Probe aus dem Tierheim mitnimmt oder Hundesitter für einen Bekannten spielt, um zu testen, ob er das kann. Meine Probezeit als Herrchen fand öffentlich statt.

Estrella, eine Dackel-Terrier-Mischlingshündin, mit der ich die Show dann bestritt, ist eine spanische Findelhündin. In der Show gab es sogar einen Einspieler, der zeigte, wie ich die aufgeweckte Hundedame im Gießener Tierheim aussuchte. Dessen Chefin – immerhin Vorsitzende des hiesigen Tierschutzvereins – unterstützte die Aktion. Estrella lebte schon seit Längerem bei einer Hundetrainerin zu Hause – auf einem hundefreundlichen Grundstück mit reichlich Auslauf. Sie war keine Heimhündin im eigentlichen Sinne mehr; die Trainerin brachte sie als Repräsentantin für all die herrenlosen Hunde im Gießener Tierheim, zu denen sie einmal gehört hatte, mit zum Dreh. Das erfuhren die Zuschauer allerdings nicht – für sie war Estrella eine Hündin ohne Zuhause wie all die anderen, die im Einspieler über das Tierheim gezeigt wurden. Was man aus meinem Auftritt mit Estrella machen könnte, kam mir und dem Team von Martin Rütter daher gar nicht in den Sinn. Ich war eingeladen worden, obwohl ich kein Hundehalter war, weil durch mich auf die Situation der Heimhunde aufmerksam gemacht werden sollte.

Und so kam es auch. Estrella wurde durch die Show über Nacht zum Star. Nach der Sendung erreichte das Gießener Tierheim eine Flut von Anrufen und E-Mails. Alle wollten die süße Estrella zu sich nehmen. Dazu kam es zunächst nicht, denn Estrella hatte ja schon ein Zuhause. Doch auch andere Hunde, die im Einspieler zu sehen gewesen waren, und das Gießener Tierheim erfreuten sich schlagartig großer Beliebtheit. Die Rechnung, mit der Show etwas für Heimhunde zu tun, war aufgegangen.

Eine Boulevardzeitung brachte jedoch am Tag nach der Sendung eine ganz andere Schlagzeile: »TV-Terrier Estrella nach der Sendung zurück ins Tierheim«. In dem Artikel war nicht zu lesen, worum es bei der Aktion eigentlich gegangen war. Dafür das hier: »Das ist doch zum Jaulen ... RTLs tierischer TV-Star Estrella (6) muss zurück ins Tierheim. (...) Llambi hat Estrella sofort nach der Show abgegeben! (...) Nur fürs TV, da war sie ihm scheinbar gut genug ... Hundsgemein!«

Damit war die Richtung der öffentlichen Debatte, die nun folgte, vorgegeben. Was sich daraufhin auf meiner Facebook-Seite und der von Martin Rütter abspielte, das war wirklich zum Jaulen. Wir beide mussten einen tagelangen Shitstorm oder besser gesagt ein Shitstürmchen über uns ergehen lassen – verglichen mit dem, was andere Prominente schon aushalten mussten, war die Zahl der feindseligen Kommentare noch harmlos. Es reichte allerdings, um mich auch zum ersten Mal die Macht der anonymen Internetkritik spüren zu lassen. Ich biss die Zähne zusammen und saß das Drama aus. Jede Gegenrede meinerseits, das wusste ich, hätte die Diskussion nur noch weiter angefacht. Erst nachdem das Tierheim die Situation klargestellt hatte, meldete auch ich mich wieder zu Wort.

Als öffentliche Person muss ich solche Attacken unter dem Deckmantel der Gerechtigkeit aushalten. Gut finden muss ich sie nicht. Unsachliche, unfaire Kritik, die öffentlich ausgetragen wird, tut weh. Doch Kritik dieser Art gibt gute Schlagzeilen her. Sie soll keinen Missstand beheben, sie soll nicht ausgewogen eine Leistung bewerten, sie soll dem Kritisierten nicht dabei helfen, etwas zu verändern. Sie soll einfach nur unterhalten. Denn das kann Kritik auf diesem Niveau: Sie kann die Auflage steigern.

Dass es in der ganzen Affäre – sogar unter den Tierschützern – auch viele Stimmen gab, die den Werbeeffekt für Tierheime und Findelhunde lobten und sich um eine sachliche Diskussion bemühten, ging im Blätterrauschen weitgehend unter. Auch ich selbst habe erst viel später davon erfahren.

Das sollte jedem selbst ernannten Kritiker bewusst sein: Ein Verriss ist immer lauter als ein Lob, und er spricht sich viel schneller herum.

Wer den Schaden hat ...

... braucht für den Spott nicht zu sorgen, lautet ein altes Sprichwort. Auf kaum jemanden trifft es so genau zu wie auf jene Kandidaten, die sich vor laufender Kamera zum Gespött der Nation machen, ohne sich dessen bewusst zu sein. Ihnen begegnen wir in erster Linie dort, wo sich Selbstüberschätzung sofort rächt: in den Castingshows.

Diese Sendungen haben glänzende Momente – denken wir nur an die Entdeckung und den kometenhaften Aufstieg von Ausnahmetalenten wie Paul Potts oder Mark Medlock. Und eine Sendung wie *DSDS* könnte nie so erfolgreich werden, wenn nicht ein erfahrener Experte für das Musikbusiness wie Dieter Bohlen die Jury anführen würde. Über Erfolg kann man nicht streiten. Auch über die Kompetenz des Experten nicht: In jeder Staffel kommen seine Qualitäten als Musikfachmann zum Tragen – nämlich dann, wenn die Spreu vom Weizen getrennt wird. Hier nutzt er Kritik gezielt, um dazu beizutragen, dass der oder die Beste gewinnen möge.

Auch ein Dieter Bohlen kann jedoch, mit Verlaub, aus Bockmist keine Bonbons machen. In den ersten Sendungen steht der Auswahlprozess mit vielen weniger begabten Kandidaten im Mittelpunkt, die im weiteren Verlauf der Staffel keine Rolle mehr spielen werden. Die Art von Urteil, die in dieser Phase gesprochen wird, kann letztlich nur der Show dienen: Bei diesen Kandidaten ist von vornherein klar, dass eine weitere Förderung ausbleibt. Und so werden sie, um auch den schlechten Darbietungen einen Unterhaltungswert abzugewinnen, mit entsprechenden Urteilen verabschiedet. Von Kritik im eigentlichen Sinne kann in diesem ersten Stadium noch keine Rede sein. Die Juroren erkennen in dieser Phase bereits, wer das Zeug hat, um die nächsten Runden zu überstehen. Langfristig sind für das Publikum nur die Kandidaten mit Starpotential interessant. Jeder möchte am liebsten sehen, wie ein Superstar geboren wird. Solche Ereignisse erzielen Quoten, die auch der unterhaltsamste Spruch nicht überbieten kann. Erfolgreiches Entertainment beruht auf dem gleichen Prinzip wie jeder nachhaltige Erfolg: Leistung.

Dieter Bohlen müht sich in jeder Staffel redlich ab, nach den Castings aus den letzten verbliebenen Kandidaten echte Stars zu machen – mit wechselndem Erfolg. Auch er kann nur mit denen arbeiten, die sich freiwillig für die Teilnahme an der Show gemeldet haben. Die meisten Gewinner von Castingshows verschwinden recht zügig wieder in der Versenkung. Nur wenige schaffen es, langfristig etwas aus diesem Erfolg zu machen – indem sie kontinuierlich hart daran arbeiten, sich zu steigern und als Musiker anerkannt zu werden. Echte Stars sind nun einmal selten.

Warum *Let's Dance* aus der Reihe tanzt

Bei *Let's Dance* läuft vieles anders als bei *DSDS*, *Popstars*, *The Voice of Germany* oder *Germany's Next Topmodel*. Wir sind keine Castingshow. Zwar stehen auch bei uns Laien auf der Bühne, die dem Spott der Nation ausgeliefert wären – wenn unser Publikum es so wollte. Doch in dieser Hinsicht tanzen wir gegenüber anderen Fernsehshows aus der Reihe.

Bei uns gibt es keinen Castingprozess, während dessen wir uns wochenlang auch völlig unbegabte Kandidaten ›reinziehen‹ müssten. Das Holz, aus dem unsere Kandidaten geschnitzt sind, ist ein anderes: Wer bei uns auf die Bühne kommt, ist schon ein Star – die einen mehr, die anderen weniger. Manche Kandidaten nutzen *Let's Dance* als Plattform für ein Comeback, andere einfach nur, weil sie dort ihre Stärken ausspielen können. Allen gemeinsam ist, dass zumindest Teile des Publikums schon eine Meinung über sie haben, bevor sie zum ersten Mal auf dem Parkett performen. Wir in der Jury können jedes Jahr aufs Neue live erleben, wie sich diese Meinung im Verlauf einer Staffel bestätigt – oder wie sich das Blatt wendet. Das ist einer der vielen spannenden Aspekte in dieser Sendung.

Was mich daran jedes Jahr aufs Neue freut: Es gibt nur einen einzigen Weg, um bei *Let's Dance* an Beliebtheit zu gewinnen, nämlich sich anzustrengen.

Im Gegensatz zu einem Teil des Castingshow-Publikums schalten unsere Zuschauer von der ersten Sendung an ein, um sich von den Leistungen unserer Kandidaten unterhalten zu lassen. Totalausfälle gibt es bei uns ohnehin selten, denn die Kandidaten werden professionell gecoacht und gehen auch in die erste Sendung nicht unvorbereitet. Wer es dennoch verbockt, fliegt raus. Immer. Und meistens sehr schnell. Das Publikum könnte Kandidaten, die beim Tanzen über die eigenen Füße stolpern, von Woche zu Woche weiterkommen lassen – aus purer Schadenfreude, um sich weiter über stümperhafte Darbietungen zu amüsieren. Tut es aber nicht. Manche schlechten Tänzer können sich bei uns vielleicht mit einem Sympathiebonus über zwei, drei Folgen retten, nicht aber in Richtung Finale.

Die Zuschauer-Votings zeigen es jede Woche aufs Neue: Bei *Let's Dance* zählt die Leistung. Vielleicht nicht Höchstleistung im Sinne einer echten Meisterschaft im Standardtanz, bei der Profis sich aneinander messen lassen müssen. Wohl aber die persönliche Leistung jedes prominenten Kandidaten. Am Schluss gewinnt, wer sich am meisten reinhängt und am Ende der Staffel die größte Entwicklung durchgemacht hat.

Diese Leistung belohnt das Publikum mit dem Sieg. Das macht meinen Job als Juror um einiges leichter.

Als ich zum ersten Mal in der Jury von *Let's Dance* saß, wusste ich das noch nicht, doch inzwischen kann ich mich darauf verlassen: Ich bin im Wesentlichen mit dem Publikum einer Meinung.

Während der Sendung kommt das oft ganz anders rüber: Wenn ich bei Kandidaten, die hoch in der Gunst der Zuschauer stehen, eine der Wertungskellen mit einer niedrigen Wertung ziehe, muss ich mir vom Studiopublikum auch mal Pfiffe und Buhrufe anhören. Das gehört zu meinem Job in dieser Sendung. Ich treibe die Kandidaten immer weiter an, bis sie die Leistung bringen, die ich ihnen zutraue – oder meine Erwartungen sogar übertreffen. Die Rolle des Kritikers bringt es mit sich, dass man den Buhmann spielen muss. Damit habe ich kein Problem, weil ich weiß: Wenn derjenige das Potential hat, es weit zu bringen, wird das Publikum ihn weiterwählen – obwohl ich ihm eine schlechte Note gegeben habe. Doch meine Wertung wird ihm Ansporn sein, seine Sache noch besser zu machen.

Dieses Zusammenspiel mit dem Publikum schätze ich sehr an *Let's Dance*: Ich kann ehrlich und professionell bewerten, ohne befürchten zu müssen, dass am Ende jemand gewinnt, der es nicht verdient hat. Auf unser Publikum ist Verlass.

Deshalb lasse ich die Ausrede nicht gelten, dass das deutsche Publikum nur Trash sehen wolle und Leistung gar nicht schätzen könne. Die Menschen erkennen Leistung sehr wohl an – wenn sie sie geboten bekommen. Die Voraussetzung dafür ist, dass man dem Publikum überhaupt die Chance gibt, sich an langfristigen Entwicklungen zu erfreuen, statt nur auf einmalig hohe Quoten durch den schnellen Kick zu setzen, der sich mit dem Prinzip Schadenfreude oder dem Prinzip Tränendrüse erzielen lässt.

Neben der komfortablen Position, Juror in einer Sendung zu sein, deren Konzept mir entgegenkommt, habe ich noch einen weiteren Vorteil: Am Sieger der Sendung habe ich kein finanzielles Interesse. Im Gegensatz zu beispielsweise Heidi Klum will ich mit dem Gewinner von *Let's Dance* im Anschluss an die Staffel keine Modenschauen veranstalten und kein Geld verdienen. Ich habe an ihm auch keinen Ruf zu verlieren. Die Kandidaten können aus dem Sprungbrett *Let's Dance* etwas machen oder nicht – mich betrifft das nicht direkt. Das lässt mir wesentlich freiere Hand bei meinen Jury-Urteilen: Ich muss nicht darauf achten, wer sich am besten vermarkten lässt. Stattdessen kann ich mich einzig und allein auf meine Expertise konzentrieren und den am besten bewerten, der am besten tanzt.

Das Verblüffende daran: Bisher hat aus Expertensicht in jeder einzelnen Staffel seit sechs Jahren immer der oder die Richtige gewonnen. Mehr noch: Es standen immer die beiden besten Paare im Finale. Dort war es dann oft dermaßen eng, dass beide Prominente würdige Gewinner gewesen wären.

Der Schauspieler Wayne Carpendale gewann bei oberflächlicher Betrachtung die erste Staffel, weil er bei vergleichbaren tänzerischen Qualitäten beim Publikum noch etwas höhere Sympathiewerte hatte als seine Konkurrentin Wolke Hegenbarth, ebenfalls Schauspielerin. Aus professioneller Sicht muss man jedoch festhalten: Als Laientänzer haben die männlichen Kandidaten es schwerer, denn sie müssen führen, während die Damen sich von einem Profi führen lassen können. Das mag einer der Gründe sein, warum wir in sechs Staffeln bisher nur zwei männliche Gewinner hatten.

Der zweite war der Schauspieler Manuel Cortez in der sechsten Staffel, der mit Schauspielkollegin Sila Sahin wiederum eine Konkurrentin hatte, die tänzerisch ebenfalls ganz großes Kino ablieferte. Manuel, der die Herausforderung in den ersten Sendungen noch eher nachlässig angegangen war, ist ein gutes Beispiel dafür, dass Leistung vom Publikum belohnt wird: Er entwickelte im Laufe der Staffel eine solche Leidenschaft und schaffte in den letzten drei Folgen eine derartige Steigerung in Technik und Emotion, dass das Publikum ihn letztlich vorn sah, obwohl seine Konkurrentin ihm tänzerisch absolut ebenbürtig war. Die Zuschauer krönten von zwei würdigen Finalisten am Ende den mit der größten Leistungssteigerung, nachdem wir von der Jury beide gleichauf gesehen hatten.

In den Staffeln zwei bis fünf ging der Sieg jeweils an die Damen: Die Schauspielerin Susan Sideropoulos, die von der ersten Sendung an hart arbeitete und sich kontinuierlich auf hohem Niveau bewegte. Sophia Thomalla gewann, obwohl sie es besonders schwer hatte. Konkurrenz ist manchmal der beste Kritiker: Mit der späteren Co-Moderatorin der Sendung, Sylvie van der Vaart (heute: Sylvie Meis), hatte Sophia eine starke Gegnerin. Sylvie war nicht nur tänzerisch schwer zu schlagen, sondern hatte erst kurz zuvor ihren Kampf gegen den Krebs gewonnen. Durch ihren bewundernswert offenen Umgang mit der Erkrankung genoss sie in der Öffentlichkeit große Anerkennung. Trotzdem gelang es ihrer Konkurrentin Sophia, sich mit ihrer einnehmenden Art und einer von Sendung zu Sendung technisch immer besser werdenden Performance sogar von der Beliebtheit einer Sylvie Meis nicht aus der Ruhe bringen zu lassen. Ähnlich Manuel Cortez begann sie in der ersten Sendung recht träge. Sie ging aber unglaublich sympathisch mit der Kritik an ihrer Anfangsleistung um und meldete sich fortan wöchentlich mit einer umso größeren Steigerung zurück. Sie gewann möglicherweise deshalb, weil sie sich die Kritik nach dem mäßigen Start zu Herzen nahm und dem Publikum Willenskraft und Charakterstärke bewies.

Kritik und Unterhaltung: Ein Widerspruch?

Mit den höheren Ansprüchen des Publikums an *Let's Dance* gegenüber anderen Unterhaltungsshows gehen auch andere Ansprüche an die Art einher, wie wir in der Jury die Kandidaten kritisieren. Auf den ersten Blick hat meine Rolle bei *Let's Dance* viel mit der von Dieter Bohlen gemeinsam. Auch von mir erwartet das Publikum eine strenge Bewertung und harte Kritik. Ich stehe sogar für die deutlichen Worte, während die anderen Juroren auch mal Fünfe gerade sein lassen, wenn ein Kandidat sie dafür mit seinem Charme überzeugt hat.

Ich darf der strenge Lehrer, der penible Fachmann, der knallharte Coach sein – aber nicht das Arschloch. Ich darf richtig hinlangen, solange ich die Leistung bewerte. Doch wenn ich persönlich werde, erhalte ich die Quittung – vom Publikum, von der Presse, vom Moderator. Ich bekomme manchmal sogar direkte Rückmeldung aus den Zuschauerrängen, wenn ich mal überdeutlich werde. Obwohl ich Laien bewerte, muss ich bei meinen Urteilen professionell bleiben – sowohl in der Sache als auch menschlich. Halte ich mich nicht daran, verliere ich beim Publikum meine Glaubwürdigkeit als Experte. Was dann passiert, zeigen die Reaktionen auf meine Bewertung von Manuela Wisbeck in der sechsten Staffel, die ich im Prolog dieses Buches schon dargelegt habe.

Was meine Rolle als Kritiker in der Sendung so spannend macht: *Let's Dance* ist trotz alledem eine ausgesprochene Unterhaltungssendung. Meine Hauptaufgabe besteht bei aller Professionalität im Entertainment. Das Spannungsfeld zwischen kluger Kritik und Unterhaltung ist meine Bühne, und ich muss sie optimal bespielen. Das ist eine Gratwanderung, jedes Mal aufs Neue. Doch der Erfolg der Sendung zeigt, dass Kritik und Unterhaltung sich keineswegs ausschließen.

Kritik darf unterhaltsam sein, und Unterhaltung darf Kritik beinhalten. Nur einen Fehler darf man nicht machen: Kritik und Unterhaltung als Synonyme verwenden.

Um meine Rolle als Kritiker und Experte authentisch zu erfüllen, stelle ich mich der Gratwanderung grundsätzlich live. In der Sendung habe ich keine Liste mit vorformulierten Gags vor mir liegen, die ich irgendwo platzieren möchte. Ich habe keine vorgefertigte Meinung über die Kandidaten oder ihren Tanzstil, die ich pauschal kundtue. Ich beurteile nur den Augenblick, die Tagesleistung – spontan und ungefiltert. Genau wie in einem professionellen Tanzturnier. Genau wie im richtigen Leben.

Diese Lebensnähe entspricht auch meiner Position als öffentliche Person: Ich habe diese Rolle übernommen, weil sie mir auf den Leib geschneidert ist. Das ist mir wichtig. Ich agiere als Juror bei *Let's Dance* nicht als Kunstfigur, sondern als Joachim Llambi.

Unterhaltung ist nicht gleich Unterhaltung. Die Form von Kritik, mit der ich in der Sendung arbeite, ist nicht vergleichbar mit der Satire, wie wir sie an Comedians schätzen. Dass Sie einen Atze Schröder oder eine Cindy aus Marzahn auf der Straße nicht wiedererkennen würden, hat gute Gründe: Die beiden können als Kunstfiguren auf der Bühne gesellschaftskritische Breitseiten austeilen, weil sie mit ihren Rollen nicht identisch sind. Sie sind befreit von der Vorbildrolle, die öffentliche Personen ausüben, weil sie durch ihre Maske klar zu erkennen geben, dass sie keine Privatmeinung vertreten. Deshalb haben sie die Freiheit zu übertreiben, zuzuspitzen und sich im Ton zu vergreifen. Ich kann das nicht – jedenfalls nicht ohne Konsequenzen.

Im Gegensatz zu Juroren anderer Formate arbeite ich bei *Let's Dance* auch nicht mit Menschen, denen ich danach nie wieder begegnen werde. Die gesamte Besetzung von *Let's*

Dance, von den Kandidaten über die Moderatoren bis hin zur Jury, bewegt sich auf der öffentlichen Bühne. Und auf dieser Bühne begegnet man sich immer wieder.

Wenn Sie schon mal einem Kollegen Feedback gegeben haben – oder als Führungskraft Ihren Mitarbeitern –, wissen Sie, was ich meine: Sie wollen danach weiter mit dem Betreffenden zusammenarbeiten. Also wollen Sie Ihre Kritik klar und handfest formulieren, um eine Veränderung herbeizuführen. Und trotzdem müssen Sie den Respekt wahren und die Beziehungsebene in Betracht ziehen. Sie wollen ehrlich kritisieren, aber dabei auch menschlich bleiben.

Nicht anders geht es mir als Juror. Ich vergebe Punkte an gestandene Fernsehpersönlichkeiten. Was passieren kann, wenn sich eine von ihnen auf den Schlips getreten fühlt, hat mich eine Episode mit Margarethe Schreinemakers gelehrt – doch dazu später mehr.

Ich muss mich mit meiner Kritik an die gleichen Regeln halten, denen wir alle im Alltag unterworfen sind. In einer Position zu sein, in der Kritik zur Stellenbeschreibung gehört, heißt nicht, dass wir vogelfrei wären. Kritik ist keine Unterhaltungsmasche, sondern eine Frage der Professionalität und des menschlichen Miteinanders. Das gilt für meine Rolle bei *Let's Dance* genauso wie für jeden Angestellten und jede Führungskraft. Kluge Kritik ist eine Schlüsselqualifikation im Beruf und eine Kernkompetenz in jeder Lebenslage. Keine Unterhaltungsmasche, sondern eine langfristige Investition in die Zukunft. Unsere eigene, die unserer Gesellschaft und auch die der Medien.

Kritik ist ein menschliches Bedürfnis und ein unverzichtbarer Bestandteil aufrichtiger Kommunikation. Ich wünsche mir, dass wir sie wieder schätzen lernen – und unseren Kindern vorleben. Doch dazu müssen wir uns erst einmal vor Augen führen, was Kritik ist und welches Ziel sie verfolgt.

Raue Sitten: Die Verantwortung unserer Vorbilder

Was unser Medienkonsum über uns aussagt

Aus den mal mehr, mal weniger hohen Quoten von Sendungen, in denen Menschen harsch miteinander kommunizieren – sei es der Umgang überforderter Showkandidaten miteinander oder zum Beispiel ein Streit unter Prominenten, der wochenlang Gegenstand der Schlagzeilen ist –, ziehe ich zwei Schlüsse. Erstens: Viele schalten tatsächlich nur aus Schadenfreude ein, weil sie inzwischen an den harten Ton gewöhnt worden sind. Das ist eine schlechte Nachricht, aber auch durchaus menschlich nachvollziehbar: Wer nach einem harten Arbeitstag oder einem schlimmen Schultag, an dem er vielleicht selbst als Fußabtreter für den Chef oder die Klassenkameraden herhalten musste, zusehen kann, wie es anderen vor einem Millionenpublikum noch schlimmer ergeht, ist nicht gleich ein schlechter Mensch. Er verschafft sich einfach nur Erleichterung, fühlt sich ein bisschen weniger schlecht als zuvor. Das ist keine konstruktive Lösung für die Alltagsprobleme regelmäßig unzufriedener Menschen. Aber eine kleine Flucht, die sich anbietet und keine eigenen Anstrengungen verlangt. Je öfter ein Teenager zusieht, desto höher wird seine Reizschwelle und desto expliziter muss das Dargestellte sein, um noch etwas bei ihm auszulösen.

Gefährlich ist diese Entwicklung insbesondere für junge Menschen, die noch nicht konsequent zwischen der Realität und deren Aufbereitung in den Medien unterscheiden können: Früher oder später setzt sich der Ton durch, den zum Beispiel sehr junge Kandidatinnen anschlagen, wenn sie unter höchsten Druck und zueinander in Konkurrenz gesetzt werden.

»Du siehst scheiße aus!« – so ein Spruch kann ein junges Mädchen brechen. Doch bei jungen Menschen kann in manchen Sendungen der Eindruck entstehen, dass Kritik genau so sein darf und sogar als cool gilt. Wenn zwei Mädchen, die für ihren Traum kämpfen und unter Leistungsdruck die Nerven verlieren, sich untereinander einen Zickenkrieg liefern, dann sieht das real aus – aber ist es das? Wie reflektiert und selbstsicher waren Sie mit fünfzehn in Bezug auf Ihre Fähigkeiten und Ihren Wert innerhalb einer Gruppe? Gerade Teenagern ist es enorm wichtig, wie sie von ihren Altersgenossen wahrgenommen werden. Der Gradmesser für ihren Selbstwert ist bei vielen ihre Beliebtheit in der Schule, in der Clique, im Sportverein. Wenn in diesem Umfeld statt offener Rückmeldungen der brutale Verriss praktiziert wird, fehlt die Chance zur gesunden Persönlichkeitsentwicklung.

Stattdessen setzt man sich aus reinem Selbstschutz pauschal über jede Kritik hinweg – auch über die wohlmeinende. Man gewöhnt sich selbst asoziale Verhaltensweisen an, um sich zu behaupten. Oder man zerbricht. Zwei mögliche Weichenstellungen für alle, die in diesem Alter noch nicht so gefestigt sind, dass sie das Spiel durchschauen und darüberstehen könnten.

Amokläufe und Bombendrohungen an Schulen im In- und Ausland haben in den letzten Jahren zu Recht vermehrt zu Diskussionen darüber geführt, ob wir als Lehrer, Eltern, Vertrauenspersonen der Verrohung der Sitten bei unseren Kindern noch gewachsen sind. Viel zu selten wird dagegen öffentlich über die gängigste Form der Gewalt auf deutschen Schulhöfen diskutiert: die verbale.

Wie unsere Kinder miteinander umgehen, darf uns nicht egal sein. Kritik zu üben ist eine der wichtigsten Säulen der zwischenmenschlichen Kommunikation. Sie gehört zu einer gesunden Beziehung. Sie sorgt für Weiterentwicklung – persönlich und ökonomisch. Sie ist eine grundlegende Voraussetzung jeder demokratischen Ordnung. Wenn wir verlernen, einander auf kluge Weise zu kritisieren, können wir nicht mehr konstruktiv miteinander umgehen. Die Folge ist Stagnation.

Fortsetzung der Politik mit anderen Mitteln

Prominente, die durch ihre Medienpräsenz regelmäßig in den deutschen Wohnzimmern zu Gast sind, stehen auf einem Podest – ob sie diese Verantwortung nun annehmen oder nicht. Gerade viele junge Menschen nehmen manchen Medienstar heute ernster als ihre Abgeordneten. Das mag damit zu tun haben, dass sie dessen Leistungen fortlaufend einschätzen und beobachten können. Von den meisten Politikern dagegen hören sie kaum etwas, wenn sie sich nicht aktiv darum bemühen.

Die Ergebnisse politischer Nichtleistung in ihrem Umfeld dagegen nehmen sie durchaus wahr. Säßen Jugendliche in der Jury einer Sendung namens *Germany's Next Spitzenpolitiker*, bekämen wir wohl häufig Urteile wie dieses zu hören: »Ich habe heute leider kein Foto für dich, liebe Arbeitsministerin, denn meine Eltern bringen unsere Familie trotz mehrerer Nebenjobs kaum über die Runden.«

Gerade in Wahlkampfzeiten reicht ein Blick in die Abendnachrichten, um sich davon zu überzeugen, dass auch Politiker – immerhin von Berufs wegen Kommunikationsprofis – den Begriff der Kritik gern mal eigennützig interpretieren. Der Teil der Politik, den wir als Außenstehende wahrnehmen, ist ein Wettkampf, der mit Worten ausgetragen wird. Wie jeder andere Wettkampf hat er seine Regeln – sowohl geschriebene als auch ungeschriebene. Dass politische Gegner in Sachfragen deutliche Worte für die Meinungen und Lösungsansätze des jeweils anderen finden, ist nichts Neues. Dass diese Meinungsverschiedenheiten öffentlich ausgetragen werden, ist sogar notwendig, um die Wähler in den politischen Prozess einzubeziehen.

Leider häufen sich die Berichte über Politiker, die in ihren Auseinandersetzungen die Sachebene verlassen und einander auf der persönlichen Ebene verbale Tiefschläge versetzen. Das beste Beispiel für diese politische Unkultur war der Angriff von Ronald Pofalla gegen Wolfgang Bosbach in einer Sitzung der CDU/CSU-Bundestagsfraktion, der irgendwie den Weg in die Medien fand. »Ich kann deine Fresse nicht mehr sehen!«, wurde Pofalla in der Berichterstattung zitiert.

Jetzt stellen Sie sich einmal vor, Ihr Kollege hätte das zum Beispiel in einer Abteilungssitzung zu Ihnen gesagt. Oder ein Verwandter bei einer Familienfeier. Eine Äußerung wie diese würde in jedem beliebigen Kontext die Regeln des gesunden Miteinanders verletzen.

In der Politik ist ein solcher Affront viel mehr als eine bodenlose Unverschämtheit. Ganz gleich, ob Pofalla wissen konnte, dass seine Worte den Weg in die Öffentlichkeit finden würden: Ein Politiker muss damit rechnen, dass seine Worte nach außen dringen. Ich unterstelle, dass jedem Spitzenpolitiker dieses Risiko ebenso bewusst ist wie einem Prominenten. Doch selbst wenn dieser Dialog im engen Kreis der Fraktion geblieben wäre, selbst wenn die beiden allein gewesen wären, zeugt eine solche Wortwahl aus dem Munde eines Bundesministers von einer Verrohung der Sitten in der Politik. Und wenn es schon im politischen Diskurs an Umgangsformen fehlt – wie kann man dann den Wählern vorwerfen, dass sie sich von der Politik abwenden?

Persönlichkeiten wie Helmut Schmidt zeigen, zu wem die Menschen aufschauen: integre Politiker, die sich auch in wichtigen Fragen sowohl meinungsfreudig als auch seriös zu positionieren wissen. Die den Wettkampf der Worte mit seriösen Argumenten auf der Sachebene führen, statt sich gegenseitig persönlich zu beleidigen, wenn sie unterschiedliche Standpunkte vertreten.

Auch Helmut Schmidt und Helmut Kohl haben sich in den Talkrunden der 70er Jahre nichts geschenkt. Ich erinnere mich noch an diese frühen Polit-Talkshows: Da saßen die damaligen Spitzenpolitiker in ihren schwarzen Anzügen an einem runden Tisch versammelt wie im Hinterzimmer eines Gentlemen's Club. Allein die Atmosphäre vermittelte den Eindruck, dass da über ganz wichtige Dinge geredet wurde – und nicht persönliche Animositäten ausgetragen wurden.

Da, wo heute oft um den heißen Brei geredet wird, ging es richtig zur Sache. Selbst wenn sich Politiker persönliche Fehlentscheidungen vorwarfen, wahrten sie den Ton. In den Gesprächen wurde auf hohem Niveau kritisiert: Es fielen klare, auch harte Worte, aber keine persönlichen Beleidigungen.

Heute scheint es mir eher umgekehrt zu sein: Viele Politiker tragen ihre persönlichen Revierkämpfe öffentlich aus. Auf klare Worte in Sachfragen, die uns als Bürger betreffen, warten wir dagegen oft genug vergeblich.

Besonders beunruhigend finde ich, dass in der Politik das öffentliche Einprügeln auf ausgewählte Sündenböcke immer üblicher wird. Kritik, die auf sofortigen Rücktritt abzielt, dient in der politischen Arena als verbale Waffe gegen Konkurrenten. Oft hört sie auch dann noch nicht auf, wenn einer längst am Boden liegt. Dass sogar parteiinterne Kämpfe mit unfairen Mitteln ausgetragen werden, ist derart selbstverständlich geworden, dass kaum noch jemand wagt, seine ehrliche Meinung zu sagen. Für eine demokratische Kultur ist das ein ernstes Problem.

Ein Verriss ist immer persönlich

Dass schon ein Verriss heute als Unterhaltung gilt, ist kein gutes Zeugnis für unseren Umgang miteinander. Dabei verändert sich nicht nur die Art, wie wir miteinander umgehen – diese Entwicklung ignoriert auch völlig die Folgen.

Prominente bekommen das als Erste zu spüren. Die meisten können das aushalten – weil sie es aushalten müssen. Doch nicht jeder, der in der Öffentlichkeit steht, ist hartgesotten. Und nicht jeder, der vor der Kamera gute Miene zum bösen Spiel macht, kann sich im stillen Kämmerlein tatsächlich so einfach über einen Verriss hinwegsetzen.

Gleich in der ersten Staffel von *Let's Dance* im Jahr 2006 hatten wir mit Heide Simonis eine Kandidatin, die die volle Häme des Boulevards zu spüren bekam. Ihr Beispiel zeigt den Unterschied zwischen Kritik und Verriss sehr deutlich.

Die ehemalige Ministerpräsidentin von Schleswig-Holstein war zugegebenermaßen nicht die beste Tänzerin, die wir je bei *Let's Dance* hatten. Dementsprechend fielen auch unsere Jury-Urteile teilweise sehr deutlich aus. Trotzdem schaffte sie es bis in die sechste Folge, denn das Publikum mochte sie. Dann kam das Aus: Heide Simonis musste einen Arzt konsultieren und die Teilnahme kurzfristig absagen. Die erste Staffel ging ohne sie zu Ende. Was war passiert?

Die Yellow Press hatte Heide Simonis zu ihrer Zielscheibe erkoren. Woche für Woche gossen Redakteure Spott und Häme über sie aus und gaben ihr erniedrigende Spitznamen, die ihr bis heute nachhängen. Wer glaubt, einer erfahrenen Politikerin, die jahrelang ans Scheinwerferlicht gewöhnt war und in ihrer Karriere gewiss auch einiges an Kritik einstecken musste, würde so etwas nichts ausmachen, der irrt. Vor der Kamera bewahrte sie bis zum Tag ihres Ausstiegs aus der Sendung die Fassung. Doch hinter den Kulissen spürten wir alle, wie sehr ihr die anhaltenden Verrisse zusetzten – schon lange bevor sie für sich die Konsequenzen zog.

Nachdem sie aus der Show ausgeschieden war, machte sie in einem Interview eine interessante Äußerung darüber, was einen Verriss in den Klatschspalten von echter Kritik unterscheidet: »Meinen Auftritt bei *Let's Dance* habe ich nicht bereut. Es war eine seriöse und familienfreundliche Sendung. Selbst mit der harten Kritik der Jury konnte ich gut leben, denn das war schließlich ihre Aufgabe in der Show. Mich hat es aber schon überrascht, wie wenig Verständnis manche Medien in Deutschland für Unterhaltung haben – anders übrigens als die Millionen Zuschauer.«

Auch wir von der Jury waren bestimmt nicht zimperlich mit Heide Simonis umgegangen, hatten ihre Auftritte scharf kritisiert. Wie üblich war diese Rolle insbesondere mir zugefallen. Doch es gibt einen Unterschied zwischen harter Kritik, wie wir sie damals übten, und einem Pauschalverriss in den Schlagzeilen, der nur der Auflagensteigerung dient. Und der liegt im Mangel an Substanz. Ein Verriss ist keine konstruktive Äußerung von Kritik. Man könnte auch sagen: ein Geschmacksurteil. Einem Verriss fehlt es an einer kompetenten Begründung und an konstruktiven Verbesserungsvorschlägen.

Das ist es auch, was einen Verriss verletzend macht: Wenn

man bei einer kritischen Äußerung die sachlich nachvollziehbare Argumentation und die konstruktive Komponente weglässt und dafür Spott und Populismus hinzufügt, wird sie zum persönlichen Angriff. Es war nicht die Kritik an sich, unter der Heide Simonis litt, sondern ihre Form. Mit nachvollziehbarer, konstruktiver Kritik können wir umgehen – sie bietet uns Ansatzpunkte, uns zu entwickeln. Ein Verriss dagegen will nur vernichten. Wenn es mir nicht gelingt, mich darüber hinwegzusetzen, kann ich ihn nur persönlich nehmen. Kluge Kritik ist sachlich. Sie dient der Förderung, nicht der Vernichtung.

Deutschland, deine Vorbilder

Worum es mir bei all dem geht: Die öffentlichen Verrisse vor einem Millionenpublikum vermitteln uns ein falsches Bild davon, was Kritik eigentlich ist und welchen Zweck sie verfolgt. Kritik ist ein kraftvolles rhetorisches Mittel im Dialog zwischen Freunden wie auch zwischen Gegnern. Ungeachtet des Kontextes und der Umstände darf sie nicht als Waffe missbraucht werden. Kritik ist nicht dazu da, jemanden zu vernichten. Sie dient dazu, Menschen zu fördern.

Medien, insbesondere das Fernsehen, sind dafür da, Menschen zu unterhalten – ganz bestimmt. Doch das Fernsehen hat auch die Aufgabe, zu informieren und Gesellschaftskritik zu üben. Das gilt nicht nur für die öffentlich-rechtlichen Sender. Ausgewogene Programme können all diese Aufgaben gleichermaßen erfüllen. In echten Doku-Formaten wären Protagonisten wie Kinder mit einem prekären Hintergrund richtig aufgehoben. In Sendungen, die die Probleme sozial vernachlässigter Kinder thematisieren und über Lösungswege aufklären. Kritikwürdige gesellschaftliche Phänomene oder Entwicklungen in solchen Sendungen aufzugreifen ist wichtig.

Letztendlich kann jeder Erwachsene für sich entscheiden, was ihn unterhält und was nicht. Doch bei unseren Kindern können wir bis ins Teenageralter diese Entscheidungskompetenz nicht immer voraussetzen. Wir müssen sie erst in die Lage versetzen, unterscheiden zu können, was im Fernsehen Kritik ist und was nur Entertainment. Gelingt uns das nicht, halten sie den Spott, die Häme, die Schadenfreude, den brutalen Verriss in Fäkalsprache, den ihre Altersgenossen in manchen Formaten praktizieren, für normal. Im schlimmsten Fall glauben sie, das sei eine angemessene, weil vermeintlich akzeptierte und übliche Form, einander zu bewerten.

Was für das Fernsehen als Institution gilt, trifft in gleichem Maße für die Menschen zu, die im Fernsehen eine Bühne finden: Wir müssen die Verantwortung für das übernehmen, was wir in der Öffentlichkeit treiben. Jeden Tag stehen wir vor der schweren Aufgabe, eine Balance zwischen Unterhaltung und Anspruch zu finden.

Das Fernsehen pauschal zu verdammen ist leicht. Genauso einfach, wie der sogenannten Jugend von heute die Schuld daran unterzujubeln, dass die Welt von heute nicht mehr die Welt von gestern ist. Dass es im Fernsehen keine echten Vorbilder mehr gibt, halte ich für eine unbegründete Behauptung. Es gibt genügend Beispiele für Sendungen, in denen Prominente, Journalisten, Schauspieler, Politiker oder Sportler große Leistungen zeigen und sich genau deshalb hoher Beliebtheit erfreuen. Es ist nur so, dass die, die am lautesten brüllen, gerade im Fernsehen am meisten auffallen.

Es ist keineswegs so, dass es nicht anders ginge. Auch eine

Sendung wie *Let's Dance*, in der niemand fertiggemacht wird, ist regelmäßig die quotenstärkste Ausstrahlung des Abends. Um Menschen zu unterhalten, sind Leistung, Kreativität und positive Emotionen die besseren Mittel, als die Grenzen des guten Geschmacks immer weiter auszudehnen. Das gilt insbesondere für die Art zu kritisieren, die Menschen mit Vorbildwirkung im Fernsehen praktizieren. Auch kluge Kritik wird vom Publikum geschätzt. Wir müssen ihr nur eine Bühne geben.

Qualitätsmerkmal Unterhaltungswert? Warum im Fernsehen und im Leben nicht allein Personality zählt

Auf dem Gipfel ist die Luft am dünnsten

Unterhaltung ist das, was Menschen abschalten lässt. Gute Unterhaltung lässt Menschen den Alltag abschalten, für ein paar Minuten oder Stunden ihre Sorgen vergessen. Schlechte Unterhaltung sorgt dafür, dass die Zuschauer den Fernseher abschalten. Auf welchem Punkt innerhalb dieser Skala sich eine Sendung bewegt, hängt von ganz verschiedenen Faktoren ab. Einer davon ist zweifellos das Gesicht der Show.

Die ZDF-Abendshow *Wetten, dass ..?* hat im Laufe von mehr als drei Jahrzehnten in über zweihundert Sendungen eine ziemlich große Bandbreite der genannten Skala durchlaufen – je nachdem, wen man fragt. In den ersten Jahren nach der Erstausstrahlung 1981, als die Sendung noch von ihrem Erfinder Frank Elstner moderiert wurde, stand das Konzept der Show im Vordergrund. Ab 1987 übernahm Thomas Gottschalk die Moderation und wurde damit zur Galionsfigur der deutschen Fernsehunterhaltung. Wolfgang Lippert, der von 1992 bis 1993 kurzzeitig Moderator war, konnte sich in diesen Fußstapfen nicht behaupten und wurde schnell wieder von Gottschalk abgelöst.

Die Ära Gottschalk hat der Sendung ein zwiespältiges Erbe beschert: Einerseits hat sich *Wetten, dass ..?* mit ihm viele Jahre lang an der Spitze der Quotencharts behaupten können. Andererseits zog die Persönlichkeit dieses begnadeten Entertainers viel Aufmerksamkeit vom Konzept der Sendung ab. In den Rezensionen schafften es eher Gottschalks Flirts mit weiblichen Superstars und die mehr oder weniger schalkhaften Kabbeleien mit männlichen Kollegen in die Schlagzeilen als die oft spektakulären und nicht selten sogar lehrreichen Wetten.

Seit diese öffentlich-rechtliche Schlüsselrolle 2012 ein neues Gesicht bekam, ist sie zum Paradebeispiel des Personality-Effekts im Entertainment geworden. Die Berichterstattung nach jeder Sendung spricht Bände darüber, wie sehr die deutschen Zuschauer – aber auch die deutschen Kritiker – an ihren Stars hängen. Als Talkmaster erfreut sich Markus Lanz größter Beliebtheit – er gilt als kompetenter, auf charmante Weise kritischer Kopf, der die Fakten parat und seine Gäste stets im Griff hat, mal fordernd, mal scherzend, immer pointiert.

Als Aushängeschild von *Wetten, dass ..?* indes musste er nach den ersten Sendungen bereits viele nicht besonders schmeichelhafte Rückmeldungen einstecken. Interessanterweise sind dem neuen Moderator der Sendung von den TV-Kritikern immer wieder Verhaltensweisen vorgeworfen worden, die mir bekannt vorkommen: »Lassen Sie schlüpfrige Witze. Dem lustigen Onkel nimmt man die vielleicht ab, dem Dressman dagegen immer übel«, war in einer Rezension von *Spiegel online* nach der besonders heftig kritisierten Mallorca-Ausgabe 2013 zu lesen. Der Rezensent hat es schon selbst angedeutet: Schlüpfrige Witze gehörten auch bei Gottschalk zur Moderation dazu. Kaum eine Sendung in all den Jahren, in denen nicht mindestens eine kleine Fummelei auf dem Show-Sofa stattgefunden hätte. Gottschalk, dem lustigen Onkel, sind sie immer wieder nachgesagt, nie jedoch ernsthaft angelastet worden. Von Markus Lanz, dem Traum aller Schwiegermütter, will man nichts Informelles sehen.

Letztlich schwingt bei jeder dieser Kritiken zwischen den Zeilen ein wehmütiger Unterton mit: Damals, bei Gottschalk, war alles besser. Dass die Quoten auch mit ihm zuletzt immer mehr gesunken waren, scheint angesichts der Personalfrage, auf die sich die Kritiker nun fokussieren, beinahe in Vergessenheit geraten zu sein. Auch, dass von den Kritikern immer öfter das Verfallsdatum des über Jahrzehnte praktisch unveränderten Konzepts der Sendung angemahnt worden war.

Anscheinend werden die Moderatoren in hohem Maße mit ihren Sendungen assoziiert. Was Markus Lanz nach den ersten Moderationen von *Wetten, dass ..?* widerfahren ist, hat nämlich auch Thomas Gottschalk ereilt, als er sich als Talkmaster versucht hat: Die ARD setzte *Gottschalk live* nach nicht einmal einem halben Jahr ab – wegen schlechter Quoten. Das Publikum nahm ihm die neue Rolle nicht ab. Seit er bei RTL wieder seine angestammte Rolle als Entertainer übernommen hat, erzielt er erneut hohe Quoten.

Die richtige Mischung

Diese Beispiele zeigen: Unterhaltung ist oft eine Frage der Besetzung. Noch das aufregendste, klügste Showkonzept macht keine große Quote, wenn das Publikum den Moderator nicht annimmt. Es zeigt aber auch, dass ein bekanntes Gesicht nicht ausreicht: Selbst der größte Entertainer kann scheitern, wenn er sich ins falsche Format verirrt. Es scheint keineswegs so zu sein, dass eine schillernde Galionsfigur ausreicht, um einen hohen Unterhaltungswert zu gewährleisten.

Personality allein ist also nicht der Schlüssel zu den Herzen des Publikums. Was ist es aber dann, das im Entertainment-Olymp Fernsehen über Erfolg oder Misserfolg entscheidet? Die eine geheime Zutat gibt es meines Erachtens nicht, wohl aber eine erfolgversprechende Mischung. Ausstrahlung und Kompetenz müssen zusammenkommen. Selbst die schillerndste Figur kann nur glänzen, wenn sie an der richtigen Stelle platziert ist – nämlich da, wo sie ihre individuellen Stärken zur Geltung bringen kann. Auch der farbenprächtigste Fisch kann nur im Wasser schwimmen. Da ist er in seinem Element, und sonst nirgends.

Das ist die größte Herausforderung von Fernsehunterhaltung: die Mischung aus kamerakompatibler Ausstrahlung und Kompetenz – und die ist wirklich nicht leicht zu finden. Bei *Let's Dance* haben wir sechs Staffeln gebraucht, um eine Jury zusammenzustellen, in der diese Mischung optimal war und sich die drei Juroren gleichzeitig auch noch untereinander gut ergänzten. Den Part des Paradiesvogels hat in der sechsten Staffel Jorge Gonzales übernommen. Er hat dem Jury-Podest einen Glamourfaktor verliehen, konnte als Laufstegtrainer aber auch inhaltlich viel beitragen: Er hat ein gutes Auge dafür, wie sich ein Kandidat bewegt. Körperspannung und Haltung erfasst er mit einem Blick. Außerdem kann er mit seinem professionell geschärften Sinn für Mode einschätzen, ob die Tänzer dem Motto der jeweiligen Sendung und den einzelnen Tänzen entsprechend gekleidet sind. Das ist ein Faktor, der im Tanzsport nicht unterschätzt werden darf, und in einer Show mit Glamourfaktor wie *Let's Dance* schon gar nicht.

Motsi Mabuse hat nach ihrem ersten Einsatz bei *Let's Dance* auch einmal in der Jury von *Das Supertalent* gesessen. Ihr Showtalent und ihre Eloquenz hat sie schon mehrfach unter Beweis gestellt. Vor allem aber ist Motsi als Tänzerin, Tanztrainerin und Wertungsrichterin für Standard- und lateinamerikanische Tänze eine Fachfrau. Wir kennen uns seit vielen Jahren aus der Tanzszene. Neben ihrem einnehmenden Äußeren erfüllt Motsi aber auch eine wichtige Rolle für die Teamdynamik in der Jury: Mit ihrer empathischen, warmherzigen Art bildet sie ein Gegengewicht zu mir, wenn ich mal wieder sehr strenge Kritik übe.

Genau das ist nämlich meine Rolle bei *Let's Dance*: die des harten Kritikers, der vor allem auf die Leistung schaut und sich in seiner Bewertung auch vom tiefsten Ausschnitt und dem bezaubernsten Lächeln nicht beeinflussen lässt. Im Gegensatz zu meinen beiden Kollegen wird von mir ein explizit fachliches Urteil erwartet. Der Unterhaltungsfaktor ergibt sich bei mir in erster Linie aus der Strenge. Das Publikum kann und soll sich an meinen Urteilen ruhig auch mal reiben, wenn ein sympathischer Kandidat von mir eine miese Wertung bekommt. Um diesen Effekt zu betonen, beschwert sich unser Moderator Daniel Hartwich stellvertretend für die Zuschauer regelmäßig darüber, dass ich zu streng sei. Die Reibung zwischen ihm und mir spiegelt die Beziehung zwischen dem Publikum und mir wider. Seine Position muss jemand mit einem gewissen komödiantischen Talent bekleiden, damit die Zuschauer sicher sein können: Wenn Llambi übertreibt, dann gibt es da jemanden, der ihm auch mal Kontra gibt. Vor Daniel Hartwich war diese Position mit Hape Kerkeling kongenial besetzt.

Im Gegensatz zu Jury-Kollegen, die schon mehrfach gewechselt haben, bin ich – wie Dieter Bohlen bei *DSDS* oder Heidi Klum bei *Germany's Next Topmodel* – eine Konstante bei *Let's Dance*. Zu verdanken habe ich das in erster Linie meiner Kompetenz als Tanzexperte und meiner Erfahrung als Wertungsrichter – gepaart mit meiner Fähigkeit, mein Fachwissen verständlich und unterhaltsam zu artikulieren. Hätte ich letztere Fähigkeit nicht, hätte ich gewiss nicht sechs Staffeln der Sendung überdauert.

Qualifikation ist auch im Fernsehen ein Türöffner

Ein Präsidiumsmitglied des Deutschen Profi-Tanzsportverbands (DPV) flüsterte mir 2005 zu, dass das in Groß-
britannien entwickelte Format *Strictly Come Dancing* nach
Deutschland importiert werden sollte. Kurze Zeit später
sprach ich beim Produktionsteam von RTL vor – nicht etwa,
weil ich mich zum Juror vor einem Millionenpublikum berufen sah. Vielmehr suchte der Sender Profitänzer, die die jeweiligen Stars durch die Staffel begleiten konnten. Und da saß
ich als Medienbeauftragter des DPV mit meinem Netzwerk in
der deutschen Tanzszene an der Quelle.

Als ich später von den Produzenten gefragt wurde, ob ich
Interesse daran hätte, als Juror selbst in der Sendung auf-
zutreten, war ich verblüfft. Schließlich war ich nicht bekannt,
war noch nie im Fernsehen aufgetreten, und niemand konnte
wissen, ob ich mich vor der Kamera gut schlagen würde. Der
Rest ist Geschichte.

Ich kann natürlich nicht für die gesamte Unterhaltungsbranche sprechen, doch ohne meine Sachkenntnis wäre ich
nie ins Fernsehen gekommen. Und ich finde es auffällig, dass
die Persönlichkeiten, die uns über Jahre im Fernsehen begegnen und auf diese Weise unser Leben begleiten, in der Regel
Experten sind. Qualifizierte Menschen – keine dahergelaufe-
nen Sternchen ohne besondere Kompetenzen.

Nehmen Sie Joachim Bublath, den ersten großen deutschen Infotainment-Moderator: ein Physiker. Ranga Yo-
geshwar: Astrophysiker und Nuklearforscher. Ulrich Wickert,
der hochgeschätzte ehemalige *Tagesthemen*-Moderator:
Politikwissenschaftler und Jurist, der wegen seiner hervor-
ragenden Leistungen das renommierte Fulbright-Stipendi-
um bekam. Günther Jauch: ein Journalist mit jahrelanger

Rundfunkerfahrung, bevor er ins Fernsehgeschäft wechselte. Thomas Gottschalk ist einen langen Weg gegangen, der ihn übers Radio zum Fernsehen führte. Auch Dieter Bohlen verfügt über mehr als 35 Jahre Erfahrung in seinem Metier und sitzt in erster Linie wegen seiner Expertise in mehreren Jurys. Sendungen, die mehr wollen als nur unterhalten, brauchen Sachkenner. Und nicht nur die: Auch Unterhaltung ist eine Qualifikation. Der Blick auf die großen Karrieren macht es deutlich: Erfolgreiche Unterhaltung ist harte Arbeit. Und eine jahrzehntelange Karriere in der Unterhaltungsbranche ist ohne anstrengende persönliche Entwicklung, viele Rückschläge und große Lernbereitschaft nicht möglich.

Es ist kein Zufall, dass wir immer weniger solche Profis im deutschen Fernsehen sehen: Sie sind immer schwerer zu finden. Viele, die heute Karriere beim Fernsehen machen wollen, wählen über Castings oder Kontakte den direkten Weg dorthin, um schnell berühmt zu werden. Früher war das anders. Da kam man in aller Regel zum Fernsehen, weil man eine gefragte Kompetenz besaß und diese unterhaltsam kommunizieren konnte. Das gibt es natürlich auch heute noch – aber es ist zumindest im Unterhaltungsfernsehen nicht mehr die Regel, und es wird immer seltener.

Erfolg ist die Summe der Anstrengungen

Jetzt wäre es für die Gesellschaftskritiker leicht, alle Schuld den Medien zuzuschieben und das Fernsehen zur Wurzel allen Übels zu erklären. Aber das wäre zu einfach. Das Fernsehen war schon immer ein Spiegel der Gesellschaft und ist es auch heute noch. Den Bedarf, nach dem es sich richtet, hat das Fernsehen nicht allein erfunden. Wir werden immer qualifikationsscheuer, suchen lieber den schnellen Kick als die langfristige Entwicklung.

Dass mangelnde Qualifikation durch ein ausgeprägtes Talent zur Selbstdarstellung wettgemacht wird – das ist schon längst nicht mehr nur im Fernsehen der Fall. Der Starkult hat auch die Wirtschaft erreicht. Das Selbstmarketing der Kandidaten gilt den Aufsichtsräten großer Unternehmen heute nicht selten mehr als deren fachliche Kompetenz und Berufserfahrung. Je höher die ausgeschriebene Stelle angesiedelt ist, desto höher sind die Ansprüche an den brancheninternen ›Promi-Faktor‹ der Topmanager. Als logische Konsequenz sind manche Karrieren in den DAX-Unternehmen, je nach Branche auch schon im mittleren Management, inzwischen genauso kurzlebig geworden wie die Halbwertszeit der Castingshow-Teilnehmer in den Musikcharts.

Was durch das Fernsehen eher indirekt in die Gesellschaft durchsickert, hat in der Wirtschaft direkte Auswirkungen. Eine Firma, deren Leitung im Jahrestakt mit einem neuen Star des Managements besetzt wird, büßt Kontinuität ein. Und das ist bedauerlich, denn das ist immer einer der wichtigsten Faktoren der deutschen Wirtschaft gewesen. Nicht umsonst schlägt ihr Herz im Mittelstand: in den vielen familiengeführten Unternehmen, die sich oft über Jahrzehnte als Marktführer behaupten und in denen der Chef noch jeden Angestellten beim Namen kennt.

Dass diese Kontinuität solchen Firmen auch im globalisierten Wettbewerb noch möglich ist, hat viel mit ihrer Kommunikationskultur zu tun. Ein Chef, der jeden Mitarbeiter kennt, kann auch jedem Mitarbeiter direktes Feedback geben – und umgekehrt. Die persönliche Kritik von Angesicht zu Angesicht zählt dort noch etwas. Und wo der Personalbestand überschaubar ist, kann auch die einzelne Führungskraft viel schwerer außer Kontrolle geraten: Ein Chef, der gut reden kann, aber keine Sachkompetenz hat, kommt nicht weit. Wo Menschen wirklich miteinander arbeiten, fällt Inkompetenz auf. Wo Chefs in ihren Elfenbeintürmen verschwinden, mit dem operativen Geschäft nichts mehr zu tun haben und nur zur jährlichen Aktionärsversammlung greifbar sind, kann sie lange verschleiert werden. Aber wenn sie auffliegt, dann mit großem Getöse.

In dieser Hinsicht ist das Fernsehen transparenter: Wer nichts kann, hält sich nicht lange. Möchtegernsternchen und Boxenluder stehen ständig unter öffentlicher Beobachtung. Eine Zeitlang findet das Publikum sie vielleicht amüsant, gerade weil sie untalentiert sind. Doch wenn sie die Menschen nicht davon überzeugen können, dass sie mehr haben als den Drang zur Berühmtheit und große Brüste, sind sie irgendwann auch wieder weg vom Fenster. Gegebenenfalls mit einem kleinen Umweg über das Promi-Big-Brother-Haus.

Diese Selbstreinigungskraft des Marktes gibt es sowohl in der Entertainment-Branche als auch in der Wirtschaft. Im Fernsehen ist auf dem Weg nach oben irgendwann Schluss: Dort erweist sich sehr schnell, bei wem die Mischung von Kompetenz und Unterhaltungswert stimmt. In der Wirtschaft dauert dieser Prozess in manchen Fällen viele Jahre, und die Erkenntnis kostet ein paar Milliarden: Personality allein ist noch keine Erfolgsgarantie. Es sind die Kompetenzen, die darüber entscheiden, ob jemand auf einem bestimmten Posten in seinem Element ist. Nur wenn dieses Fundament stabil ist, kann man darauf nach oben bauen. Personality ist kein Faktor, den man beliebig in die Karrieregleichung werfen könnte, und schon geht sie auf. Erfolg ist die Summe der Anstrengungen, die man auf dem Weg nach oben unternimmt.

Weniger nörgeln, mehr kritisieren!
Wie wir tatsächlich aus Fehlern schlau werden können

Das deutsche Dilemma

Eigentlich müssten die Deutschen geborene Kritiker sein. Die Stärke der deutschen Wirtschaft kommt nicht von ungefähr: Die Leistungsorientierung wird dem Deutschen anscheinend in die Wiege gelegt. Kein Wunder also, dass eine Sendung wie *Wer wird Millionär?* mit dem stets korrekten Moderator Günther Jauch sich hierzulande großer Beliebtheit erfreut. In den Anfängen der deutschen Ausgabe schalteten teilweise über acht Millionen Zuschauer ein – da konnte selbst der *Tatort* oft nicht mehr mithalten. Woran liegt das? Bei *Wer wird Millionär?* zählt einzig und allein die richtige Antwort. ›Richtig oder falsch‹ ist das einzige relevante Kriterium für Sieg oder Niederlage. Wer alles richtig macht, geht mit der Million nach Hause. Das mögen die Deutschen und gönnen dem Gewinner seine Million: Er hat das Kriterium erfüllt, ohne Wenn und Aber. Und wer nach fairen Regeln, die für alle gleich sind, Leistung erbringt, darf auch gewinnen.

Dieses Muster greift auch bei *Let's Dance*, wo zur Leistungsorientierung noch der Promifaktor hinzukommt – deshalb ist die neueste Folge auch nach sechs Staffeln noch regelmäßig die quotenstärkste Sendung des jeweiligen Abends. Kein Wunder also, dass die Rechnung aufging, als beide Sendungen einmal zusammenfanden: Das *Wer wird Millionär?* – *Let's Dance*-Special im April 2013 erwies sich laut dpa mit

5,74 Millionen Zuschauern ebenfalls als größter Zuschauer-magnet an diesem Freitagabend.

Die Deutschen lassen sich gern davon unterhalten, wenn andere an ihren Leistungen gemessen werden. Das dürfte daran liegen, dass sie die ganze Woche lang selbst unter dem gleichen Druck stehen und es genießen, abends vor dem Fern-seher mal die Seiten zu wechseln.

Der international gute Ruf der deutschen Wirtschaft ist zweifellos auf die kollektive Leistungsorientierung der Deut-schen zurückzuführen. Das Qualitätssiegel ›Made in Germa-ny‹ mag im Zuge der Globalisierung den einen oder anderen Dämpfer bekommen haben, weil der Preiskampf und kurz-lebige Produktzyklen billige Arbeitskraft in vielen Branchen zum wichtigsten Standortfaktor gemacht haben. Doch da, wo es nach wie vor um Qualität geht – zum Beispiel in den ge-hobenen Segmenten der Automobilindustrie –, wird deutsche Wertarbeit noch immer geschätzt. Nicht zuletzt dort, wo die billige Arbeitskraft einer wachsenden Schicht von Unterneh-mern und Managern schnellen Wohlstand beschert hat, ins-besondere in Asien.

Dass deutsche Produkte für Qualität bekannt sind, liegt an den hohen Ansprüchen an die Fachkräfte in der deutschen In-dustrie. Diese Ansprüche wirken sich auf die Ausbildung aus und setzen sich bis in die peniblen Qualitätskontrollen in der Fertigung fort. Was die Deutschen anpacken, das machen sie richtig.

Das Problem ist nur: Die Leistungsorientierung führt dazu, dass Höchstleistung einfach vorausgesetzt wird. Der Weg dorthin wird dagegen kaum thematisiert. Kritik findet fast immer im Sinne einer Qualitätskontrolle statt – also am fertigen Ergebnis. Was noch nicht fertig ist, ist gar nicht erst der Betrachtung wert. Denn nur das Ergebnis kann an einer vorgegebenen Liste von Kriterien überprüft werden. Und die

Deutschen lieben ihre Kriterien. Sie interessieren sich nur für vollendete Tatsachen: Die Deutschen sind in hohem Maße ergebnisorientiert. Pünktlichkeit, Gründlichkeit, Perfektionismus – all die positiven Eigenschaften, die ihnen im Ausland zugeschrieben werden und Deutschland zum Exportweltmeister gemacht haben – entspringen dieser Leistungsorientierung.

In der Industrie, wo es vor allem um die Qualität des fertigen Produkts geht, funktioniert das – vorausgesetzt, sie verfügt über hervorragend ausgebildete Fachkräfte, die wenige Fehler machen. Überall dort jedoch, wo das Fehlermachen zum Lernprozess gehört, ist das ein Problem.

Ein Lernprozess, der darauf beruht, möglichst wenige Fehler zu machen, kann nämlich immer nur ein eingeschränkter Lernprozess sein. Er schließt viele Erfahrungen aus, die für den Einzelnen wertvoll sein können. Den Deutschen fehlt eine gesunde Prozessorientierung.

Das macht sich bemerkbar, wenn Veränderungen anstehen. Dann sind die sonst so schnellen, pünktlichen Deutschen oft langsamer als alle anderen: Wenn sie es nicht richtig machen können, machen sie es lieber erst gar nicht – bis es sich nicht mehr vermeiden lässt. Dass Deutschland zum Beispiel im IT-Bereich im internationalen Vergleich stark hinterherhinkt, hängt unter anderem damit zusammen. Die größten Innovationen in diesem Bereich kamen und kommen immer noch aus den USA. Warum? Ein Grund dafür ist, dass die Amerikaner stärker prozessorientiert denken. Und das hat eine Menge mit ihrer Offenheit für Kritik zu tun.

Wer ständig auf der Suche nach Fehlern ist, denkt letztlich defizitorientiert. In puncto Qualität ist das ein Wettbewerbsvorteil. Aber eben nicht in puncto Innovation. Fortschritt setzt die Bereitschaft zu experimentieren voraus. Und wer experimentiert, macht Fehler. Es gibt keine Weiterentwicklung ohne Scheitern zwischendurch.

Die großen amerikanischen Entrepreneure und Topmanager kalkulieren die Möglichkeit des Scheiterns mit ein. Sie betrachten es nicht als existentielles Risiko, sondern als notwendigen Schritt auf einem erfolgreichen Weg. Viele der großen Vorbilder der Amerikaner scheiterten, bevor sie trotzdem – oder gerade deswegen – erfolgreich wurden: Abraham Lincoln scheiterte zweimal im Kongress, wurde zweimal nicht Senator und dann nicht Vizepräsident, bevor er zum Präsidenten der Vereinigten Staaten gewählt wurde. Steve Jobs verließ 1985 nach einem Machtkampf mit dem Geschäftsführer die von ihm selbst gegründete Apple Computer Company, bevor er 1996 wieder in seine Firma eintrat und sie zum wertvollsten Unternehmen der Welt machte. Henry Ford musste für sein erstes Automobilunternehmen, die Detroit Automobile Company, Insolvenz erklären, ohne ein einziges Auto gebaut zu haben, bevor er das gesamte System industrieller Produktion revolutionierte. Von ihm stammt der bezeichnende Satz: »Unsere Fehlschläge sind oft erfolgreicher als unsere Erfolge.«

Amerikaner lassen sich von der Angst vor Fehlern nicht leicht bremsen, sondern betrachten sie als notwendige Schritte – denn Fehler bilden erst den Nährboden für konstruktive Kritik. Ein Amerikaner, der etwas werden will, will kritisiert werden.

In Deutschland dagegen ist Scheitern immer noch ein Tabu, die Angst vor Fehlern der schlimmste Alptraum vieler Karrieristen. Ein Deutscher, der aufsteigen möchte, will um keinen Preis Anlass zur Kritik geben. Also bemüht er sich, keine Fehler zu machen. Und um keine Fehler zu machen, meidet er neue Wege. Er bleibt lieber auf eingefahrenen Pfaden, die sich an vorhandenen Kriterien messen lassen. Das ist ein ernst zu nehmender Hemmschuh der deutschen Wirtschaft in den Zukunftsbranchen.

Und, mal ehrlich: Zur mentalen Gesundheit trägt die permanente Angst davor, Fehler zu machen, auch nicht gerade bei.

Perfektionismus hat Grenzen

Ich bin in Duisburg geboren und aufgewachsen. Weil mein Vater Spanier war, habe ich jedoch bis heute die spanische Staatsangehörigkeit. Ich blicke deshalb immer aus einer Doppelperspektive auf die kulturellen Eigenarten der Deutschen: Einerseits habe ich mein ganzes Leben in Deutschland verbracht, wurde von einer deutschen Mutter großgezogen und bringe viel Bewunderung für die deutschen Tugenden auf. Andererseits bin ich auch stolz auf das Erbe meines spanischen Vaters.

Meine Biographie spiegelt beide Seiten meiner Herkunft wider: Nach einer Lehre als Bankkaufmann – deutscher kann ein Beruf kaum sein – wurde ich Börsenmakler und bin seit einigen Jahren auf diesem Gebiet selbstständig tätig. Doch auch die Leidenschaft für das Tanzen kam früh zum Vorschein: Mit fünfzehn bekam ich die ersten Tanzstunden, wurde später professioneller Turniertänzer und nach dem Ende meiner aktiven Laufbahn Wertungsrichter im Profi- und Amateurverband.

Das Tanzen verbindet für mich beide Seiten: Deutsche Tugenden wie Pünktlichkeit, Fleiß und Perfektionismus sind von großer Bedeutung, wenn man es mit dem Tanzsport ernst meint. Doch die technische Perfektion allein macht aus niemandem einen guten Tänzer. Tanzen ist immer auch eine Show. Und dieser Anteil hochklassiger Tanzdarbietungen lebt von der Leidenschaft für die Musik und die ästhetische Bewegung, aber auch für die Freude am Zusammenspiel der männlichen und weiblichen Anteile. Mitreißende Tänzer verstehen das Spiel mit den Emotionen. Insbesondere in den lateinamerikanischen Tänzen machen die Anziehung und die Abstoßung, die Harmonie und die Reibung zwischen den Tanzpartnern den künstlerischen Reiz aus. Durch Technik allein lässt sich das nicht bewirken. Umgekehrt verliert aber auch die Emotion ihren Reiz, wenn es an der Technik hapert. Das Tanzen fordert sowohl den Deutschen als auch den Spanier in mir.

Meine Rolle als Wertungsrichter betont eher den deutschen Part – den Perfektionisten Llambi. Die Leistungsorientierung der Deutschen, die sogar in öffentlichen Diskussionen über belanglose Themen immer wieder hervorscheint, liegt mir nahe. Allerdings beschäftigt mich die Frage: Warum wird in einem Land, in dem Leistung mehr zählt als alles andere, ausgerechnet über Leistung oft auf so destruktive Weise gesprochen?

Volkssport Nörgeln

Wenn es darum geht, Nichtleistung aufzudecken und zu thematisieren, sind die Deutschen Weltmeister. Auf den ersten Blick könnte man also meinen, die Deutschen kritisierten gern. Doch Nichtleistung zu bemängeln, ohne Alternativen aufzuzeigen, ist eben noch keine konstruktive Kritik, sondern zeugt von defizitorientiertem Denken. Typisch deutsch ist Kritik im Sinne einer Leistungspolizei: Niemand nörgelt lieber und öfter als die Deutschen.

Ein augenzwinkerndes, aber bezeichnendes Beispiel: Der Fußball-Talk *Doppelpass* in Sport1, der seit zehn Jahren ausgestrahlt wird, ist die Show gewordene Repräsentation des

Volkssports Nörgeln. Eigentlich ist diese Sendung die Verlängerung des Stammtischs im Fernsehen: Da kommen ehemalige Fußballgrößen zu Wort, um darüber zu debattieren, was die aktiven Jungspunde mal wieder alles falsch gemacht haben. Per Call-in wird dann noch der eine oder andere Experte zugeschaltet, der sich ebenfalls in die Diskussion einklinkt, und dann wird über den aktuellen Spieltag kräftig loskritisiert. Sogar die Zuschauer können per Telefon und Internet mitdiskutieren. Bei *Doppelpass* geht es zu wie in einer deutschen Eckkneipe nach Feierabend vor fünfzig Jahren, und Millionen von gefühlten Bundestrainern können zusehen und fleißig mitschimpfen.

Als Deutschland 2010 nicht Fußballweltmeister wurde, bekam Bundestrainer Jogi Löw reichlich Prügel für das, was er nicht erreicht hatte, nämlich den Titel. Anerkennung für das, was er erreicht hatte, nämlich seine Mannschaft ins Halbfinale gebracht zu haben? Fehlanzeige. All der Jubel über die grandiosen Spiele vor diesem Halbfinale schien plötzlich vergessen. Jetzt zählte nur noch die Nichtleistung: Millionen Fußballfans verfielen in kollektive Trauer. Und ließen ihre Enttäuschung an dem aus, der dafür vermeintlich verantwortlich war: dem Bundestrainer, den sie noch kurz zuvor gefeiert hatten. Nicht nur Jogi Löw hat dieses Muster deutscher Leistungsbewertung mehr als einmal am eigenen Leib erlebt.

Keine Frage: Nörgeln kann befreiend sein, wenn der Frust groß ist. Wenn man als Fan schon – gefühlt – die Weltmeisterschaft verliert, dann wenigstens – gefühlt – nicht allein. Dem Amerikaner Eric T. Hansen zufolge, der sich in seinem Buch *Nörgeln! Des Deutschen größte Lust* mit dieser Gewohnheit auseinandergesetzt hat, hat Nörgeln sogar soziale Bindungskraft: »Nörgeln schafft Zusammenhalt« und »Nörgeln schafft Glaubwürdigkeit«, schreibt er.

Tatsächlich ist der deutsche Hang zur Nörgelei sogar mit

Daten belegt. In einer Zufriedenheitsstudie der Organisation für wirtschaftliche Zusammenarbeit und Entwicklung (OECD), dem »Better-Life-Index 2011«, wurden die Bürger von 34 OECD-Mitgliedstaaten auch nach ihrer Selbsteinschätzung in Bezug auf ihre Lebenszufriedenheit gefragt. Das deutsche Ergebnis fasste *Spiegel online* folgendermaßen zusammen: »Obwohl wir in Kategorien wie Beschäftigungsquote, Sicherheit, Ausstattung von Wohnräumen mit zeitgemäßer Infrastruktur, Einkommen, Qualität von Umwelt und Versorgungsgütern recht weit oben rangieren; obwohl wir bei der Beschäftigungsquote von Frauen mit Kindern und bei der Lebenserwartung über dem Durchschnitt liegen; obwohl kaum jemand auf weniger wöchentliche Arbeitszeit kommt als wir und auf mehr verfügbare Freizeit, nörgeln wir, wenn man uns nach Lebenszufriedenheit und nach unserem körperlichen Wohlbefinden fragt.«

Eric T. Hansen schreibt auch, dass Nörgeln eine zutiefst befriedigende Lebensart sei. Diese Auffassung teile ich nicht, daher möchte ich der Verharmlosung der deutschen Nörgelei ein Ende setzen: Nörgeln ist eben nicht hilfreich. Weder für denjenigen, über den genörgelt wird, noch für den Nörgler selbst. Auf Dauer verstärkt es nur negative Gefühle. Jeder muss sich mal Luft machen. Doch bei ernsthaft kritikwürdigen Zuständen ist Nörgeln das Letzte, was hilft.

Nörgeln ist nämlich keine Kritik. Kritik, im Sinne eines rhetorischen Mittels, ist konkret, wird dem Kritisierten direkt vorgetragen, soll eine Veränderung herbeiführen und bietet konstruktive Vorschläge. Sie ist immer förderlich, nie Selbstzweck. Nur dann kann sie sowohl Ergebnisse bringen als auch dem Kritiker Erleichterung verschaffen, weil sie der Ursache auf den Grund geht.

Nörgeln dagegen leitet nur den Frust um – womöglich auf Unbeteiligte.

Wer viel nörgelt, streitet wenig

Nörgeln, egal ob dem vermeintlich Schuldigen oder Dritten gegenüber, hilft letztlich niemandem. Der offene Streit ist die wesentlich ehrlichere Option; da wird mit offenen Karten gespielt. Allerdings birgt der Streit den Nachteil, dass es dabei schnell sehr emotional zugehen kann. Dann zählen nicht mehr die rationalen Argumente, sondern die Reibung der Persönlichkeiten. Gerade im Business ist Streit immer mit einem Risiko verbunden, denn schließlich müssen die Parteien danach einander noch in die Augen sehen und an einem Strang ziehen können. Das klappt nicht immer, wenn die Fronten schon verhärtet sind.

In anderen Ländern sind die Menschen im Zwiegespräch und in öffentlichen Debatten risikofreudiger als in Deutschland und lassen es gern mal auf eine Eskalation ankommen. Die Italiener beispielsweise sind berühmt dafür, mit den Händen zu reden – im Guten wie im Streit. Im italienischen Parlament kann daraus schon mal eine Prügelei werden. Dazu kam es zum Beispiel während einer Debatte um ein neues Sparprogramm und eine Erhöhung des Rentenalters im Oktober 2011: Zwei Abgeordnete der mitregierenden Lega Nord gerieten mit Mitgliedern der liberal-konservativen Partei Futuro e Libertà des Präsidenten der Abgeordnetenkammer Gianfranco Fini aneinander. Der Anlass des Streits war eine ironische Bemerkung von Fini gewesen, die Ehefrau des Vorsitzenden der Lega Nord, Umberto Bossi, sei schon mit 39 Jahren in Rente gegangen. Ein typischer Anlass für einen Streit: Die Aussage ließ die Debatte von der Sachebene auf die persönliche Ebene rutschen.

Von Prügeleien im Bundestag sind wir weit entfernt; selbst Wolfgang Bosbach hat nach Ronald Pofallas Pöbelattacke hinter den Kulissen nicht zugeschlagen. Leider lassen die politischen Debatten in Deutschland jedoch auch inhaltlich oft einiges an Schlagkraft vermissen. Die Volksvertreter sind hierzulande gut darin, öffentliche Debatten möglichst flach zu halten beziehungsweise um den heißen Brei herumzureden, einer klaren Positionierung auszuweichen und sich statt klarer Worte lieber allgemeingültiger Floskeln zu bedienen.

Der Kommunikationsberater Richard Schütze hat in einem Interview mit dem Magazin *Cicero* (Online-Ausgabe, August 2008) eine deutliche Einschätzung geliefert: »Immer weniger Politiker offenbaren ihre Welt- und Menschenbilder. Immer weniger Volksvertreter stehen für fundierte Wahrheits- und Wertüberzeugungen ein oder können diese argumentativ darlegen. Der Mainstream der Political Correctness und des Common Sense beherrscht das Denken, das Reden wirkt wie Treibholz im Strom der Zeitgeistparolen.«

Ein möglicher Grund dafür, dass in Deutschland eine solche Konfliktscheu herrscht: Verstöße gegen die Political Correctness erregen in der Öffentlichkeit oft mehr Aufmerksamkeit als inhaltliche Positionen. Die damalige Bundesfamilienministerin Kristina Schröder etwa äußerte Anfang 2013 öffentlich, dass sie beim Vorlesen von klassischen Kinderbüchern politisch inkorrekte – weil aus einem zeitgenössischen Sprachgebrauch stammende – Begriffe entschärfen wolle, wenn sie ihrer Tochter vorlese. Tatsächlich haben einige Verlage bereits den Wortlaut klassischer Kinderbücher geändert. Sogar aus Astrid Lindgrens *Pippi Langstrumpf*, einem flammenden Plädoyer für Gleichstellung und Offenheit, wurden schon einzelne Begriffe gestrichen, die man möglicherweise als rassistisch auslegen könnte. Die Deutschen entwickeln manchmal einen geradezu absurden Eifer in ihrem Bemühen, potentielle Steine des Anstoßes zu entfernen, bevor überhaupt Debatten darüber stattfinden.

Ein solches Klima kann zu einer kollektiven Konfliktneu-
rose führen. In diesem Lichte verwundert es nicht, dass hierzulande viele Intellektuelle, Politiker und andere öffentliche
Personen es vorziehen, ihre Meinung nicht zu äußern, anstatt
das Risiko der öffentlichen Ächtung einzugehen.

Für eine gesunde Debattenkultur

Doch wie sieht die gesunde Alternative zum Nörgeln und
Streiten aus? Wo können wir uns ein Beispiel nehmen? Insbesondere in den USA und den angelsächsischen Ländern
gibt es – vor allem in hochgebildeten Kreisen – noch eine
Debattenkultur, die sich tatsächlich der Mittel kluger Kritik
bedient. Der gepflegte Diskurs, vor allem in der Politik, wird
dort noch als Tradition hochgehalten. Schauen Sie sich einmal eine Sachdebatte im amerikanischen Kongress oder im
britischen Unterhaus an: Dort käme niemand auf die Idee,
einem Kontrahenten mitzuteilen, er könne seine Fresse nicht
mehr sehen. Stattdessen werden – wenn auch mitunter hart
in der Sache – Argumente ausgetauscht und gegeneinander
abgewogen. So, wie es die antike Redekunst einst vorsah.

Was rhetorische Kritik ohne Nörgeln und ohne Streit an-
belangt, sind Menschen in Schlüsselpositionen, wie Politiker und Topmanager, in diesen Ländern ›gebildeter‹ als die
Deutschen. Dort ist Rhetorik bzw. Konversation, besonders
die gepflegte Debatte, bis heute ein zentraler Lerninhalt an
den Universitäten und Colleges. Auch nichtuniversitäre De-
battierklubs erfreuen sich großer Beliebtheit; wer sich dort
gut schlägt, gewinnt an Ansehen. Und das setzt sich später
in verantwortungsvollen Tätigkeiten fort, in denen diese rhe-

torischen Kompetenzen zum Tragen kommen – etwa dann, wenn es gilt, Mitarbeiter und Kollegen zu kritisieren. Mit den Mitteln der Kritik lassen sich nämlich nicht nur Fehler thematisieren, sondern auch Verbesserungsmöglichkeiten erörtern.

Warum, frage ich mich, spielt diese wichtige Kernqualifikation bei der Ausbildung künftiger deutscher Spitzenkräfte kaum eine Rolle? Warum müssen sie nach Amerika gehen, um sich diese Fertigkeiten schon während ihrer Ausbildung anzueignen?

Auf Dauer können wir – als Individuen sowie als Gesellschaft – nur vorwärtskommen, wenn wir lernen, die gesunden Aspekte des Nörgelns und des Streitens zu kombinieren: die Entlastung, die das Nörgeln bringt, und die Offenheit, die den Streit kennzeichnet. Ehrliche, konstruktive Kritik vereint beides in sich und fügt noch die Lösungskomponente hinzu. Von der ungesunden Angewohnheit, Leistung immer nur an Fehlern zu messen, können wir uns dagegen zumindest in der Kommunikation getrost verabschieden.

Also, liebe Deutsche: Lasst uns weniger nörgeln und mehr kritisieren!

Meinungsmaschine Internet:
Wie die Anonymität unsere Kommunikation
verändert

Eine neue Ära des Entertainments

Das Internet hat die Wirkungsweise von Unterhaltungs-
medien grundlegend verändert. Früher war der Konsum von
Entertainment eine passive Angelegenheit: Man setzte sich
vor den Fernseher oder das Radio und ließ sich berieseln.
Obwohl sich hartnäckig das Gerücht hält, dass sich manche
Menschen anno dazumal in Sonntagskleidung vor den Fernseher setzten, weil sie glaubten, der Nachrichtensprecher
könne sie sehen: In der Realität waren ›die vom Fernsehen‹
für das Publikum lange Zeit gefühlt unerreichbar. Die Zuschauer hatten kaum die Möglichkeit, mit den Machern in
Beziehung zu treten.

Für die Sender barg die einseitige Kommunikation immer
ein Problem: Außer den Einschaltquoten, die letztlich nur aus
einer kleinen Anzahl auserwählter Durchschnittshaushalte
hochgerechnet werden, gab es keine Möglichkeit, die Resonanz einzelner Sendungen zu prüfen. Produzenten hatten
kaum eine Chance, die Wirkung der Inhalte bei den Zuschauern oder Hörern abzufragen.

Info-Hotlines zu einzelnen Sendungen, vor allem im Rat-
geberbereich, oder auch Spenden-Hotlines bei Spendengalas
gibt es schon lange, aber sie verfolgen sehr konkrete Zwecke
und dienen nicht dazu, die Publikumsresonanz zu ermitteln.
Zwar gibt es seit geraumer Zeit bei allen größeren Sendern

bzw. Sendergruppen Zuschauerredaktionen. Dort wurde auch früher schon versucht, möglichst nahe am Puls der Zielgruppe zu sein und zumindest in begrenztem Umfang auf die vergleichsweise wenigen Zuschauer einzugehen, die sich die Mühe machten, ihre Meinung kundzutun oder Fragen zu stellen. Aber es gehört schon einiges dazu, bevor ein Zuschauer zu Papier und Stift greift und zum Briefkasten marschiert.

Hinzu kommt, dass die in dieser Form gesammelten Eindrücke sehr wenig repräsentativ sind: Die Energie, die nötig ist, um diesen Aufwand zu betreiben, bringen eher verärgerte Zuschauer auf als begeisterte. So kam bei den Sendern viel Kritik an über das, was nicht klappte – aber wenig Lob für das, was funktionierte. Über eine skandalöse Äußerung eines Moderators regten sich höchstens ein paar Hundert Zuschauer schriftlich auf. Eine differenzierte Analyse der Zielgruppenresonanz war auf diese Weise nie möglich. Fernsehproduktion war deshalb auch immer ein bisschen Glücksspiel. Und manche unbeliebten Elemente etwa einer Unterhaltungsshow hielten sich sehr lange in den Sendungen – weil die Produzenten einfach nicht wissen konnten, was beim Publikum ankommt und was nicht. Die Entertainer mussten sich auf die Kritik der Medien verlassen, die jedoch nicht mit der Meinung des Publikums identisch sein muss.

In dieser Hinsicht bietet das Internet ganz neue Möglichkeiten, die den Sendern sehr willkommen sind und sehr ernst genommen werden. Endlich hat das Publikum in Echtzeit Zugriff auf diejenigen, die für ihre Unterhaltung zuständig sind. Und endlich haben die Sender über die sozialen Netzwerke direkten Zugriff auf die Meinung ihrer Zielgruppen.

Die Redaktion von *Let's Dance* zum Beispiel verfolgt die Reaktionen auf die jeweils aktuelle Sendung sehr genau. Auf der Facebook-Seite der Sendung gibt es während einer Staffel ständig Neues zu entdecken: Videos von den einzelnen Tänzen, Interviews mit den Kandidaten und uns Juroren, Bilder aus der laufenden Sendung. Auch konzeptionelle Elemente der Show, wie die verbalen Duelle zwischen Daniel Hartwich und mir, können dort unterstützend thematisiert werden. Jeder Beitrag erhält Rückmeldungen von Zuschauern in Form von Kommentaren, aus denen sich ein Stimmungsbild ablesen lässt, noch während die Sendung ausgestrahlt wird.

Die Redakteure können die Facebook-Seite aber auch nutzen, um gezielte Testballons Richtung Publikum zu lancieren und ein direktes Feedback von den Fans zu bekommen. Kurz nach dem Ende der Staffel von 2013 beispielsweise wurde auf der Seite ein Link zu einem Artikel veröffentlicht, in dem Motsi Mabuse und ich mit einem Augenzwinkern über mögliche Kandidaten für die nächste Staffel sinnierten. Motsi möchte gern mehr Sportler, insbesondere Fußballprofis, in der Sendung sehen – etwa Nationaltorwart Manuel Neuer. Da konnte ich ihr nur beipflichten; meine Wunschkandidaten stammen allerdings aus der Abteilung Sportlegenden: Boris Becker oder Franz Beckenbauer hätte ich sehr gern mal dabei. Die Beliebtheit von Katja Ebstein etwa hat gezeigt, dass viele Zuschauer ein, zwei Generationen älter sind als unsere jüngsten Teilnehmer. Sie freuen sich naturgemäß über Kandidaten aus ihrer Altersgruppe. Deshalb nannte ich auch Iris Berben als Wunschkandidatin.

Tatsächlich vergingen nur Minuten, bis die ersten Fans auf dieser Seite auf den Testballon zu reagieren begannen und eigene Vorschläge machten, wen sie gern in der nächsten Staffel tanzen sehen würden. Für die Redaktion sind diese Kommentare wertvolle Rückmeldungen – nicht einzeln, sondern in ihrer Summe. Immerhin hat diese Seite inzwischen etwa 443.500 Fans (Stand Dezember 2013). *DSDS*, mit seiner deutlich jüngeren und extrem technikaffinen Zielgruppe, bringt es schon auf über eine Million Facebook-Fans (Stand Dezember

2013). Verglichen mit den paar Dutzend oder einigen Hundert Zuschauerbriefen, die eine Show-Redaktion früher nach einer Sendung erreichten, ergeben sich aus den neuen Interaktionsformen ganz andere Möglichkeiten, als sie Medienmachern je zur Verfügung standen.

Allein der Vergleich der Fanzahlen von *Let's Dance* und *DSDS* zeigt, wie wichtig die sozialen Netzwerke heute als Indikatoren für die Entertainmentbranche sind – und in welch hohem Maß die gezielte Nutzung dieser Instrumente in Zukunft darüber mitentscheiden wird, welche Formate sich durchsetzen und welche nicht.

Kein Licht ohne Schatten

Unterhaltung muss heute mit den technischen Möglichkeiten und dem daraus resultierenden Bedarf ihrer Zielgruppen mitwachsen. Das ist Segen und Fluch zugleich. Denn das alte Phänomen, dass relativ gesehen enttäuschte Zuschauer die Feedback-Möglichkeiten eher nutzen als begeisterte, ist nicht vom Tisch. Zwar erfordert ein Klick auf »Gefällt mir« oder ein kurzer Kommentar erheblich weniger Aufwand, als einen Brief zu schreiben und zur Post zu bringen. Das Verhältnis zwischen positiver und negativer Resonanz lässt sich aufgrund der Tendenz zur negativen Verzerrung jedoch auch im Internet nicht repräsentativ abbilden.

Neu ist dieser Effekt an sich nicht: Das permanente Risiko eines Imageschadens gehörte schon immer zum Business derer, die in der Öffentlichkeit stehen. Jedes Medium, das dem Ansehen hilft, kann das Ansehen auch ruinieren. Ein prominenter Gast kann zum Beispiel in jeder Talkshow, in der er auftritt, seinen Ruf aufpolieren oder sich bis auf die Knochen blamieren. Das war schon lange so, bevor es das Internet gab. Doch Social Media haben den Mechanismen der Popularität eine neue Qualität beschert. Die Wirkung, die das Internet nach heutigem Stand aufs Image hat, ist die eines Negativverstärkers. Wer einen guten Auftritt hinlegt, profitiert davon im Netz nur bedingt. Ein positives Gegenstück zum Shitstorm hat die neue Medienwelt bisher noch nicht hervorgebracht, obwohl man schon hier und da mal über den Begriff »Candystorm« stolpert. Wer aber richtig danebenlangt, der kann sich auf etwas gefasst machen.

Der Shitstorm ist die neue Form des Massenprotests: geringe Hemmschwelle, sehr leicht durchführbar, brachial in der Wirkung. Das bekam zum Beispiel der inzwischen insolvente Drogeriekonzern Schlecker zu spüren. 2011, nicht lange vor ihrem Niedergang, versuchte die Firma ihr Image mit einem neuen Slogan aufzupolieren: »For you. Vor Ort.« Schnell regte sich Kritik: Die Fachzeitschrift *Deutsche Sprachwelt* monierte, dass der deutsche Konzern es für angemessen hielt, mit holprigem Denglisch zu werben. Der wirkliche Shitstorm aber begann, nachdem ein Unternehmenssprecher den Fehlgriff mit der mangelnden Intelligenz der eigenen Kundschaft begründete. In einem Brief an *Deutsche Sprachwelt* schrieb er, dass er persönlich die Kritik teile. Der Slogan jedoch solle schließlich die durchschnittlichen Schlecker-Kunden ansprechen. Und diese, so der Sprecher, seien nun einmal dem »niederen bis mittleren Bildungsniveau zuzuordnen« und zählten eben nicht zu den »reflektierten Sprachverwendern«. Aus diesen Aussagen machte zum Beispiel die *Financial Times Deutschland* die Schlagzeile »Schlecker hält eigene Kunden für blöd« – und schon brach ein Shitstorm los, der die Schlecker-Seiten in den sozialen Netzwerken glühen ließ.

In einem solchen Kontext, könnte man argumentieren,

macht so ein Shitstorm durchaus Sinn – sorgt er doch dafür, dass mündige Konsumenten, Zuschauer, Bürger direkte Kritik üben und durch schiere Masse auch tatsächlich etwas bewirken können. Schlecker ruderte innerhalb kürzester Zeit auf dem Firmenblog argumentativ zurück und stellte klar, dass das Management niemanden für blöd halte, der eine Schlecker-Filiale betrete.

Doch Shitstorms können eben auch die treffen, die vielleicht nur Opfer eines Missverständnisses geworden sind – oder sich selbst als solches betrachten. Diese Form der Kritik im Netz birgt in beiderlei Hinsicht Gefahren: Wer nur scheinbar einen Fehler gemacht hat, kann trotzdem von einem Shitstorm überrollt werden und seinen guten Ruf verlieren. Und wer wirklich Mist gebaut hat, kann sich durch die inzwischen inflationäre Verwendung des Begriffs »Shitstorm« der Kritik entziehen. War ja alles gar nicht so wild – der böse Mob hat nur einen Shitstorm daraus gemacht. So können sich Täter zu Opfern stilisieren, wie der Autor und Strategieberater Sascha Lobo in seiner Kolumne in *Spiegel online* deutlich machte: »Shitstorm verschiebt so den Maßstab, wie mit vollkommen normaler, aber nicht zustimmender Kommunikation im Netz umgegangen wird.«

Neue Medien, neue Missbrauchsformen der Kritik: Nicht jeder, der sich im Netz als Kritiker tarnt, ist auch wirklich einer. Viele wütende User sind letztlich einfach nur wieder – Nörgler. Das Netz gibt den Nörglern eine Heimat. Es verleiht ihnen – in der Masse – große Macht über Einzelne, die öffentlich ihre Meinung vertreten. So ist die Netzkritik zu einer echten Bedrohung der Meinungsvielfalt geworden: Nicht jeder traut sich in diesem Klima noch, sich öffentlich kritisch zu äußern. Wer es dennoch tut, muss sich ein dickes Fell zulegen. Gleichzeitig hat der Shitstorm-Trend es Kritisierten leicht gemacht, sich der öffentlichen Kritik zu entziehen, indem sie den Spieß umdrehen und die Kritiker als pöbelnden »digitalen Mob« (Sascha Lobo) diffamieren.

Segen und Fluch des Internets: Die neuen Medien haben das Kritisieren leicht gemacht. Und die Einordnung von Kritik viel, viel schwerer. So wie in den Castingshows der Verriss zur Unterhaltungsmasche geworden ist, hat sich das »Don't Like« in den neuen Medien zum Instrument der Generalverdammung entwickelt. Wohl deshalb gibt es bei Facebook bis heute keinen entsprechenden Button als Gegenstück zum »Like«-Button – er würde Existenzen ruinieren und die Werbeeinnahmen von Facebook in den Keller treiben. Jemanden fertigzumachen ist nicht mehr anstrengend, sondern sehr einfach. Man ist es ja nie allein gewesen, sondern man kann sich immer auf die Gruppendynamik berufen.

Im Ergebnis laufen beide Phänomene auf einen ähnlichen Effekt hinaus, was den Wert der Kritik in der Kommunikation betrifft: Kritik, wenn man den Verriss und den Shitstorm dazuzählt, ist etwas, das man lieber nicht haben will. Diese Entwicklung finde ich besorgniserregend, denn nach meinem Verständnis ist Kritik etwas, das wir brauchen. Etwas Erstrebenswertes, das wir nicht nur aushalten, sondern uns sogar wünschen sollten.

Wie immer ist die Gewichtung dieses Problems eine Frage der Wahrnehmung: Selbstverständlich findet kluge Kritik auch im Netz statt. Die Möglichkeit der kritischen Interaktion in Echtzeit birgt riesige Chancen – nicht nur für das Entertainment der Zukunft. Mehr Aufmerksamkeit erregen jedoch die organisierten Netznörgler.

Um die konstruktiven Formen der Kritik im Netz in den Vordergrund zu rücken, muss sich in der Netzkommunikation etwas ändern. Zu viele maßlose Shitstorms haben gezeigt: Mit unverbindlicher »Netiquette« allein ist es nicht getan.

Ist das noch Kritik?

Die Wurzel allen Übels der Kritik im Netz ist ihre Anonymität. Anonyme Kritik kann ihrer Aufgabe nicht gerecht werden. Sie ist nicht ehrlich, denn der Kritiker zeigt sich nicht. Woher also soll der Kritisierte, woher die Netzgemeinde wissen, ob die Kritik aus berufenem Munde kommt? Selbst wenn ein Kommentar im Netz konstruktiv formuliert ist, nützt er dem Kritisierten nichts, denn der kann nicht wissen, was er vom Verfasser zu halten hat.

Leider geht es den meisten anonymen Netzkritikern aber auch gar nicht um Verbesserungsvorschläge, sondern ums Bashing. Wenn konkurrierende Fachautoren über anonyme Nutzerkonten, also unter Pseudonym, bei Amazon gegenseitig ihre Bücher verreißen, hat das nichts mit Kritik zu tun – das ist einfach nur Rufschädigung.

Da sind mir die Zuschauer lieber, die auf der Facebook-Fanseite von *Let's Dance* mit ihrer Meinung nicht hinterm Berg halten. Zwischen den Rückmeldungen auf Motsis und meine Wunschkandidaten fand sich auch folgender Kommentar: »Der Llambi ist ein Depp«. Macht mich so etwas wütend? Nein. Anfangen kann ich mit dieser Rückmeldung zwar nichts, denn warum ich ein Depp bin und wie ich mein Ansehen bei diesem Zuschauer verbessern könnte, hat der Verfasser mich leider nicht wissen lassen. Aber er hat diesen Kommentar unter seinem Klarnamen veröffentlicht – bzw. einem Namen, der sich nach einem echten Namen anhört. Deshalb kann ich mit dieser Meinungsäußerung gut leben: Der Mann steht wenigstens zu seiner Meinung. Mich nicht zu mögen ist sein gutes Recht.

Damit hebt er sich wohltuend von der Masse der sogenannten Trolle ab, die bevorzugt in Internetforen unqualifiziert auf alles und jeden losgehen – und sich dabei hinter mehr oder weniger kreativen Decknamen verstecken. Jeder, der sich öffentlich positioniert, kann in ihre Schusslinie geraten. Leider sind diese Trolle keineswegs nur in den Foren der Boulevardmedien oder auf zwielichtigen Seiten im Netz anzutreffen. Sie sind längst Legion und begegnen uns überall – bevorzugt in den Kommentarspalten unter politischen Meinungstexten.

Ausgerechnet diese Trolle verstecken sich meist hinter dem Recht auf freie Meinungsäußerung: Wenn gemäßigtere Nutzer sie darauf hinweisen, dass sie mit ihren Verbalattacken die Sachebene verlassen haben, halten sie in ihren Antworten geradezu reflexartig dieses Schild hoch: Ich kann hier sagen, was ich will, wir leben in einem freien Land, und du willst nur keine abweichende Meinung zulassen.

Ich bin da ganz anderer Auffassung: Genau diese Trolle sind es, die das Recht auf freie Meinungsäußerung ad absurdum führen. Sie sind es, die die Regeln aufrichtiger zwischenmenschlicher Kommunikation unterwandern, indem sie sich hinter ihren Decknamen verstecken. Sie sind es, die unsere wahrhaft kritischen Geister verprellen. Es ist kein Wunder, dass manch ein Journalist, Politiker oder Topmanager sich nicht mehr traut, seine Meinung offen kundzutun. Jeder, der das tut, muss damit rechnen, dafür abgestraft zu werden.

Damit wir uns richtig verstehen: Es ist völlig gleich, welche Seite dabei recht oder unrecht hat. Es geht mir um die Kultur der Kommunikation, um die Lust am Austausch von Meinungen, um den gesellschaftlichen Diskurs. Der funktioniert nur, wenn Kritik offen und ehrlich geübt wird. Wenn die Karten auf dem Tisch liegen. So etwas wie einen anonymen gesellschaftlichen Diskurs darf es in einem demokratischen Land nicht geben.

Etwas anderes ist es, wenn sich bei einer sogenannten Twitter-Revolution wie etwa in Moldawien 2009 ein demokratischer Protest online formiert. Diese Menschen wehrten sich gegen mutmaßlich gefälschte Wahlergebnisse, die die kommunistische Partei als Sieger deklarierten. Eine solche Bewegung zielt darauf ab, Freiheit überhaupt erst zu erobern. Diesen Menschen droht in vielen Ländern noch immer Gefahr, wenn sie sich öffentlich zu erkennen geben. Ihnen bleibt möglicherweise keine andere Wahl, als sich anonym zusammenzuschließen.

Doch dieses Problem haben wir in Deutschland nicht. Überwachungsskandale hin oder her: Wir leben tatsächlich in einem freien Land. Wir müssen uns vor der Reaktion auf offene, ehrliche Kritik nicht fürchten. Es gibt im Normalfall keinen Grund für uns, Kritik in Internetforen anonym vorzubringen und dafür auch noch Applaus zu erwarten. Wer seinen Frust loswerden will, sollte zum Therapeuten gehen – nicht in ein Internetforum. Die Rechnung geht nämlich nicht auf: Anerkennung bekommen wir nur für ehrliche Kritik. Mit Nörgelei und Verrissen in Fäkalsprache können wir niemanden für uns einnehmen. Die Trolle scheinen das zu ahnen – sonst hätten sie keinen Grund, sich hinter Decknamen zu verstecken.

Was soll man tun gegen die Masse der anonymen Rächer? Ich sehe da nur eine Lösung: Für alle Formen der Meinungsäußerung in deutschen Internetforen sollte die Pflicht zum Klarnamen gelten. Facebook, Twitter, die Kommentarfunktion bei Online-Medien – überall dort würde sich schlagartig die Tonart verändern, wenn die Nutzer ihre Meinung nur unter ihrem eigenen Namen kundtun könnten. Dann könnte man möglicherweise auch endlich im Netz zu einer ernst zu nehmenden kritischen Kultur finden.

Oder würden Sie, sagen wir: als Politiker, Ihr Verhalten überdenken, weil Legolas382 Sie in einem Kommentar bei *Spiegel online* als inkompetenten Hornochsen bezeichnet?

(Und falls es dieses Pseudonym wirklich gibt: Ich habe es frei erfunden.)

Kritik: Besser offline

Wie können wir uns im Alltag diese Erkenntnisse zunutze machen? Am besten kämpfen wir gegen die neue kritische Unkultur im Netz an, indem wir nicht mitspielen. Auch wenn es sich bei den Trollen, relativ gesehen, gewiss um eine Minderheit handelt: Betroffen sind wir alle von der Verrohung der Netzsitten.

Zum Beispiel in Form der E-Mail-Kommunikation. Kritik im Netz, auch wenn sie nicht anonym stattfindet, hat nämlich einen weiteren großen Nachteil: Sie ist total unpersönlich. Für manche Formen des Feedbacks ist das kein großer Nachteil. Wenn wir zum Beispiel die Kommentare zur Sendung bei Facebook verfolgen, ergibt sich die Relevanz aus der Masse. Anders wäre es auch gar nicht praktikabel: Wir können schlecht jeden einzelnen Zuschauer zum persönlichen Gespräch nach Köln einladen.

Wenn es jedoch um individuelle Kritik zwischen zwei Kommunikationspartnern geht, ist der persönliche Kontakt gefragt – so direkt wie möglich. Wie zu allen Mitteln der Kommunikation gehören auch zur Kritik neben den verbalen die nonverbalen Aspekte.

Ich persönlich übe deshalb Kritik, wenn es sich irgendwie vermeiden lässt, nicht per E-Mail. Auch vor den Zeiten des Internets habe ich Kritik möglichst nicht schriftlich formuliert. Wenn ein persönliches Gespräch unter vier Augen nicht möglich ist, greife ich wenigstens zum Telefon. Was wir schreiben, kann schnell falsch verstanden werden. Eine hastig getippte E-Mail lässt unter Umständen reichlichen Interpretationsspielraum zu. Der Absender hat keine Möglichkeit, dafür zu sorgen, dass die Botschaft am anderen Ende so ankommt, wie sie gemeint war.

Im persönlichen Gespräch, mit den Mitteln der Stimme und – besser noch – der Körpersprache, lässt sich Kritik viel besser transportieren. Ich kann dem Betreffenden in die Augen sehen – das sorgt nicht nur für Verbindlichkeit, sondern auch für Glaubwürdigkeit. Wenn ich dennoch feststelle, dass meine Äußerungen eine unerwartete Reaktion auslösen, kann ich sofort nachfassen und richtigstellen. In einer E-Mail geht das nicht. Da steht das Missverständnis im Zweifel für alle Zeiten schwarz auf weiß geschrieben. Wenn ich Pech habe, erfahre ich nicht mal, was ich da ungewollt angerichtet habe.

Nicht fernsteuern lassen

Doch selbst unsere direkten Kontakte im Alltag sind vor den Auswirkungen der Anonymisierung nicht mehr sicher. Vor Kurzem saß ich mit einigen jungen Leuten von einem Tanzverein in einem Café zusammen. Ich wollte mit ihnen über ein gemeinsames Projekt sprechen, bei dem ich als eine Art Mentor fungiere. Eine tolle Truppe: talentierte, aufgeschlossene, intelligente junge Menschen mit viel Energie. Nur leider kam davon bei mir an diesem Nachmittag zunächst nicht viel an. Allesamt hatten sie die ganze Zeit ihre Smartphones im Anschlag und reagierten unverzüglich auf jede Benachrichtigung, die einging. Irgendwann machte ich dem Spuk ein Ende, indem ich sie bat, ihre Geräte für den Rest des Gesprächs wegzustecken. Und tatsächlich: Kaum konnte ich ihnen in die Augen sehen, tauschten wir uns produktiv aus.

Diese Erfahrung hat mir gezeigt: Die Art, wie sich Kommunikation durch das Internet verändert, wirkt sich nicht nur auf die Online-, sondern auch auf unsere Offline-Kommunikation aus.

Natürlich kann die Lösung nicht darin liegen, das eine vom anderen trennen zu wollen – das wäre schon heute rückschrittlich und geradezu unrealistisch. Was wir aber tun können, ist, die Regeln offener, ehrlicher, persönlicher Kommunikation online genauso zu achten wie offline. Dass uns neue Kanäle zur Verfügung stehen, heißt nicht, dass wir alles vergessen müssen, was wir über Kommunikation gelernt haben.

In besonderem Maße, wenn wir Kritik äußern. Mit Kritik machen und bewahren wir uns nämlich nur Freunde, wenn wir uns dabei auf Augenhöhe begegnen und ehrlich aufeinander eingehen.

Das Leben ist kein Wunschkonzert:
Wie Kritiklosigkeit unsere Maßstäbe ruiniert

Wo sind sie geblieben?

Wer Erfolg hat, wird kritisiert – das ist schon immer so gewesen und gehört nicht nur in der Entertainment-Branche zum Common Sense. Der Trend zur Instant-Karriere ignoriert jedoch eine vorgeschaltete Stufe auf dem Weg zum echten Erfolg. Jeder, der schon einmal wirklich Erfolg hatte, wird bestätigen können: Nur wer sich Kritik gefallen lässt und für sich nutzt, kann erfolgreich werden.

Die Halbwertszeit vieler Instant-Stars ist ein erstes Indiz für diese These. Ist Ihnen die Band Melouria noch ein Begriff? Sagt Ihnen der Name Room2012 etwas? Wie steht es mit Overground? Alles Popstars, wenn man dem Namen der Sendung glauben darf, aus der sie entstanden sind: Sie alle haben *Popstars* gewonnen. 2012, 2007, 2003.

Lange her ist das nicht. Trotzdem hat die Öffentlichkeit von diesen Musikern seit Jahren nichts oder kaum etwas gehört. Warum? Weil sie sich ihren Erfolg nicht langfristig erarbeitet haben. Sie wurden auf einen Thron aus Plastik gehievt, obwohl sie nicht dafür bereit waren. Ich behaupte nicht, dass diese Kandidaten in der Show nichts geleistet haben. Ich sage auch nicht, dass ihr schneller Weg zum kurzen Ruhm für das Publikum nicht unterhaltsam war. Die Zuschauer dürfen mitträumen bei diesen Sendungen: Wäre es nicht schön, wenn auch mir das mal passieren würde?

Doch das wäre es nicht. Jedenfalls nicht, solange man glaubt, mit dem Sieg in einer Castingshow hätte man auf dem Weg zum Ruhm das Ziel erreicht. Der fängt im Finale von *Popstars* oder einer der anderen Shows nämlich erst an. In diesem Moment werden die Gewinner mitten ins Haifischbecken Entertainment hineingestoßen und dabei nicht mehr Woche um Woche, Show um Show von einem ganzen Schwarm von Profis versorgt, die ein Interesse an ihrem Erfolg haben. Plötzlich müssen sie selbst schwimmen lernen. Und zwar sehr schnell. Wer das nicht schafft, geht unter. Nicht erst in ein paar Jahren oder gar ein paar Monaten, sondern innerhalb von Wochen.

Der Mythos vom Überflieger

Woran liegt es, dass so wenige es schaffen, sich länger als ein paar Wochen in den Charts und damit über Wasser zu halten? Den einen Instant-Erfolg mit dem Siegertitel zu wiederholen oder gar zu überbieten?

Die Antwort ist so einfach wie entmutigend: Entertainment lernt man nicht in den paar Wochen einer Castingshow-Staffel. Auch nicht den Umgang mit Erfolg. Diese Dinge lernt man wie jeden anderen Beruf, indem man die Leiter vorsichtig hinaufklettert – beginnend mit der untersten Stufe. Von den untersten Stufen kann man auch mal runterfallen, sich wieder aufrappeln und neu ansetzen. Solange die Fallhöhe niedrig ist, kann man sich Fehler erlauben. Manche muss man sogar machen. Mit jedem Fehler, aus jeder Kritik in diesem Stadium lernt man dazu und macht es beim nächsten Mal besser.

Wenn man dagegen gleich beim ersten Fehler von der

obersten Stufe fällt, steht man nicht so leicht wieder auf. In vielen Fällen nie wieder.

Egal, welche Branche oder welche Laufbahn: Karriere funktioniert nicht ohne einen kritisch begleiteten Lernprozess. Langfristiger Erfolg ist ohne Kritikfähigkeit nicht möglich, weil er nicht ohne Fehler und den Lerneffekt zu haben ist, der aus ihnen entsteht. Jeder Mensch muss mit seiner Aufgabe wachsen, um ihr gerecht werden zu können.

Auf dem Weg nach oben müssen wir uns eine Menge Kritik anhören. Und nicht nur das: Kritikfähigkeit bedeutet, Kritik nicht nur auszuhalten, sondern anzunehmen und umzusetzen. Wer dazu nicht bereit ist, hat keine Chance, oben anzukommen. Einen Star kann man nicht einfach machen. Ein Star muss man werden. Ganz egal, ob als Musiker, Börsenmakler oder Buchhalter.

Ausnahmen von dieser Regel gibt es nur sehr selten. Das Märchen von der Überfliegerkarriere über Nacht, das jungen Menschen durch die Medien suggeriert wird, ist ein Mythos.

Erfolgsfaktor Kritikfähigkeit

Noch aufschlussreicher als der Blick auf die vergessenen Sieger ist die Frage: Was haben jene Instant-Stars, aus denen im Sinne einer Showbiz-Karriere tatsächlich etwas geworden ist, anders gemacht?

Aus der Reihe der *DSDS*-Gewinner sticht Mark Medlock hervor. Er konnte nach seinem Sieg in der vierten Staffel mehrere Jahre lang regelmäßig einen Sommerhit und seine Alben weit oben in den Charts platzieren. Inzwischen hat er über drei Millionen Tonträger verkauft und elf Gold- sowie vier Platin-Auszeichnungen von der deutschen Musikbranche erhalten.

Medlock gab vom ersten Auftritt an zu erkennen, dass er bereit war, hart für den Erfolg zu arbeiten. Im Gegensatz zu vielen anderen Teilnehmern war der Sieg für ihn nicht einfach ein Teenagertraum, sondern ein existentielles Unterfangen: Dem während der Staffel 28-jährigen Hartz-IV-Empfänger war zuvor nichts im Leben wirklich gelungen. Die Sendung schien für ihn die letzte Chance zu sein, etwas aus sich zu machen. Entsprechend ernst nahm er die Herausforderung, arbeitete hart an sich und bespielte viel konsequenter als andere Kandidaten alle Kanäle, um auf sich aufmerksam zu machen. Das tat er auf extrem offene, ungekünstelte Art und Weise. Er zeigte sich stets so durchgeknallt, wie er nun mal ist – bei ihm kam auch der Personality-Effekt voll zur Geltung.

Medlock ging es jedoch nicht in erster Linie um Ruhm und unrealistische Phantasien über das Leben als Star. Der Mann wollte einfach auf eigenen Beinen stehen. Im Gegensatz zu vielen anderen Teilnehmern betrachtete er den Erfolg bei *DSDS* als Mittel, um seine Existenz zu sichern. Deshalb packte er die Show mit professionellem Anspruch und hoher Leistungsbereitschaft an. Er hatte den unbedingten Willen zum Erfolg – er setzte alles daran, damit es klappte. Die Zuschauer spürten das. Auch Dieter Bohlen, der ihn zu seinem Ziehkind machte, wollte ihn gewinnen sehen. Er erkannte das Potential, das in ihm steckte – und die Rechnung ging auf.

Bemerkenswert an Medlocks Werdegang ist seine Kritikfähigkeit – aber auch die Art, wie in der Sendung Kritik an ihm geübt wurde. Häufig wird bei den Castingshows auch viel überschwängliches Lob über mittelmäßig begabte Narzissten ergossen. Bei den meisten von ihnen endet das zwangsläufig in einer Karriere, die kurz nach dem Finale stagniert. Wer glaubt, nach einem ersten Teilerfolg nicht mehr an sich arbeiten zu müssen, kann es nicht weit bringen – nicht in der Unterhaltungsbranche, und auch in keiner anderen. Aber woher sollen die jungen Leute auch wissen, dass Berühmtheit nicht immer so funktioniert wie in Castingshows? Sie sind blutige Anfänger – ihnen fehlt dafür die Lebens- und Berufserfahrung.

Eine Chance zu nutzen heißt nicht nur, zur richtigen Zeit am richtigen Ort zu sein, sondern auch kompetente Kritik anzunehmen und umzusetzen.

Medlock traf bei *DSDS* – neben seinem Förderer Bohlen – auf einen kompetenten Kritiker aus dem Business und machte sich dessen Kritik in der Anfangsphase zur Antriebsfeder. Bohlens damaliger Jurykollege, der Musikmanager Heinz Henn, bewies ein gutes Händchen, als er den stets überdrehten Medlock frühzeitig ermahnte: Er sei sich nicht sicher, ob der Sänger seine Chance ernst genug nehme. Einem leistungsbereiten, erfolgshungrigen Talent liefert man damit als Kritiker eine Steilvorlage: Er wird seinem Kritiker das Gegenteil beweisen wollen. Genau das tat Medlock und sprach Henn in einer späteren Sendung darauf an: »Habe ich dich überzeugt?« – »Du hast mich vollkommen überzeugt«, antwortete Henn.

Bemerkenswert daran war, dass Medlock auf die vorangegangene kritiklose Lobeshymne Bohlens nach seinem Auftritt nicht weiter einging, wohl aber auf die früher geäußerte Kritik Henns. Wir alle brauchen Anerkennung, wir alle wollen gelobt werden. Auch das ist eine wichtige Motivation. Wenn es darauf ankommt, hilft kritikloses Lob jedoch niemandem, seine Leistung zu steigern, denn es fehlt ihm an der konstruktiven Komponente. Harte Kritik und sogar Zweifel können, im richtigen Moment geäußert, dagegen eine ungeahnte Entwicklung auslösen.

Bei Medlock spielten zwei wichtige Erfolgsfaktoren für eine Entertainment-Karriere zusammen: kompetente Insider-Kritik und die Kritikfähigkeit aufseiten des Aspiranten.

Im krassen Kontrast dazu steht zum Beispiel ein Kandidat wie Ardian Bujupi, der es 2011 immerhin bis ins Halbfinale von *DSDS* geschafft hatte. 2012 bekam er als Kandidat von *Let's Dance* eine weitere Chance, das Fernsehpublikum auf sich aufmerksam zu machen – und nutzte sie nicht. Bujupi ist einer der wenigen Kandidaten, denen die Kritik der Jury sichtlich am Allerwertesten vorbeiging. In jeder Sendung konnte ich feststellen, dass er meine Ratschläge aus der Vorwoche nicht nur nicht beherzigt, sondern überhaupt nicht aufgegriffen hatte. Er zog einfach seinen Stiefel durch, ohne sich auf Verbesserungsvorschläge einzulassen. In der fünften Folge schied er aus.

Das hätte nicht sein müssen: Hätte er sich kritikfähig gezeigt, unsere Ratschläge beherzigt und sich reingehängt, hätte er es weiter gebracht. Auch Manuel Cortez war schwach gestartet. Er hatte jedoch sein Potential genutzt und unsere Kritik umgesetzt – mit dem Ergebnis, dass die Zuschauer ihn genau dafür zum Sieger kürten.

Berufswunsch: Modeln oder so

»Alles, was es im Leben zu besitzen lohnt, ist es wert, dass man dafür arbeitet« – das hat der schottisch-amerikanische Industrielle und Stahl-Tycoon Andrew Carnegie (1835–1919) über Leistungsbereitschaft gesagt. Nach ihm ist das berühmte Konzerthaus Carnegie Hall in New York benannt. Carnegie arbeitete schon im Alter von dreizehn Jahren in einer Baumwollspinnerei, während er noch die Schule besuchte – für 1,20 Dollar die Woche. Aus einfachen Verhältnissen kommend, wurde er zum reichsten Menschen seiner Zeit. Sein

Werdegang ist ein typisches Beispiel für die amerikanische Traumkarriere vom Tellerwäscher zum Millionär – oder, in Carnegies Fall, zum Multimilliardär.

Der amerikanische Traum beruht auf Leistungsbereitschaft – deshalb kann er tatsächlich wahr werden. Der Traum von schnellem Ruhm und einem bequemen, sorglosen Leben als Superstar, wie ihn heute Millionen von Teenagern träumen, ist dagegen eine Seifenblase. Großer Erfolg ist ohne ein hohes Maß an Leidensfähigkeit nicht möglich.

Kritik auszuhalten, anzunehmen und umzusetzen ist nur ein kleiner Teil der harten Arbeit, die für jede Karriere notwendig ist. Doch die Kritikfähigkeit ist der Anfang und die Grundlage für alles andere: Nur wer bereit ist, an sich zu arbeiten, hat überhaupt eine Chance, es weit zu bringen. Ob Musiker, Student oder Angestellter: Gefördert wird im Leben nur, wer sich der Kritik seiner Förderer würdig erweist.

Wer dagegen meint, ohne dauerhafte Anstrengung innerhalb kürzester Zeit ganz nach oben zu kommen und sich die vielen Umwege und Rückschläge auf dem Weg zum Erfolg sparen zu können, der irrt gewaltig – ganz egal, ob in der Unterhaltungsbranche oder in jedem anderen Beruf.

Wenn meine Tochter (noch ist sie, Gott sei Dank, zu jung) in ein paar Jahren zu mir käme und mir unterbreiten würde, dass sie an *Germany's Next Topmodel* teilnehmen will, würde ich ihr abraten. Aus mehreren Gründen.

Erstens ist die Wahrscheinlichkeit zu gewinnen auch für ein wunderhübsches Mädchen extrem gering, denn Schönheit allein ist noch kein Erfolgsgarant. Und wer es nicht in die Top 5 schafft, ist auch in dieser Sendung letztlich nur Entertainment-Kanonenfutter. Zweitens kann die Teilnahme an einer solchen Sendung im privaten Umfeld durchaus Schwierigkeiten hervorrufen, denn der Neidfaktor ist nicht zu unterschätzen. Sobald man im Rampenlicht steht, gehen viele automatisch davon aus, man halte sich für etwas Besseres. Nicht umsonst klagen viele Teenie- und Kinderstars über ihre verlorene Kindheit: Die alten Freunde können mit dem Ruhm eines Gleichaltrigen nicht immer umgehen. Vor allem jedoch fordert der Erfolg Opfer, denn eine Karriere im Rampenlicht zieht Arbeit nach sich. Sehr viel Arbeit – nicht selten bis hin zur Selbstaufgabe.

Das führt mich zum dritten Grund, warum ich meiner Tochter – und jedem anderen jungen Mädchen – von der Teilnahme an einer solchen Sendung abraten würde. Einer Casting-Karriere fehlt es an einem entscheidenden Faktor für langfristigen Erfolg: dem Recht auf Selbstbestimmung. Ganz gleich, ob im Fernsehen oder in der Wirtschaft: Wenn ich als junger Mensch von heute auf morgen von schnellem Ruhm überrannt werde, bevor ich zu mir selbst gefunden und meine Stärken und Schwächen kennengelernt habe, kann ich viele wichtige Entscheidungen nicht mehr unbeeinflusst treffen. Ab einer gewissen Stufe auf der Erfolgsleiter kann ich nicht mehr nach eigenem Ermessen bestimmen, wozu ich Nein sagen möchte. Ich kann nicht mehr frei über meine Zeit verfügen und muss damit leben, wenn Freunde und Familie zurückstecken müssen. Ich kann nicht selbst regulieren, wie viel ich zu leisten bereit bin und wann ich Auszeiten brauche, um mich zu sortieren.

Plötzlicher Erfolg, im Gegensatz zu langfristig erarbeitetem Erfolg, ist fast immer fremdgesteuert – und zwar nicht im Sinne einer gesunden Förderung. Bei der Highspeed-Karriere bleibt keine Zeit für einen wohlwollenden, reflektierten, kritischen Prozess. Ich bin plötzlich ganz oben, und dann muss ich da durch. In einer solchen Karriere gibt es kein Bremspedal, auf das ich treten kann, wenn mir alles zu schnell geht. Wenn ich auf den Erfolg nicht verzichten will, muss ich mitspielen. Auch dann, wenn ich merke, dass ich noch nicht so weit bin. Oder dass mir das alles zu viel ist. Dass ich lieber erst eine Ausbildung gemacht oder studiert hätte. Dass ein anderer Beruf besser für mich gewesen wäre und ich wertvolle Entwicklungszeit an eine kurzlebige Karriere verschwendet habe.

Wenn diese Einsichten kommen, bemerken die Jungstars meist auch, dass das Leben als Star alles andere als einfach, bequem und sorglos ist. Solange der Erfolg anhält, geht er mit ständiger Anspannung und beinharter Arbeit einher. Öffentliche Auftritte, Shootings, Reisen, Verhandlungen, Interviewtermine – das alles neben der eigentlichen Arbeit als Model, Musiker oder was auch immer. Immer auf Knopfdruck optimale Leistungen abrufen, um nicht verrissen zu werden. Immer einen guten Eindruck machen, immer positive Aufmerksamkeit wecken, immer in die Kameras lächeln – egal, wie dreckig es mir an diesem Tag vielleicht geht. Sich ständig neu erfinden, damit man nicht in Vergessenheit gerät, denn nichts ist im Entertainment so alt wie der Erfolg von gestern. Oder in der Modebranche: das Gesicht von gestern.

Einfach, bequem und sorglos ist anders. Der Eindruck vom Leben als Star, der durch die Boulevardmedien erzeugt wird, ist völlig irreführend: Die (jungen) Stars können überhaupt nicht tun und lassen, was sie wollen. Sie sind stärker fremdbestimmt als jeder andere junge Mensch. Die Botschaft lautet genau umgekehrt: Wer ein schönes, weil selbstbestimmtes Leben führen möchte, solange er jung ist, der sollte alles andere werden wollen, nur nicht ein Star über Nacht.

Kritiklosigkeit ist der Anfang vom Ende

Niemand wird sein Leben lang über einen Erfolg glücklich sein, den er scheinbar kampflos erreicht hat. Allein schon das Wort gibt Aufschluss darüber: ›Erfolg‹ folgt auf etwas. Es ist das Ergebnis einer Anstrengung. Alles andere ist ein Glückstreffer, wie ein Sechser im Lotto. So etwas bekommt den wenigsten gut, denn in einen solchen Zustand muss man hineinwachsen. Dass so viele Lottomillionäre schon nach kurzer Zeit wieder pleite sind, ist kein Zufall: Sie haben nie gelernt, mit Reichtum umzugehen. Die Lotterieunternehmen bieten den Gewinnern Beratung an – aus gutem Grund. Diejenigen Gewinner, die diese Beratung ausschlagen, behalten ihr Geld meist nicht lange.

Überhaupt müssen wir anerkennen, dass Geld und Erfolg nicht das Gleiche sind. Zu Geld kann man auch durch zufällige Umstände kommen: durch Geburt, durch eine unverhoffte Wertsteigerung, durch das unverhoffte Ableben eines vermögenden Ehegatten. Erfolg kann man dagegen nicht absahnen. Man muss ihn sich erarbeiten. Er setzt die Anstrengung voraus – sonst ist es kein echter Erfolg. Im Gegensatz zu Geld allein kann uns Erfolg allerdings auch glücklich und zufrieden machen.

Deshalb ist es wichtig, unseren Kindern frühzeitig beizubringen, dass Erfolg etwas Erstrebenswertes ist und dass man sich dafür anstrengen muss. Wir dürfen nicht zulassen, dass künstliche, durch die Medien verbreitete Idealbilder die gesellschaftlichen Maßstäbe verderben. Es ist leicht für uns, darüber zu schimpfen, dass Teenager heute am liebsten ganz schnell viel Geld verdienen und sich mit dreißig zur Ruhe setzen würden, ohne sich je angestrengt zu haben. Aber versetzen Sie sich einmal in die jungen Menschen hinein: Sie bekommen von Kindheit an in den Medien vorgeführt, wie einige wenige Altersgenossen allein dafür in den Himmel gelobt werden, dass sie geborene Rampensäue sind. Dafür dürfen sie vor Millionen von Menschen auftreten und verdienen – erst einmal – viel Geld. Ist es ein Wunder, dass unsere Kinder denken, das wäre ein erstrebenswertes Karriereziel?

Dieser Trend macht auch nicht vor uns Erwachsenen halt. Es gibt inzwischen zahllose Coaches und Autoren, die uns beibringen wollen, wie wir reich werden können, ohne uns anzustrengen. Diese Phantasien entspringen einer Kultur der verschobenen Maßstäbe: Die Finanzbranche ist der Wirtschaftssektor, durch den weltweit mit Abstand das meiste Geld fließt. Für den Außenstehenden scheint das Geld sich dort von selbst unendlich zu vermehren – ohne auf irgendeinem konkreten Gegenwert zu beruhen. Erst die Finanzkrise hat allen Beteiligten deutlich gezeigt, dass es so doch nicht funktioniert.

Als ehemaliger Börsenmakler beobachte ich diese Entwicklungen auch aus eigenem Interesse kritisch: Die Bürger müssen aushalten, dass ihre Abgaben und die Inflation ständig steigen. Nur um dann zusehen zu müssen, wie Milliarden und Abermilliarden in die Rettung der Reichsten der Reichen gesteckt werden – nämlich der Banken, die die Finanzkrise überhaupt erst verschuldet haben. Sie können mir glauben, ich bin darüber wütender als manch anderer, denn ich kenne den Unterschied zwischen seriösen und unseriösen Finanztransaktionen. Deshalb finde ich es auch völlig in Ordnung, dass der Bankensektor seit einigen Jahren in erhöhtem Maße scharfe Kritik über sich ergehen lassen muss.

Die Krise ist nur ein weiteres Indiz dafür, dass Erfolg nicht aus der hohlen Hand kommen kann. Er muss auf Leistung beruhen und sich an gesunden Maßstäben orientieren. Im Bankenwesen durften zu viele zu lange schalten und walten, wie es ihnen beliebte, ohne jeglicher Kritik ausgesetzt zu sein. Viele der Bankmanager, die für das Desaster verantwortlich sind, wurden im Gegenteil für ihre ›Leistungen‹ immer weiter befördert. Dieser Zustand musste zwangsläufig zur Katastrophe führen. Wo grenzenloser Reichtum winkt und gleichzeitig das Wie und das Warum nicht mehr hinterfragt werden, bricht früher oder später Anarchie aus.

Kritiklosigkeit – ob in einer Castingshow, in Ihrer Karriere oder in unbeaufsichtigten gesellschaftlichen Nischen – ist der Anfang vom Ende. Der Weg zum Erfolg führt nicht über kritikloses Lob. Erfolg ist immer das Ergebnis eines kritischen Prozesses. Und dieser Prozess kennt kein Ende. Je früher wir damit anfangen, diese Herausforderung als Lebensaufgabe zu begreifen, desto besser.

Kritik hilft nur den Selbstkritischen

Jedem Erfolg muss eine Entscheidung vorausgehen, die mir kein Kritiker der Welt abnehmen kann: Ich muss wissen, was ich wirklich will. Erst dann kann ich mich auf den Weg machen. Diese Entscheidung darf ich mir nicht vom Fernsehen und auch nicht von den Eltern abnehmen lassen, denn sie bestimmt meinen gesamten Lebensweg. Wenn ich nicht ganz und gar gefestigt zu dieser Entscheidung stehen kann, halte ich auch keine Kritik aus. Schlimmer noch: Ich habe keinen eigenmotivierten Maßstab, an dem ich meine Fortschritte selbstkritisch überprüfen kann. Wenn das meine Ausgangslage ist, werde ich ständig im Dunkeln tappen.

Als ich mit dem Tanzen anfing, war ich kein begnadeter Tänzer. Ich musste hart an mir arbeiten, um es auf ein hohes

Leistungsniveau zu bringen. In diesen Prozess habe ich viele Jahre investiert – und ich musste mich von meinen Trainern und von Wertungsrichtern immer wieder hart kritisieren lassen. Nur so konnte ich gut genug werden, um erfolgreich an Welt- und Europameisterschaften teilzunehmen. Diesen langen Weg konnte ich nur durchhalten, weil ich unbedingt tanzen wollte. Weil das Tanzen meine Leidenschaft war.

Dieser Leidenschaft sowie der Kritik von Experten habe ich es zu verdanken, dass ich letzten Endes doch auf einem hohen Niveau mitspielen konnte. Technisch war ich nicht der beste Tänzer. Doch es gelang mir, kleinere Schwächen dadurch auszugleichen, dass ich meine ganze Persönlichkeit in jeden Tanz einbrachte. Das war mein Talent, mein Ass im Ärmel, das meinen Erfolg zu unterstützen vermochte. Der Rest war nicht mehr und nicht weniger als harte Arbeit. Baby Steps, einen Schritt nach dem anderen – bis ich irgendwann da angekommen war, wo ich hinwollte.

Was ich damit zum Ausdruck bringen möchte: Zu wissen, was man will, eine Leidenschaft und ein Talent mitzubringen, ist die Grundlage für alles andere. Sie sorgt dafür, dass ich mich bereitwillig an meinen Leistungen messen lasse. Alles andere jedoch, all das, was Arbeit bedeutet, kann ich nur in einem langfristigen kritischen Prozess optimieren. Erfolg braucht mehr als eine Eigenschaft oder Fähigkeit; er braucht auch den langen Atem und viele erworbene Kompetenzen über das Talent hinaus. Wer sich nicht darauf einlässt, an diesen Feinheiten zu schrauben, bringt es auch mit dem größten Talent nicht weit.

Das gilt nicht nur für die Fernsehunterhaltung und für das Tanzen, sondern für jeden Weg, auf dem ich etwas erreichen möchte. Bestimmt kennen Sie Kommilitonen aus dem Studium oder Mitschüler aus Ihrer Lehrzeit, die mit den gleichen Voraussetzungen gestartet sind wie Sie und es anscheinend trotzdem nicht so weit gebracht haben. Oder im entgegengesetzten Fall: Sie wundern sich, warum Peter oder Claudia heute hohe Positionen bekleiden, obwohl Sie im Studium immer die besseren Noten hatten.

Um es deutlich zu sagen: Ein Fachidiot, der sich für den Größten hält, weil er immer die besten Noten hat, hat noch nichts erreicht – außer ein paar hübschen Zahlen auf einem Blatt Papier. Mit einem Jurastudium, abgeschlossen mit *summa cum laude*, kann ich noch längst nicht die Eigentumswohnung, den Sportwagen und das Ferienhaus bezahlen. Und ich schaffe es damit auch nicht in die Geschichtsbücher oder in die Herzen der Menschen um mich herum. Das kriege ich nur hin, wenn ich kontinuierlich an mir arbeite.

Persönliches Wachstum bedeutet zuallererst zu wissen, worin ich noch nicht gut genug bin. Der Rest ist Kritik. Wenn Sie in der Lage sind, Ihre eigenen Leistungen in jeder für Sie relevanten Disziplin realistisch einzuschätzen, können Sie sich das Feedback holen, das Sie brauchen. Als Tänzer hatte ich Trainer, die technisch einen besseren Techniker aus mir machen konnten. Langjährige Superstars haben Produzenten, die ihren persönlichen Stil auf den Zeitgeist übertragen können. Lehrlinge und Angestellte haben Chefs, die sie richtig einzusetzen und zu fördern vermögen.

Das alles funktioniert jedoch nur, wenn wir bereit sind, diesen Weg zu gehen. Wir müssen ein Leben lang damit klarkommen, dass wir vielleicht manches sehr gut können, vieles andere aber noch nicht. Wir brauchen den gesunden Maßstab einer kritischen Selbsteinschätzung, damit etwas aus uns werden kann. So schön ein Lob auch ist: Wünschen sollten wir uns vor allem ehrliche Kritik. Nur sie kann uns wirklich zum Erfolg verhelfen.

Warum wir ehrliche Kritiker brauchen

Aus Fehlern lernen:
Das Leben ist die Summe der Kritiken

Sympathiefaktor Selbstkritik

Nur wer ehrlich zu sich selbst ist, kann auch ehrlich zu anderen sein. Zu Fehlern zu stehen bringt Menschen in der Öffentlichkeit oft sogar mehr Anerkennung ein als eine makellose Biographie. Woran liegt das? Ganz einfach: So etwas wie eine makellose Biographie gibt es nicht. Wer das von sich behauptet oder gezielt den Anschein erweckt, macht sich unglaubwürdig.

Jeder Mensch macht Fehler. Und bei jedem einzelnen Fehler, den wir machen, haben wir die Wahl: Wir können ihn vertuschen und darauf hoffen, dass niemand mitbekommt, was wir angestellt haben. Oder wir können uns offen dazu bekennen und damit demonstrieren, dass wir daraus gelernt haben.

Margot Käßmann, die ehemalige Ratsvorsitzende der Evangelischen Kirche in Deutschland (EKD), hat durch ihren offenen und ehrlichen Umgang mit einem Fehler mehr öffentliche Anerkennung gewonnen als durch das Amt an sich. Käßmann, die den Ratsvorsitz zu diesem Zeitpunkt nur etwa vier Monate lang ausgeübt hatte, wurde am 20. Februar 2010 von der Polizei angehalten, weil sie eine rote Ampel überfahren hatte. Wie sich herausstellte, hatte sie zu diesem Zeitpunkt eine Alkoholkonzentration von gut 1,5 Promille im Blut.

Der Rat der EKD sprach seiner Vorsitzenden daraufhin einstimmig sein Vertrauen aus und sicherte ihr seine volle

Unterstützung zu. Einige innerkirchliche Gegner Käßmanns waren allerdings dagegen, dass sie im Amt verblieb. Käßmann traf die Entscheidung eigenständig und sehr schnell. Bereits am 23. Februar, am Tag der ersten Schlagzeilen über den Vorfall, äußerte sie sich öffentlich zu ihrem Fehler: »Ich bin über mich selbst erschrocken, dass ich einen so schlimmen Fehler gemacht habe. Mir ist bewusst, wie gefährlich und unverantwortlich Alkohol am Steuer ist. Den rechtlichen Konsequenzen werde ich mich selbstverständlich stellen«, wurde Käßmann von der *Bild*-Zeitung zitiert.

Schon am nächsten Tag trat sie von ihrem Amt als Bischöfin der evangelisch-lutherischen Landeskirche Hannovers und dem Ratsvorsitz zurück. Auch diesen Schritt kommentierte sie ohne jede Verzögerung öffentlich in ihrer Presseerklärung vom 24. Februar 2010: »Am vergangenen Samstagabend habe ich einen schweren Fehler gemacht, den ich zutiefst bereue. Aber auch wenn ich ihn bereue, [...] kann und will ich nicht darüber hinwegsehen, dass das Amt und meine Autorität als Landesbischöfin sowie als Ratsvorsitzende beschädigt sind. Die Freiheit, ethische und politische Herausforderungen zu benennen und zu beurteilen, hätte ich in Zukunft nicht mehr so wie ich sie hatte. Die harsche Kritik etwa an einem Predigtzitat wie ›Nichts ist gut in Afghanistan‹ ist nur durchzuhalten, wenn persönliche Überzeugungskraft uneingeschränkt anerkannt wird. [...] Ich kann nicht mit der notwendigen Autorität im Amt bleiben. So manches, was ich lese, ist mit der Würde dieses Amtes nicht vereinbar. Aber mir geht es neben dem Amt auch um Respekt und Achtung vor mir selbst und um meine Gradlinigkeit, die mir viel bedeutet.«

Diese Erklärung Käßmanns ist ein Zeugnis offener Selbstkritik – sie erwies sich damit ausgerechnet im Moment des Rücktritts als würdige Amtsträgerin. Hier kommt der Aspekt der Glaubwürdigkeit zum Tragen, den wir als Grundvoraussetzung ehrlicher Kritik herausgestellt haben. Die Presseerklärung ist nicht nur eine Rücktrittserklärung im amtlichen Sinne: Käßmann nimmt darin ganz konkret Bezug auf ihre Rolle als Kritikerin, die nach ihrem Verständnis Bestandteil ihres Amtes war. In ihrem Ansehen als Vertreterin von 25 Millionen Mitgliedern der evangelischen Kirche beschädigt, könne sie diese Rolle nicht mehr glaubwürdig ausfüllen – und damit ihrem Auftrag nicht gerecht werden.

Deutlich wird an dieser Äußerung nicht nur, wie ernst Käßmann die Verantwortung ihres Amtes nahm. Sie zeigt auch, dass sie die Glaubwürdigkeit ehrlicher Kritik in gesellschaftlichen Schlüsselpositionen für wichtiger hält als ihr eigenes Ansehen.

Tatsächlich untermauert ein Blick auf Käßmanns gesellschaftspolitisches Engagement diese Haltung. Mit ihrer Kritik am Afghanistan-Einsatz hat sie in ihrer Rücktrittserklärung eine von vielen Gelegenheiten erwähnt, bei denen sie ihre Autorität nutzte, um ungeachtet ihrer innerkirchlichen Gegner offen Kritik an Missständen zu üben. In ihrer Neujahrspredigt 2010 im Berliner Dom hatte sie gesagt: »Nichts ist gut in Afghanistan. All diese Strategien, sie haben uns lange darüber hinweggetäuscht, dass Soldaten nun einmal Waffen benutzen und eben auch Zivilisten getötet werden.« Eine offene Kritik an den Politikern, die den Afghanistan-Einsatz beschlossen hatten. Käßmann stellte sich damit ins Kreuzfeuer, wich auch den Vorwürfen von Regierungsvertretern nicht aus, die darauf folgten. Sie stand zu ihren Äußerungen, auch nachdem sie heftig dafür hatte einstecken müssen.

Obwohl eines ihrer erklärten Ziele stets die Stärkung der Ökumene, also des Dialogs und der Zusammenarbeit zwischen den verschiedenen christlichen Religionen war, hatte Käßmann auch keine Scheu, Widersprüche zwischen dem christlichen Menschenbild und der Haltung des Papstes in bestimmten Glaubensfragen zu thematisieren. So äußerte sie sich kritisch über das katholische Verbot von Kondomen zur Aids-Prävention und über die anhaltende Weigerung der katholischen Kirche, Frauen für das Priesteramt zuzulassen. Dem Magazin *Focus* sagte Käßmann, man solle den Blick darauf richten, »wie viele hervorragende katholische Theologinnen es gibt, die sich zum Amt berufen fühlen, und dass gerade in einer Zeit von Priestermangel doch die Frage der Frauen in der Kirche noch einmal ganz deutlich und neu angesprochen wird«.

All diese Äußerungen zeigen: Käßmann füllte die Rolle der gesellschaftlich verantwortlichen Kritikerin nicht nur glaubwürdig, sondern auch sehr kompetent aus. Wenn sie kritisierte, dann nicht nur offen, ehrlich und direkt, sondern auch konstruktiv formuliert und sachkundig begründet. Diese Kompetenz als Kritikerin setzte sich bis zu ihrem Rücktritt fort, wie sie in ihrer Erklärung selbst zum Ausdruck brachte: Käßmann erkannte, dass ihre kritischen Beiträge in gesellschaftlichen Debatten nach ihrer Alkoholfahrt nicht mehr von der nötigen Glaubwürdigkeit und Autorität getragen wären. So musste sie befürchten, ihren Herzensthemen eher zu schaden, als sie zu befördern. Es war der Verlust der Grundlage ihrer kritischen Rolle, der sie zum Rücktritt bewegte. Vor allem aber zog sie selbstkritisch die Konsequenz aus ihrem Fehler und blieb den Prinzipien ehrlicher Kritik damit bis zuletzt treu – ein Schritt, mit dem sie wahrhaft Größe bewies. Auch wenn viele ihren Rücktritt bedauert haben: Sie hat vielen Menschen ein Beispiel dafür geliefert, wie wichtig es ist, sich selbst und anderen gegenüber ehrlich zu sein.

Und Margot Käßmann hat sich mit ihrem Verhalten, auf lange Sicht gesehen, auch selbst einen Gefallen getan. Denn nur wenn wir Fehler einräumen, haben wir die Chance, daraus zu lernen und an der Niederlage zu wachsen. Und wir ermöglichen es unserer Umgebung, uns weiterhin ernst zu nehmen.

Der Umgang mit Fehlern

Wer einmal lügt, dem glaubt man nicht – dieses Sprichwort gilt nicht nur für öffentliche Personen. Wenn wir eigene Fehler vertuschen, verbauen wir uns selbst die Chance, uns weiterzuentwickeln. Menschen in Führungspositionen, insbesondere jedoch alle, die in der Öffentlichkeit stehen, riskieren aber noch viel mehr als das, nämlich den dauerhaften Gesichtsverlust.

Dazu hat es beispielsweise der deutsche Radrennfahrer und Tour-de-France-Sieger Jan Ullrich kommen lassen, indem er jahrelang die Dopingvorwürfe gegen ihn bestritt. Schließlich wurde er doch überführt und nach zähen Verhandlungen 2012 vom Internationalen Sportgerichtshof rechtskräftig des Dopings für schuldig befunden. Alle seine Titel, die er nach dem 1. Mai 2005 errungen hatte, wurden ihm aberkannt. Seine Karriere hatte Ullrich bereits 2007, fünf Jahre vor der Verurteilung, an den Nagel gehängt.

Hätte Ullrich früh reagiert, sich selbst angezeigt und Besserung gelobt, wäre sein Ansehen möglicherweise noch zu retten gewesen. Doch durch das jahrelange Lügen machte er sich derart unglaubwürdig, dass eine Weiterführung seiner Radsportkarriere oder eine neue Laufbahn in einer öffentlichen Position schlicht nicht mehr möglich war.

Andere Prominente, die Fehler gemacht haben, gehen offensiver mit dem Druck der Öffentlichkeit um. Uli Hoeneß, der Präsident des FC Bayern München, ging einen ganz anderen Weg als Ullrich: Er zeigte sich im Januar 2013 selbst wegen Steuerhinterziehung an, nachdem er einen Millionenbetrag über neun Jahre hinweg auf einem Schweizer Nummernkonto anscheinend nicht ordnungsgemäß versteuert hatte.

Nun will ich keinesfalls gutheißen, was Uli Hoeneß da mutmaßlich getan hat: Steuerhinterziehung ist kein Kavaliersdelikt. Der Vereinsmanager hat einen schweren Fehler begangen und muss die rechtlichen Konsequenzen genauso tragen wie den Imageschaden, der damit einhergeht. Doch sein Fall ist ein Beispiel dafür, wie wir in Deutschland mit Menschen verfahren, die ihre eigenen Fehler einräumen. Hoeneß wird seit Bekanntwerden der Steueraffäre wie die Sau durchs Dorf getrieben.

Warum liegt sein Fall so anders als der von Margot Käßmann? Warum wurde sie gerade durch ihren offenen Umgang mit einem Fehler besonders beliebt, während Hoeneß so viel Häme einstecken muss?

Zum einen hat Käßmann mit ihrem Rücktritt unverzüglich persönliche Konsequenzen gezogen, während Hoeneß im Amt verblieben ist. Zum anderen bedient die Steueraffäre des FC-Bayern-Präsidenten eines der liebsten Vorurteile deutscher Stammtischrunden: dass es in diesem Sport nur noch ums Geld gehe und die Bezahlung von Fußballern in keinem Verhältnis zu deren Leistungen stehe.

Gerade im Fall Hoeneß kann ich diesem Vorurteil nicht zustimmen. Ja, er hat einen großen Fehler gemacht. Darin erschöpfen sich aber noch längst nicht die Persönlichkeit und die Lebensleistung von Uli Hoeneß. Als Fußballspieler hat er mit dem FC Bayern München alle Titel gewonnen, die man im europäischen Vereinsfußball gewinnen kann. Er war Europameister und Weltmeister. Seiner Arbeit ist es maßgeblich zu verdanken, dass der FC Bayern finanziell und sportlich zu einem der erfolgreichsten Fußballvereine Europas wurde. Und damit nicht genug: Uli Hoeneß ist darüber hinaus ein extrem erfolgreicher Unternehmer, nämlich Wurstfabrikant, und Träger der bayerischen Staatsmedaille für soziale Verdienste.

Was Hoeneß ferner zugutegehalten werden muss, ist die Tatsache, dass er selbst keinen Konflikt scheut und sich schon oft mit sehr deutlicher Kritik an Kollegen im Vereinsfußball zu Wort gemeldet hat. So hat er sich wiederholt mit dem Fußballtrainer Christoph Daum und dem Fußballmanager Willi Lemke angelegt.

Die Hoeneß-Affäre zeugt einmal mehr vom typisch deutschen Fehlersuchmodus, dem ausgerechnet kritische Persönlichkeiten in besonderer Weise ausgesetzt sind. Begeht ein Mensch, der öffentlich Kritik übt, selbst einen Fehler, wird ihm auf der Stelle Doppelmoral vorgehalten – unabhängig davon, ob das eine mit dem anderen auch nur das Geringste zu tun hat.

Ein einziger Fehler kann hierzulande das sofortige Aus bedeuten – für alle Zeiten. Diesen Hang zur Generalverdammung finde ich bedauerlich. Was wäre die Biographie eines Menschen wert, wenn ein einzelner Fehler die gesamte Lebensleistung auslöscht? Dann hätte vermutlich keiner von uns im Leben eine Chance, es zu etwas zu bringen, denn einen Fehler macht jeder mal – auch wenn es vielleicht nicht gleich um Millionen oder den Ruf einer ganzen Sportart geht.

Aus meiner Sicht ist der freiwillig eingestandene Fehler eines Uli Hoeneß nicht mit dem systematischen, viele Jahre andauernden Betrug eines Jan Ullrich zu vergleichen – der sich vor allem lange Zeit weigerte, seinen eigenen Fehler einzugestehen. Nicht der Fehler an sich macht den großen Unterschied zwischen beiden Fällen aus, sondern der individuelle Umgang damit. Uli Hoeneß hat seinen Fehler eingeräumt und trägt freiwillig die Konsequenzen.

Wir alle können aus den großen Affären um öffentliche Personen jedoch etwas lernen: Fehler zu vertuschen ist nicht nur unehrlich und feige – es lohnt sich einfach nicht. Früher oder später wird der Fehler aufgedeckt, und dann ist es zu spät, um sich freiwillig dazu zu bekennen.

Ein Fehler hat in aller Regel viel schwerwiegendere Konsequenzen, wenn er vertuscht und später aufgedeckt wird. Ganz besonders als Vorgesetzter mit Vorbildfunktion tut man gut daran, mit Fehlern offen umzugehen, um sich nicht selbst zur Zielscheibe zu machen. Erstens erleichtert man sich durch die Läuterung selbst. Zweitens ist man für einen einmal eingestandenen Fehler später nicht mehr so leicht angreifbar. Und schließlich erspart man sich selbst und anderen die viel größere Belastung, mit einer Lüge umgehen zu müssen.

Fehler leugnen heißt sich selbst verleugnen

Die zuvor beschriebenen prominenten Fälle zeigen: Nicht einen Fehler einzugestehen stellt das größte Risiko dar, sondern ihn zu vertuschen oder gar noch zu leugnen, wenn man schon aufgeflogen ist. Ein eingestandener Fehler wiegt nicht annähernd so schwer wie einer, der später von anderen aufgedeckt wird oder den man nicht einzugestehen bereit ist. Gerade Menschen mit besonderer Verantwortung für andere – Eltern, Führungskräfte, Amtsträger und im Rampenlicht stehende Menschen – können sich ein solches Verhalten nicht leisten, wenn sie ihre Vorbildrolle ernst nehmen.

Nur keine Bange! Ich packe jetzt nicht die Moralkeule

aus. Fehler aus moralischen Gründen zuzugeben, nur um das schlechte Gewissen zu beruhigen, zeugt noch längst nicht von der Bereitschaft zur Selbstkritik. Es gibt sehr viel bessere, ganz und gar lebenspraktische Gründe, warum Tarnen und Täuschen sich als Umgangsformen in einem zivilisierten Miteinander nicht lohnen.

Wenn jemand zunächst eine falsche Aussage über einen begangenen Fehler gemacht hat, ist nicht nur auf der Sachebene das Kind in den Brunnen gefallen, sondern auch auf der Beziehungsebene. Nichts vergeben Menschen schwerer als eine handfeste Lüge. Wer mich belügt, vertraut mir nicht, will sich meiner Kritik nicht stellen und gesteht mir nicht die Größe zu, dass ich ihm seinen Fehler verzeihen kann. Wer sich so verhält, der erweist sich der Beziehung als unwürdig. Bekennt sich jemand dagegen zu seinen Fehlern und stellt sich der Kritik und den Konsequenzen, so hat er meist eine Chance auf Rehabilitation – und eine zweite Chance im Leben, so wie Margot Käßmann.

Nur aus einem Fehler, den ich einräume und somit zum Gegenstand der Kommunikation mache, kann ich auch etwas lernen. Solange ich darüber schweige und damit Erfolg habe, konditioniere ich mich selbst zum Wiederholungstäter: Beim letzten Mal bin ich doch gut damit gefahren, also vertusche ich auch den nächsten Fehler. Bis irgendwann das ganze Lügengebäude in sich zusammenbricht. Dann ist es oft zu spät, um dazuzulernen, denn nach einem jahrelangen Betrug wird auch eine Läuterung mich nicht mehr retten.

Wenn ich meine Fehler verleugne, verleugne ich mich selbst. Ich habe es schon im Zusammenhang mit dem deutschen Hang zur Nörgelei thematisiert: Das Scheitern gehört zum Leben wie der Erfolg. Fehler gehören zur Lernkurve, denn sie ermöglichen erst den Lerneffekt. Sie zeigen mir, woran ich noch arbeiten muss. Verleugne ich sie – womöglich sogar vor mir selbst –, nehme ich mir die Chance, dafür kritisiert zu werden. Doch genau das sollte ich anstreben. Wir sollten Fehler begrüßen, denn sie bieten uns die Chance dazuzulernen, uns weiterzuentwickeln, diesen Fehler in Zukunft vermeiden zu können.

Fehler sind der Nährboden für Kritik, die uns weiterbringt. Indem wir sie uns selbst eingestehen, räumen wir uns die Chance zu gesunder Selbstkritik ein. Indem wir sie anderen eingestehen, zeigen wir uns selbstkritisch – bereit, an unseren Fehlern zu wachsen.

Letztlich, machen wir uns nichts vor, wächst unsere Persönlichkeit nicht an den Lobhudeleien, die wir im Laufe unseres Lebens zu hören bekommen, sondern vielmehr daran, wie wir mit den Fehlern umgehen, die wir machen. Bei genauer Betrachtung ist das Leben, auf das wir eines Tages zurückblicken, nicht die Summe unserer Erfolge. Es ist die Summe der Kritiken, die uns auf den Weg des Erfolgs und des Glücks gebracht haben.

Warum sich Kritikfähigkeit lohnt

Fehler aus eigenem Antrieb einzugestehen ist in manchen Jobs mit hoher Verantwortung besonders wichtig – und verlangt zugleich ein besonders hohes Maß an Ehrlichkeit. Denn es gibt Branchen, in denen es sehr lange dauern kann, bis Fehler überhaupt auffallen. In der Politik, in der Forschung oder in der Verwaltung vergehen oft Jahre, bis sich eine stagnierende Entwicklung auf einen konkreten Fehler zurückführen lässt, der lange Zeit vorher gemacht wurde und für den im Nachhinein niemand mehr verantwortlich zeichnen will.

Der Parketthandel an der Börse gehört dagegen nicht zu den Branchen mit einer hohen Fehlertoleranz. Fast 25 Jahre in diesem Beruf haben mir demonstriert, wie direkt sich mangelnde Kritikfähigkeit auf die Karriere auswirken kann. Tatsächlich ist das bei der Börse ähnlich wie im Turniertanz oder bei *Let's Dance*: Wer sich dort kritikresistent zeigt, bekommt die Konsequenzen unverzüglich zu spüren.

Auf dem Börsenparkett spielt der Zeitfaktor eine große Rolle. Wenn mich damals einer meiner Mentoren darauf aufmerksam machte, dass ich Daten falsch interpretiert oder zu spät auf einen Kurswechsel reagiert hatte, blieb keine Zeit für Rechtfertigungen oder Diskussionen. Vielmehr musste schleunigst Schadensbegrenzung betrieben werden, denn die Börse verzeiht keine Fehler. Beim Eigenhandel, wo ich Wertpapiere im Namen der Firma kaufte und verkaufte, war eine sofortige Umsetzung von Kritik das A und O. Insofern war das Börsenparkett für mich eine gute Schule der Kritikfähigkeit, weil sich Fehler meist sehr kurzfristig zeigen und unmittelbar korrigiert werden müssen. Ich lernte, schnell die Ratschläge der alten Hasen aufzusaugen und umzusetzen. Ohne ihre Kritik hätte ich mich in diesem schnelllebigen Geschäft nicht lange halten können.

Später war es manchmal auch an mir, jungen Kollegen mit meiner Manöverkritik den Weg zu weisen. Ich erinnere mich noch gut, wie sich zu Zeiten des Neuen Marktes einmal ein junger Kollege selbst quälte, indem er sich meiner Kritik zu lange entzog. Er hielt eine Internetaktie, die gerade völlig aus dem Ruder lief. Im Neuen Markt ging es damals mit den Kursen entweder nur nach unten oder nur nach oben; die besagte Aktie war anhaltend auf dem Weg in den Keller. Ich hatte ihm schon mehrfach empfohlen, sie endlich abzustoßen, doch er blieb hartnäckig. Aus irgendeinem Grund glaubte er daran, dass sie sich noch erholen würde. Das bekam ihm nicht gut.

Er wurde von Tag zu Tag immer weißer im Gesicht, schwitzte an den Händen, und er wirkte immer unkonzentrierter. Diese Aktie nahm sein ganzes Denken ein.

Schließlich durchbrach ich die Mauer und drang zu ihm durch. Es gelang mir, ihn zu überreden, die Aktie endlich abzustoßen. Die Firma machte dadurch einen gewissen Verlust, aber der war ohnehin nicht mehr vermeidbar. Kaum hatte er die Entscheidung getroffen, ging es ihm sichtlich besser. Er konnte sich wieder konzentrieren und zeigte in der Folgezeit sehr gute Leistungen – er hatte verstanden, dass man sich manchmal nicht an einer Aktie festbeißen darf. Wäre er von Anfang an kritikfähig gewesen, hätte er sich Nerven sparen können. Kritik von erfahrenen Kollegen anzunehmen ist manchmal besser, als jede Lektion auf die harte Tour im Selbstexperiment lernen zu wollen. Manchmal ist es sogar gesünder.

Den Kandidaten, die sich bei *Let's Dance* der Jury-Kritik verweigern, droht in der Regel ebenfalls ein frühes Aus: Das Publikum will von ihnen eine Leistungssteigerung sehen. Insofern sind prominente Tänzer, die von der Gunst des Publikums leben, durchaus mit einem Lehrling oder einem neuen Angestellten vergleichbar: Ein guter Chef verzeiht Fehler, doch er will Fortschritte sehen. Bleiben sie aus, kann der große Auftritt ganz schnell beendet sein.

Sogar eine Ehe kann ohne Kritikfähigkeit nicht lange aufrechterhalten werden. Ihre Frau verzeiht Ihnen einmal, vielleicht auch vier- oder fünfmal, wenn Sie die Zahnpastatube offen herumliegen lassen oder das Bett mit Ihren getragenen Socken dekorieren. Ihr Mann lässt Ihnen vielleicht ein paarmal durchgehen, dass Sie ausgerechnet für den Abend des Champions-League-Finales Opernkarten besorgt oder den Tank leergefahren und nicht aufgetankt haben. Doch wenn der gleiche Fehler immer wieder passiert, bekommt der Partner das Gefühl, dass seine Bedürfnisse Ihnen völlig gleichgültig sind. Er merkt, dass seine Kritik an Ihnen abprallt, und fühlt sich nicht mehr ernst genommen. Spätestens dann ist ein handfester Ehekrach vorprogrammiert. Bei anhaltendem Ignorieren können selbst Nichtigkeiten wie Socken oder Tankfüllungen in der Summe irgendwann zur ernsten Gefahr für die Beziehung werden. Und das nur, weil Sie nicht kritikfähig waren. Denn wer schon bei solchen Kleinigkeiten keine Achtsamkeit an den Tag legt, vermittelt nicht den Eindruck, als ob er bei den wirklich wichtigen Themen oder in ernsten Krisen Kritik annehmen und an einer Verbesserung der Beziehung mitwirken würde.

Die Ehe ist ein gutes Beispiel für einen weiteren Grund, warum sich Kritikfähigkeit lohnt: Wer sich dauerhaft nicht der Kritik anderer stellt und etwas verändert, ist auch nicht würdig, Kritik an anderen zu üben. Wenn Sie Ihre Frau beim Thema Socken anhaltend ignorieren, wird sie Ihnen irgendwann eins husten, wenn Sie ihr mit dem leeren Tank kommen: »Dich interessiert es doch auch nicht, wenn ich immer hinter dir herräumen muss!« Dann hat die Beziehung einen Punkt erreicht, an dem es nicht mehr um gegenseitige Kritik geht, sondern um gegenseitige Vorwürfe. Sobald die Sachebene in den Hintergrund rückt, wird es persönlich. Und wenn es erst einmal persönlich wird, wird es meist auch verletzend. Spätestens dann ist die Beziehung ernsthaft in Gefahr – und die Ursache liegt in mangelnder Kritikfähigkeit.

Was für die Ehe gilt, hat im Job eine nicht minder hohe Relevanz: Ein Chef, der sieht, dass ich seine Kritik ernst nehme und seine Verbesserungsvorschläge umsetze, ist ein zufriedenerer Chef. Und ein Kunde, dessen Reklamation sofort und angemessen bearbeitet wird, ist ein zufriedener Kunde.

Kritikfähigkeit kann weit mehr als Verbesserungen in der Sache erzielen: Sie kann Bindungen stärken. Und zwar überall, wo Menschen miteinander kommunizieren. Je enger die Beziehung ist, desto mehr lebt sie von einem gesunden Umgang mit gegenseitiger Kritik. Jede Beziehung gewinnt durch Kritikfähigkeit an Tiefe, gegenseitiger Achtung und Loyalität.

Wer Leistung will, muss Leistung fördern: Warum wir Kritik wieder ernst nehmen müssen

Die Ära der Wegwerftalente

Könnten Sie aus dem Stand drei Künstler aufzählen, die zu den Top 10 der deutschen Musikcharts gehören, während Sie diese Zeilen lesen? Ich könnte es nicht, obwohl ich Teil der Unterhaltungsindustrie bin und diesen Leuten durchaus hier und da begegne. Die Musikindustrie ist so schnelllebig geworden, dass sich nur noch eine Handvoll Künstler über längere Zeit mit einer gewissen Regelmäßigkeit auf den vorderen Plätzen tummelt. Die meisten dieser Künstler kannte vor drei Jahren noch kein Mensch – und in drei Jahren wird sich ebenfalls kaum noch jemand an sie erinnern.

Das war früher ganz anders. In den 60er-Jahren hätten Sie auf meine Frage zum Beispiel einfach »The Beatles« antworten können und hätten wahrscheinlich richtiggelegen. In den 70ern hätte das mit Abba funktioniert, in den 80ern zum Beispiel mit U2 oder Madonna. In den 90ern wurde es langsam schwieriger, aber mit Madonna hätten Sie möglicherweise immer noch gute Chancen gehabt – und mit so ziemlich jeder der Boygroups, die damals wie Pilze aus dem Boden schossen. Doch mit ihnen fing die Ära der Castingstars an: Konnten sich die ersten dieser Gruppen noch über Jahre dank loyaler Fans in den Schlagzeilen halten, war schon fünf Jahre später mit den vermeintlichen *cash cows* der Plattenfirmen nur noch für kurze Zeit richtig Geld zu machen.

Das Angebot war zu schnell zu groß geworden, und die rein nach Marketing-Gesichtspunkten zusammengewürfelten Ensembles waren zu austauschbar, um die Bedürfnisse der Teenies dauerhaft zu befriedigen. Bei den ersten Bands hatte das noch ganz gut geklappt, weil die Kids Zeit hatten, die einzelnen Bandmitglieder kennenzulernen. Doch irgendwann wurde zu offensichtlich, dass die Gruppen nach Schablone zusammengestellt wurden. Für Persönlichkeit war dabei kein Platz mehr. Doch ohne Persönlichkeit kann kein Künstler sich über längere Zeit am Markt behaupten – schon gar nicht, wenn seine Musik genauso austauschbar ist wie sein Styling.

Spätestens seit der Jahrtausendwende müssen Sie schon irgendwann in den Wochen, bevor Ihnen die Frage nach den aktuellen Top 10 gestellt wird, mal ein paar Stunden Radio gehört haben. Sonst haben Sie kaum eine Chance, richtig zu antworten.

Keine Sorge: Ich habe nicht vor, um die Musikstars vergangener Tage zu trauern. Großartige Künstler gibt es hier und da, zum Glück, immer noch. Es geht mir vielmehr um die Krankheit, die hinter diesem Symptom steckt: Wir leben in der Ära der Wegwerftalente. Nicht weil wir uns das so ausgesucht haben, sondern weil sie uns vorgesetzt werden. Wie Dieter Bohlen nur mit den Kandidaten arbeiten kann, die sich zum Casting einfinden, können wir nur das konsumieren, was uns vorgesetzt wird. Wer hat schon Zeit, im Internet stundenlang nach möglichen alternativen Musiktalenten zu suchen? Die Marketingbudgets der Platten- und Produktionsfirmen bestimmen, was wir zu hören und zu sehen bekommen.

Natürlich gibt es Wichtigeres als die aktuellen Top 10. Und es ist genau das Wichtigere, worauf ich hinauswill. Die Musikcharts sind nur ein Beispiel für ein Muster, das sich inzwischen in alle Bereiche des Konsums und unserer gesamten Lebenswelt geschlichen hat: Die meisten Entscheidungen werden heute knallhart durchkalkuliert und mit dem Ziel der Risikominimierung getroffen. Es geht nicht mehr in erster Linie um Originalität oder darum, ein möglichst gutes Ergebnis zu erzielen, sondern einzig und allein darum, kein Risiko einzugehen und die bestmögliche Gewinnmarge abzuschöpfen.

Das Problem, das diese Denkweise aufwirft: Leistung – und zwar direkt in Geld übersetzbare – wird nicht mehr herbeigeführt, sondern erwartet. Wenn sie nicht angeknipst werden kann wie ein Scheinwerfer, wird sie nicht wahrgenommen. Die Voraussetzungen von Leistung, nämlich Talent, Zielstrebigkeit, Fleiß und Wille, interessieren niemanden mehr. Niemand fördert mehr junge Musiker, die einmal erfolgreich werden könnten. Zu teuer, zu aufwendig, zu unsicher. Eine Band, die das Potential hat, nach und nach bekannter zu werden und in den Charts nach oben zu klettern, um sich vielleicht irgendwann dauerhaft dort zu etablieren? Kein Interesse. Das Risiko ist einfach zu hoch.

Was für junge Musiker gilt, trifft inzwischen leider auf die meisten jungen Talente zu. Die professionelle Auslese orientiert sich mittlerweile in vielen Branchen nicht mehr an Qualität, sondern an sofortigen Profitmargen. Die meisten neuen Geschäftsmodelle beruhen nicht mehr darauf, Leistung kontinuierlich aufzubauen, sondern vorhandenes Talent maximal effizient zu vermarkten und dann auszutauschen.

Das Ergebnis ist eine gefährliche Blockade: Wir leben in einer leistungsorientierten Gesellschaft, die Leistung nicht mehr zu fördern weiß. Loyalität, langfristige Bindungen, Fehler zu verzeihen, an jemanden nachhaltig zu glauben und ihn zu fördern – all das spielt zunehmend keine Rolle mehr, wo Gewinne erzielt werden müssen.

Viele großartige Talente, die irgendwo auf ihren Durchbruch warten und uns möglicherweise über Jahre oder Jahrzehnte mit ihrer Musik erfreuen könnten, bleiben uns verborgen. Wir bekommen gar nicht erst die Chance, sie wahrzunehmen, weil ihnen niemand eine Plattform gibt. Niemand macht sich die Mühe, sie zu fördern. Wer sich nicht selbst zu helfen weiß, indem er zum Beispiel aus eigener Kraft seine Bekanntheit über YouTube aufbaut, hat erst gar keine Chance. Leider betrifft das nicht nur die Musik, die wir hören könnten, sondern auch die begnadeten Handwerker, denen niemand einen Schubs in die richtige Richtung gibt. Die jungen Rechenkünstler mit sozialer Ader, die das Bankenwesen reformieren könnten. Aufgeweckte, neugierige junge Menschen mit hoher Leistungsbereitschaft, die frischen Wind in die Politik bringen könnten, wenn sie darin einen Anreiz sähen – und die einen Teufel tun, eine solche Karriere auch nur in Erwägung zu ziehen. Warum? Weil ihnen niemand einen Anreiz dafür liefert. Wer sucht sich freiwillig einen Beruf aus, in dem er sowieso nichts bewirken kann, weil die geringste Abweichung von der Linie sofort mit Ausschluss und öffentlicher Missachtung bestraft wird?

Verpasste Chancen

Warum strömen jedes Jahr Hunderttausende Teenager zu den offenen Castings der großen Sender, obwohl nur ein Bruchteil von ihnen überhaupt das Zeug zum professionellen Musiker hat? Weil diese jungen Leute eine Perspektive suchen. Als Star winkt ihnen Anerkennung. Davon bekommen im Alltag viele herzlich wenig.

Die gleiche Zeit könnten diese jungen Menschen natürlich darauf verwenden, sich um ihre Talente zu kümmern. Sie könnten sich zum Beispiel einen Ausbildungsplatz suchen, der ihren Fähigkeiten entspricht. Doch die Aussichten, die ihnen in vielen Berufen heute winken, sind nicht sonderlich rosig. Noch bevor sie überhaupt richtig ins Arbeitsleben finden können, baut sich schon die erste Wand vor ihnen auf: Welche Chance habe ich überhaupt, in diesem Beruf zu reüssieren?

Einer Umfrage des Deutschen Gewerkschaftsbundes (DGB) vom Sommer 2012 zufolge hatten im laufenden Jahr nur 17 Prozent der Lehrlinge im letzten Lehrjahr eine unbefristete Anstellung in ihrem Lehrbetrieb in Aussicht. Insgesamt sollten zwar 43 Prozent der Azubis von ihren Ausbildungsbetrieben übernommen werden – die meisten davon jedoch befristet auf sechs Monate. »Es entsteht der Eindruck, dass zwar alle vom sogenannten Fachkräftemangel reden, aber kaum einer etwas für die Fachkräftesicherung tut«, wurde die stellvertretende DGB-Vorsitzende Inge Sehrbrock im Zusammenhang mit der Umfrage von der *Saarbrücker Zeitung* zitiert.

Welches Signal wird den jungen Menschen, die erfolgreich ihre Ausbildung absolvieren, damit gegeben? Wir brauchen dich hier nicht. Als billige Arbeitskraft während deiner Ausbildung warst du uns gut genug. Aber das Risiko, dir eine unbefristete Stelle mit vollen Arbeitnehmerrechten zu geben, gehen wir nicht ein – das bist du uns dann doch nicht wert.

Und da wundern wir uns, wenn junge Menschen keine Perspektiven für sich sehen?

Nicht nur die Ausbildungsbetriebe vergeben jedes Jahr zigtausendfach die Chance, vorhandene Talente an sich zu binden und in einen Förderungsprozess zu integrieren. Etwa die Hälfte aller neuen Arbeitsverträge, die im Jahr 2012 geschlossen wurden, war befristet. Aus Hochrechnungen des Instituts für Arbeitsmarkt- und Berufsforschung (IAB) aus dem Jahr 2012 geht hervor, dass die Zahl der befristeten Arbeitsverträge zwischen 2001 und 2011 von etwa 1,7 Millionen auf 2,7 Millionen angestiegen ist.

Bei Neueinstellungen auf bestimmten Arbeitsmärkten, etwa in Wissenschaft und Forschung, ist eine unbefristete Anstellung für die hochqualifizierten Berufseinsteiger heute das reinste Wunschdenken. Um dieser Feststellung das ihr gebührende Gewicht zu geben: Bei den jungen Wissenschaftlern reden wir von einer Berufsgruppe, die entscheidenden Einfluss auf die Zukunftsfähigkeit unseres Landes hat. Doch wer sich heute der Wissenschaft verschreibt, muss ein gehöriges Maß an Idealismus mitbringen, um nicht gleich nach dem Abschluss die Flinte ins Korn zu werfen.

Kein Wunder also, dass manche junge Menschen sich mit der Leistungsorientierung schwertun. Was junge Menschen brauchen, ist die Aussicht auf Förderung: Komm zu uns, denn bei uns hast du eine Zukunft.

Als ich 1984 meine Ausbildung als Bankkaufmann bei der Sparkasse Duisburg begann, hatte ich bessere Aussichten. Vor allem traf ich dort auf Mentoren, die es mit der Nachwuchsförderung noch sehr ernst meinten. Meine Ausbilder in der Bank nahmen sich immer Zeit für meine Fragen und waren daran interessiert, dass ich mich verbesserte. Nach der Ausbildung wurde ich anstandslos in eine Festanstellung übernommen. Wäre ich nicht wenig später an die Börse nach Düsseldorf gegangen, würde ich wohl heute noch in der Sparkasse Duisburg arbeiten. Wahrscheinlich wäre ich inzwischen Filial- oder Bereichsleiter. Keine aufregende Karriere an der Börse, kein Glamour, keine Fernsehshows. Aber eine solide, ordentlich bezahlte Arbeit, mit der man seiner Familie ein angenehmes Leben ermöglichen kann.

Viele junge Menschen träumen heute von dem, was ich damals ausgeschlagen habe – weil schon so eine solide, stinknormale Karriere inzwischen alles andere als ein Selbstläufer ist. Können und Engagement allein garantieren kein gutes Auskommen. Denn damit ist im Bewerbungsgespräch kein

Blumentopf zu gewinnen, wenn auf der anderen Seite des Schreibtischs niemand sitzt, der in seinen Bewerber zu investieren bereit ist.

Jeder hat diese Chance verdient: in jungen Jahren in den langen Prozess der Förderung einzusteigen, der ein solides Fundament fürs Leben legt. Dieser fördernde Prozess, der beiderseits auf Verlässlichkeit und Loyalität beruht, ist die Voraussetzung dafür, dass junge Menschen sich an den Zusammenhang zwischen Leistung und Kritik gewöhnen. Sie müssen konstruktiv und respektvoll begleitet werden. Nur dann können sie ihre Potentiale entfalten. In dieser Hinsicht stellen die Ausbildung und der Berufseinstieg eine wichtige Weichenstellung fürs Leben dar.

Bevor wir von jungen Menschen Leistung einfordern, müssen wir ihnen einen kritischen Prozess anbieten. Ihnen überhaupt erst die Chance geben, an sich zu arbeiten. Jemanden über Jahre kritisch zu begleiten, wie in einer Berufsausbildung, heißt, ihn ernst zu nehmen. Förderung ist Anerkennung. Das ist die Art von Kritik, die die ›Jugend von heute‹ braucht – nicht die Generalverdammung als ›Generation Doof‹, ›faul‹ oder ›politikverdrossen‹. Das ist es, was die Jungen zu Recht von uns erwarten – bevor wir von ihnen erwarten können, dass sie zu Leistungsträgern werden.

Und bevor wir ihnen vorwerfen, sie seien grundsätzlich nicht kritikfähig: Wer im heutigen Arbeitsleben seinen Mann oder seine Frau steht – der kann ganz schön was aushalten, wenn er nur genügend motiviert ist.

Führungskompetenz Kritik

Nicht nur junge Menschen brauchen Kritik, um von der Stelle zu kommen. Wir alle sind davon abhängig – insbesondere bei der Arbeit. Die Fähigkeit, Menschen durch Kritik zu fördern, ist eine der wichtigsten Führungskompetenzen überhaupt. Meiner Meinung nach wird sie jedoch stark unterbewertet. In der Tanzwelt bekommen die Paare dies ständig zu spüren. Ich hatte das große Glück, mit dem Präsidenten des Deutschen Profi-Tanzsportverbands einen großartigen Sparringspartner gehabt zu haben, mit dem ich völlig offen reden konnte. Er übte ehrliche Kritik an unseren Tanzdarbietungen und hatte stets ein offenes Ohr für mein Feedback. Wir unterhielten uns nicht nur über anstehende Tanzturniere, sondern auch über die Entwicklung des Tanzsports im Allgemeinen. So manches, was in diesem Buch steht, ist damals auch in unseren Gesprächen zur Sprache gekommen.

Das war ein Glücksfall für mich und keineswegs die Regel. Im Allgemeinen wird in der Tanzwelt intern viel zu wenig ehrliche Kritik geübt. Genau genommen besteht die Kritik dort in den meisten Fällen aus Kommunikationsverweigerung. Sind die Turnierveranstalter bei unter Tänzern begehrten Einladungsturnieren mit dem Auftritt eines Paares nicht zufrieden, bekommt das Paar davon in aller Regel erst einmal nichts mit: Bussi-Bussi, du warst toll, auf bald. Nur dass »auf bald« genauso gut »auf Nimmerwiedersehen« bedeuten kann. Man wird einfach nicht mehr eingeladen. Diese Form der Kritik durch Missachtung ist nicht etwa eine Ausnahme, sondern eine normale Umgangsform in der Tanzszene.

Leider nicht nur dort. Dass in manchen Branchen fast nur noch befristete Arbeitsverträge abgeschlossen werden, ist ein Anzeichen dafür, dass Kritik als Führungsinstrument vielerorts ausgedient hat. Seriöse Kritik verlangt von einer Führungskraft, sich auf den Mitarbeiter einzulassen, ihm Zeit und Aufmerksamkeit zu widmen. Und selbst dann besteht immer noch das Risiko, dass die Kritik bei ihm nicht sofort fruchtet. Auch der Kritiker muss seine Kompetenz schließlich entwickeln, denn Kommunikation hat immer zwei Seiten.

Diese altmodische Form der Förderung von Mensch zu Mensch passt aber nicht zur kompromisslosen Risikoabwägung, die den meisten Führungskräften heute abverlangt wird. Lieber wird die Chance vergeben, großartige Mitarbeiter heranzuziehen, als das Risiko einzugehen, dass jemand die Erwartungen nicht erfüllen kann. Also wird die Reißleine in jeden Vertrag mit eingebaut: Erfüllt der neue Mitarbeiter nicht binnen sechs oder zwölf Monaten die an ihn gestellten Erwartungen (wie unrealistisch die auch sein mögen), dann ist er eben raus, und der Nächste kommt dran. Wenn qualifizierte Fachkräfte jahrelang von einer befristeten Vertragsverlängerung in die nächste geschickt werden, ohne dass dahinter eine echte betriebliche Notwendigkeit steht, ist dieses Verheizen von Humankapital nichts anderes als eine moderne Form der Ausbeutung.

Die Zeit für Kritik wird wegrationalisiert. Schließlich lässt sich ihre Wirkung nicht ohne Weiteres direkt in Zahlen übersetzen – und wenn doch, dann erst nach längerer Zeit. Das finanzielle Risiko, das ein unbefristet angestellter Mitarbeiter darstellt, dagegen schon. Entscheidung getroffen, der Nächste bitte.

Zugegeben: So minimieren Unternehmen ihre Risiken. Auch kann sicher nicht jeder Mitarbeiter langfristig die Erwartungen erfüllen, die man auf ihn setzt. Doch wenn befristete Arbeitsverträge nicht die Ausnahme in wirtschaftlich schwierigen Phasen, sondern die Regel sind, ersticken die Unternehmen auch ihre wichtigste Ressource im Keim: die

Motivation ihrer Mitarbeiter. Welcher Angestellte, dem nach einer befristeten Stelle sowieso wieder nur eine befristete Verlängerung winkt, wird nicht mit wehenden Fahnen Adieu sagen, wenn ihm anderswo eine feste Stelle angeboten wird?

Was dabei herauskommt, wenn man den eigenen Mitarbeitern die Chance auf eine langfristige Entwicklung verweigert, liegt doch auf der Hand: Die Qualität, die man auf diese Weise erzielen kann, ist immer schlechter als die, die man erreichen könnte. Jede Steigerung setzt die kritische Auseinandersetzung mit dem Status quo voraus. Von der Innovationsfähigkeit mal ganz zu schweigen: Ein Mitarbeiter, für dessen Ideen sich niemand interessiert, wird seine Kreativität über kurz oder lang lieber dort ausleben, wo er auf offene Ohren stößt.

Kritik – und hier schließe ich ausdrücklich das neudeutsche Feedback mit ein – ist als Führungskompetenz ins Hintertreffen geraten. Ihre Bedeutung für die Qualität der Ergebnisse hat sie jedoch keineswegs verloren. Kritik ist nichts weniger als Entwicklungshilfe am einzelnen Menschen. Jeder Mitarbeiter, jeder Berufsanfänger braucht sie, um sein Leistungspotential auszuschöpfen. Wir können langfristig nicht darauf verzichten. Jedes Geschäftsmodell, das keinen Raum für die Personalförderung mit ihren Hochs und Tiefs mit einplant, stempelt sich das eigene Verfallsdatum schon auf den Businessplan. Das Wissen und die Rückmeldung, die Mitarbeiter brauchen, um den nächsten Schritt zu gehen und ihre Firma weiter nach vorn zu bringen, kann ihnen nur eine erfahrene Führungskraft vermitteln. So funktioniert Förderung. Und das Werkzeug dafür heißt: Kritik.

Kritik verdient als Mittel der beruflichen Kommunikation mehr Beachtung. Nicht als Soft Skill, sondern als zentrale Führungsaufgabe. Sie darf als Mitarbeiterentwicklung nicht nur fürs Leitbild beschlossen werden, sondern muss als tägliche Führungspraxis gelebt werden. Mit einigen einfachen

Maßnahmen ließe sich das in jedem Unternehmen bewerkstelligen – doch darüber möchte ich im dritten Teil dieses Buches (»Kritik macht Freunde«) noch ein paar Worte verlieren.

Der Kritik Räume schaffen

Entwicklungshilfe brauchen nicht nur Angestellte. Egal, was wir anfangen: Nur durch ehrliche Kritik können wir besser werden – in allem, was wir tun.

Meine wichtigste Kritikerin ist meine Frau. Niemand kennt mich besser als sie. Egal, was an jedem beliebigen Tag passiert: Sie weiß, was mir guttut und was mir Bauchschmerzen bereitet. Sie antizipiert schon vorher, ob das, worauf ich mich gerade einlasse, mir Freude machen oder mich an den Rand des Wahnsinns treiben wird. Das alles weiß sie besser als ich selbst, denn im Gegensatz zu mir kann sie auch meine unbewussten Reaktionen beobachten. Sie ist eine kompetente Kritikerin bei allen lebenswichtigen Entscheidungen, denn sie ist kompetent in Sachen Joachim Llambi. Wirklich neutral mag sie, als meine Ehefrau, nicht sein – vor Gericht könnte sie vom Zeugnisverweigerungsrecht Gebrauch machen. Doch sie ist allemal neutraler als ich selbst, wenn es um mich geht. Deshalb schätze ich ihre Kritik mehr als die von irgendjemandem sonst.

Unsere engsten Beziehungen sind intime Schutzräume für ungefilterte Kritik. Nirgendwo sonst können wir so offen und ehrlich kritisieren, ohne Konsequenzen fürchten zu müssen. Deshalb ist es mir so wichtig, dass meine Frau mit ihrer Kritik an mir nicht hinterm Berg hält. Das ist es doch, was eine gesunde Beziehung ausmacht – dass man sich ungefiltert die

Meinung sagen und vorbehaltlos darauf vertrauen kann, dass der andere eine wohlwollende Absicht verfolgt. Jeder braucht diesen Schutzraum und diese Art von Kritik – wenn nicht von einem Partner, dann von guten Freunden oder Verwandten. Jeder braucht mindestens einen vertrauten Kritiker, auf den er sich blind verlassen kann. Kritik auf diesem Niveau, die unsere wichtigsten Entscheidungen betrifft, setzt absolutes Vertrauen in den oder die Kritiker voraus.

Als ich noch ein Kind war, hatten meine Eltern diesen Part. Die Rolle des ehrlichen Kritikers ist vielleicht die wichtigste, die Eltern einnehmen müssen – wenn auch nicht immer die angenehmste. Schon in frühester Kindheit können Eltern ihren Kindern am besten zeigen, wie arm das Leben ohne Kritik wäre, wie wichtig Kritik für die persönliche Entwicklung ist – und warum es sich lohnt, ein Leben lang offen dafür zu sein.

Nehmen Kinder diese Prägung aus der Familie mit, haben sie es im Erwachsenenalter viel leichter: Wer ehrliche Kritik zu schätzen weiß, dem wird es später auch nicht schwerfallen, ehrliche Kritik zu üben. Schließlich hat er die Offenheit schätzen gelernt und kann konstruktive, wohlwollende Kritik von Nörgelei und Verriss unterscheiden. Wer von klein auf lernt, mit Kritik umzugehen und selbst konstruktive Kritik zu üben, der wird mit hoher Wahrscheinlichkeit später instinktiv auf die Kritiker hören, die es gut mit ihm meinen.

Leider wird es für viele Familien immer schwieriger, gemeinsam an einen Tisch zu kommen. Auch ich wünsche mir sehr oft, ich hätte mehr Zeit für Gespräche mit meinen Kindern. Der Alltag macht uns das nicht leicht. Viele Eltern, die entweder sehr erfolgreich sind oder aus purer Notwendigkeit mehrere Jobs ausüben, müssen um die Zeit für echtes Miteinander regelrecht kämpfen. Durch das Fernsehen und andere Technologien gibt es außerdem viele Ablenkungen, die unsere Kinder, aber auch uns selbst davon abhalten, füreinander da zu sein und einander wirklich zuzuhören. Handy aus, Fernseher aus, Computer und Spielkonsole aus, Familienzeit. Heutzutage für viele schon ein echter Luxus.

Ein wenig leichter wird es, wenn wir uns die Alternative einmal klar vor Augen führen: Entweder lernen unsere Kinder die kritische Auseinandersetzung miteinander im Familienkreis, oder sie lernen sie anderswo – nicht zuletzt aus dem Fernsehen. Zum Beispiel von Nena, Heidi Klum oder Detlef D. Soost.

Im ersten Teil dieses Buches (»Kritik der reinen Unterhaltung«) habe ich es schon ausgeführt: Schon heute sind die Konsequenzen abzusehen, wenn die Räume für Kritik in der Erziehung fehlen. Inkompetente Kritik führt dazu, dass die falschen Kompetenzen betont werden. Wo keiner mehr unterscheiden kann, was gut und was schlecht ist, hört man auf den, der am lautesten brüllt. In den seltensten Fällen ist das der Experte mit den umfassendsten Kenntnissen und der größten Erfahrung. Wollen wir es wirklich dem Zufall überlassen, von wem unsere Kinder lernen, was Kritik ist und wie sie funktioniert?

Der intimste Kreis von Kritikern ist eine sehr persönliche Angelegenheit. Doch Räume für Kritik brauchen wir auch auf gesellschaftlicher Ebene. Leider gibt es immer weniger davon. In den Schulen, an den Unis, in den Unternehmen. Wir müssen diese Räume zurückerobern und neue schaffen.

Auch wenn es Zeit kostet und es eine Investition bedeutet, auch wenn es Vertrauen erfordert: Kritik muss überall dort eine zentrale Rolle spielen, wo Menschen gemeinsame Ziele verfolgen. Kritik ist keine Frage der Ressourcen; Kritik ist eine Ressource. Eine unserer wichtigsten. Deshalb tun wir gut daran, sie wieder ernst zu nehmen.

Eine Frage der Haltung:
Warum Kritik ein aufrechtes Rückgrat erfordert

Tanz und Kritik: Beides geht besser aufrecht

Eigentlich wollte ich bei *Let's Dance* nie selbst auf die Tanzfläche. Sich als Juror unter die Tänzer zu begeben, ist ein riskantes Unterfangen: Das kann schnell so wirken, als wolle man sich produzieren, statt sich auf die Kandidaten und deren Leistung zu konzentrieren. Sobald man als Wertungsrichter selbst in Konkurrenz tritt, begibt man sich für das Publikum und die Kandidaten gefühlt mit in den Wettbewerb. Dann besteht die Gefahr, dass die Kandidaten selbst ein Konkurrenzdenken zum Juror aufbauen und dadurch weniger empfänglich für dessen Kritik sind. Die notwendige Neutralität zwischen Kandidat und Wertungsrichter kann ins Wanken geraten, und das wäre der Wirkung der Kritik abträglich. Deshalb wird bei einem professionellen Tanzturnier ein Wertungsrichter auch nie aufs Parkett gehen. Da gibt es eine klare hierarchische Trennung, die alle Beteiligten im Sinne eines fairen Wettbewerbs respektieren.

Im Übrigen bin ich der Meinung, dass ich mich mit meinen fast fünfzig Jahren nicht mehr mit Tänzern in den Zwanzigern messen sollte, die im aktiven Training stehen. Wem würde ich damit einen Gefallen tun?

Einmal habe ich dann aber doch gegen meine eigene Regel verstoßen. Nachdem ich den Paso Doble von Bachelor Paul Janke gesehen hatte, hielt es mich einfach nicht mehr auf

meinem Jurorensessel. Er hatte bei dem Tanz derart unmänn-
lich gewirkt, dass der Spanier mit mir durchging: Ein bisschen Macho muss schon sein bei diesem Tanz, wie bei allen
lateinamerikanischen Tänzen. Sie leben von der flirrenden
Spannung zwischen den Tanzpartnern. Und davon war bei
Paul Janke leider gar nichts zu sehen: Einen Betonklotz kann
auch die professionellste Tanzpartnerin nicht gut aussehen
lassen.

Also schnappte ich mir Motsi und demonstrierte mit ihr,
wie man als männlicher Tänzer die Partnerin beim Paso Doble souverän führt. Wie so vieles beim Tanzen ist das in erster
Linie eine Frage der Haltung. Auch ein weniger attraktiver
Tänzer kann, bei einem gut ausgeführten Paso Doble oder
Tango, eine faszinierende Ausstrahlung entwickeln. Umgekehrt kann selbst ein attraktiver Mann bei einem schlecht
ausgeführten Tanz aussehen wie ein ungelenkes Häufchen
Elend. Für die Männer gilt das sogar noch mehr als für die
Frauen, weil sie außerdem in ihrer Führungsrolle glaubwür-
dig wirken müssen. Darauf wollte ich hinaus, als ich Pauls
Auftritt an jenem Tag bei einem Interview nach der Sendung
folgendermaßen beschrieb: »Paul ist ein bisschen hüftsteif.
Wenn sich untenrum nichts bewegt, hilft der schönste Bachelor obenrum nicht.«

Ein Tänzer kann sich bei den Schritten noch so gut an-
stellen – wenn die Haltung nicht stimmt, sieht er vor allem
bei den lateinamerikanischen Tänzen mit ihren ausladenden,
leidenschaftlichen Bewegungen beinahe unvermeidlich lä-
cherlich aus. Entweder wie ein Schluck Wasser in der Kurve
oder wie ein Betonklotz am Baukran. Bei Paul Janke war an
diesem Tag Letzteres der Fall.

In dieser Hinsicht hat das Tanzen mit dem Kritisieren einiges gemeinsam: Beide sind eine Frage der Haltung. Auch dem
Kritiker muss man ansehen, dass er bereit ist vorzugeben, wo

es langgeht. Wer beim Kritisieren keine Souveränität ausstrahlt, wirkt inkompetent, unglaubwürdig oder sogar unehrlich.

Was Kritiker von Tänzern lernen können

Tatsächlich kann man als Kritiker in diesem Punkt viel von guten Tänzern lernen – vor allem von der Körpersprache. Ein professioneller Tänzer gibt nie seine aufrechte Haltung auf. Genauso hält es ein ehrlicher Kritiker, der vorbehaltlos zu dem steht, was er sagt. Allein dadurch, dass ich beim Kritisieren meinem Gesprächspartner gegenüber eine aufrechte Körperhaltung annehme, signalisiere ich ihm, dass ich es ernst und ehrlich mit ihm meine und mit meinen Hinweisen nur sein Bestes will. Als Kritiker wirke ich dadurch nicht nur kompetent und glaubwürdig, sondern auch aufrichtig.

Ein professioneller Tänzer bleibt jedoch trotz seiner aufrechten Haltung beweglich. Das gilt auch für den Kritiker: Dass er zu seinen Aussagen steht, heißt nicht, dass er steif auf seiner Position beharrt. Es kommt ihm nicht darauf an, dass er recht behält, sondern es geht um den Fortschritt in der Sache. Kritik darf nie eine Lektion von der Kanzel herab sein, sondern sollte immer eine Interaktion zwischen Kritiker und Kritisiertem sein. Der Kritiker führt, doch er lässt seinem Gegenüber immer den nötigen Bewegungsspielraum. Wenn sich der Kritisierte bewegt, kann der Kritiker durchaus ebenfalls seine Position auf dem Parkett verändern, ohne dabei seine aufrechte Haltung aufzugeben. Es kommt ihm in erster Linie auf das Zusammenspiel an, um ein Ergebnis in der Sache zu ermöglichen.

Das haben ein guter Tänzer und ein guten Kritiker gemein: Beide sind stets aufrecht und beweglich.

Deshalb ist es dem Kritiker, anders als dem Spezialfall Wertungsrichter, gewöhnlich auch durchaus möglich, sich zum Kritisierten aufs Parkett zu begeben. Im Alltag sind wir in der Regel nicht Wertungsrichter oder Juroren, sondern kommunizieren, um zu kooperieren. Zum Beispiel im Job. Wenn ich meinem Kollegen einen Verbesserungsvorschlag machen möchte, kann ich mich nicht auf die Hierarchie berufen – selbst wenn ich faktisch sein Vorgesetzter bin. Ich muss sogar zu ihm in den Ring steigen und mitmischen, um ihm zu demonstrieren, dass es mir um das Ergebnis geht, nicht um meinen Status.

In solchen Augenhöhe-Situationen ist es oft sogar ratsam, dass der Kritiker sein eigenes Ansehen in die Waagschale wirft, wenn er es mit der Kritik ernst meint. Dann kann er das tun, was ich bei *Let's Dance* nur in diesem einen Ausnahmefall getan habe: Er kann mit gutem Beispiel vorangehen. Sinnvoll kann es dann sein, wenn verbale Kritik allein zuvor nicht gefruchtet hat oder wenig erfolgversprechend war. Manches lässt sich besser zeigen als erklären. Zum Beispiel, wie man einen Paso Doble mit Temperament tanzt.

Sich als Kritiker nicht zu schade zu sein, Verbesserungsvorschläge persönlich zu demonstrieren, ist außerdem der kompetenten Wirkung förderlich: Was ich von anderen verlange, muss ich ihnen auch vorleben. Ich kann meinen Kindern nicht vorwerfen, dass sie zu viel Zeit vor dem Fernseher verbringen, wenn sie mich jeden Abend vor der Glotze versacken sehen. Von meiner Frau kann ich nicht verlangen, dass sie ans Auftanken denkt, wenn ich es selbst nicht auf die Reihe kriege, die Zahnpastatube zu verschließen. Und von meinen Mitarbeitern kann ich nicht einfordern, dass sie volles Engagement zeigen, wenn ich selbst lieber golfen gehe, als mit ihnen an der Lösung eines Problems zu arbeiten. Ein Kritiker, der etwas auf sich hält, lebt vor, was er predigt. Tut er es nicht, wird er als Führender nicht ernst genommen werden.

Sport: Eine Schule der Aufrichtigkeit

Der Sport ist die beste Schule der Kritik. Führen wir uns einmal vor Augen, wie viel Kritik ein Leistungssportler aushalten muss: Bei Wettkämpfen zählt allein die Leistung, die er an diesem Tag abliefert. Meist muss er das auch noch in einem sehr kurzen Zeitfenster tun. Ein 100-Meter-Läufer von Weltklasse hat ziemlich genau zehn Sekunden Zeit für seine Performance. In diesen paar Sekunden muss er – beispielsweise bei Olympischen Spielen – Zeugnis ablegen über Jahre der Vorbereitung. Er wird an diesen Sekunden gemessen. Die Augen der Weltöffentlichkeit ruhen auf ihm. Ob er an diesem Tag schlecht geschlafen hat, nicht optimal gegessen, Stress mit seiner Freundin hat oder mit dem falschen Fuß aufgestanden ist, interessiert niemanden. Wenn er für sein Land antritt und nicht die erwartete Leistung bringt, trägt er anschließend die Enttäuschung von Millionen Fans auf seinen Schultern und wird wahrscheinlich von den Medien verrissen. Von seiner eigenen mentalen Belastung mal ganz zu schweigen.

Wie halten Leistungssportler das aus? Die einfache Antwort lautet: weil es sich lohnt. Wenn der Sprinter am Startblock kniet und auf den Startschuss wartet, hat er das Ziel buchstäblich vor Augen. Er weiß: Bringe ich jetzt die erwartete Leistung oder übertreffe die Hoffnungen sogar noch, die in mich gesteckt werden, bin ich in knapp zehn Sekunden ein Held.

In diesem Moment, dort auf der Startgeraden, wird er die

Erwartungshaltung zwar ausblenden und sich nur auf seinen Lauf konzentrieren. Doch in den Jahren davor, während er die Qualen des Trainings erduldet, hat er diesen Moment vor Augen. Er weiß, wofür er sich das antut.

Weltklassesportler sind gnadenlos leistungsorientierte Menschen, die diesem Ziel ihre gesamte Lebensgestaltung unterordnen – von der Einteilung des Tagesablaufs über die Ernährung bis hin zur Vermeidung jeglicher Gesundheitsrisiken im Alltag. Sie sind bereit, dieses Opfer zu bringen, weil die ständige Leistungssteigerung bis zum persönlichen Triumph im Wettkampf ihre erklärte Lebensaufgabe ist. Der Sprinter tut das nicht für die Millionen von Fans, seinen Verein, seinen Trainer oder sein Land. Er tut das in allererster Linie für sich selbst.

Hinter dieser Motivation steckt auch die kompliziertere Antwort auf die Frage, warum Leistungssportler ein Leben unter kritischster Beobachtung durchstehen: Sie brauchen die Kritik. Der eiserne Wille und die knochenharte Arbeit sind die Anteile an ihrer Leistung, die sie selbst beitragen können. Der Rest muss zwingend von außen kommen – in der Regel von einem persönlichen Trainer, der die Sportler über Jahre begleitet.

Aber warum wird der überhaupt gebraucht? Worin besteht die zentrale Aufgabe des Trainers? In fortschrittlichen Übungen auf dem neuesten Stand der Sportmedizin? In leidenschaftlichen Motivationsreden? In seiner Eigenschaft als Drill Sergeant, wenn die Leistung nachlässt? Ja, all das. Doch die wichtigste Eigenschaft des Trainers ist die des aufmerksamen Kritikers.

Als Sportler kann man sich nur sehr bedingt selbst beobachten. Man kann die eigene Leistung nicht zu 100 Prozent sachlich einschätzen und erkennen, wo bei jedem einzelnen Trainingslauf die Fehler oder das Verbesserungspotential liegen. Deshalb ist jeder Leistungssportler auf seinen Trainer angewiesen. Und darauf, dass die Kritik, die er von ihm bekommt, immer uneingeschränkt ehrlich und aufrichtig ist. Doch was bedeutet das?

Der Trainer kennt seinen Schützling gut; er weiß, ob er gerade schlechte Laune oder Ärger mit seiner Freundin hat. Für seine fachliche Kritik und die Gestaltung des Trainings wird das jedoch keine Rolle spielen: Er wird den Sportler sachlich genauso professionell kritisieren wie sonst auch. Schließlich könnte das gleiche Problem am Wettkampftag bestehen. Die Lichtschranke an der Ziellinie aber fragt nicht nach der Gemütsverfassung.

Der Sportler hält das aus, weil er weiß, dass es sinnvoll ist. Er ist abhängig von der Kritik seines Trainers. Einem Leistungssportler muss niemand erklären, warum er im Training immer und unter allen Umständen mit der gerade notwendigen Härte kritisiert wird. Und er nimmt das nicht persönlich, weil er weiß, dass es allein um die Sache geht – die Sache, der er alles andere freiwillig untergeordnet hat. Die letzten Hundertstel, die ihm zum Titel fehlen, kann er nur mit Hilfe der Verbesserungsvorschläge seines Trainers herausholen. Sein Ziel kann er nur durch Kritik erreichen.

Fragen Sie mal einen Leistungssportler, ob er die Kritik seines Trainers an einem schlechten Tag persönlich nimmt: Er wird das verneinen. Sportler wissen, dass Leistungssteigerung zwingend an Kritik gebunden ist. Und diese Kritik kann sich nicht an Befindlichkeiten orientieren, sondern ausschließlich daran, was zu tun ist, damit der Kritisierte besser wird.

Deshalb ist der Sport die beste Schule für Kritik: Als Sportler erlernt man Kritikfähigkeit besser als irgendwo sonst, weil man durch das zwingend notwendige Vertrauensverhältnis zum Trainer gnadenlos aufrichtige Kritik schätzen lernt. Man begreift, dass aufrichtige Kritik dem Kritisierten dient und nicht etwa da ist, um ihn zu erniedrigen. Und man lernt, Kritik ernst zu nehmen: Eine Standpauke vom Trainer kann man sich zu Herzen nehmen, denn sie war sicherlich angebracht. Und für ein aufrichtiges Lob vom Trainer darf man sich auf die Schulter klopfen, denn man hat es sich garantiert auch verdient.

Aus diesem Grund macht es so viel Sinn, wenn Kinder sich sportlich betätigen. Neben dem gesundheitlichen Aspekt, der sozialen Komponente in Form von Teamgeist und dem Spaß an der Leistung ist der Sport ideal, um früh eine Grundlage für die Kompetenz des Kritisierens und der Kritikfähigkeit zu schaffen. Ganz gleich, ob Olympia oder Kreisklasse: Sport ist eine Schule fürs Leben.

Das Leben sportlich nehmen

Die Rollenverteilung von Leistungssportler und Trainer ist gemessen am Alltag natürlich ein Idealbild. Wir können uns diese Schablone in Erinnerung rufen, wenn wir uns in Situationen wiederfinden, in denen unsere Rolle mit einem von beiden vergleichbar ist – wann immer es innerhalb einer gefestigten Arbeitsbeziehung darauf ankommt, gemeinsam Höchstleistung anzustreben.

In den meisten Alltagssituationen dagegen tun wir uns mit der Aufrichtigkeit weitaus schwerer – sowohl als Kritiker als auch in der Position des Empfängers von Kritik.

Wer kritisiert werden will, hat keine Angst vor Fehlern. Bei der Arbeit ist das oft anders: Fehler zu machen gilt in den meisten Firmen noch immer als Risiko, das mit der Angst um den Arbeitsplatz einhergeht. Ungefiltert Kritik zu üben wiederum kann die reibungslose Beziehung zu Kollegen, Mitarbeitern oder Vorgesetzten gefährden. Besonders in Krisensituationen, wo eine gesunde kritische Kultur das Schiff wieder auf Kurs bringen könnte, wird sie von vielen nicht als Hilfestellung, sondern als Angriff verstanden.

Aus diesen Gründen glauben wir manchmal, mit Unaufrichtigkeit besser durchzukommen. Fehler werden lieber verschwiegen, substantielle Kritik lieber nicht geäußert oder nur mit Zuckerguss serviert. Kritik üben am Führungsstil des Chefs? Viele glauben, sich das nicht leisten zu können. »Ich bin nicht in der Position, meinen Chef zu kritisieren«, heißt es dann.

Ich halte das für einen gefährlichen Trugschluss. Wenn ein Vorgesetzter nie für unkonstruktives Führungsverhalten kritisiert wird – wie soll sich dann jemals etwas daran ändern? Wechseln Sie einmal den Blickwinkel und sehen Sie es aus seiner Warte: Er führt so, wie er es für richtig hält – oder so, wie es ihm von seinen Vorgesetzten vorgelebt wurde oder wird. Wenn dieser Weg der falsche ist, ist er davon abhängig, dass seine Mitarbeiter ihm das mitteilen. Wenn das nicht geschieht, wird sein Team nie optimale Leistung erbringen können.

Hinter seinem Rücken über den Chef herzuziehen ist letztlich genauso wenig konstruktiv wie sein schlechter Führungsstil: Indem Sie die Gelegenheit versäumen, ihn dafür zu kritisieren, stehen Sie ebenfalls besseren Ergebnissen im Weg. Ganz zu schweigen davon, dass Sie sich selbst unglücklich machen, denn Sie müssen sein Verhalten weiterhin erdulden. Geholfen ist damit niemandem, nicht Ihnen, nicht Ihren Kollegen und nicht ihm. Unaufrichtigkeit ist nie eine gute Lösung, sondern immer nur ein Kompromiss aus Angst vor den Konsequenzen.

Solange Sie die Kritik sachlich, konstruktiv und wohlwollend vortragen, können Sie nur gewinnen. Ein Chef, der etwas von Kritik versteht, wird Ihnen dankbar sein – Sie werden in

seinem Ansehen sogar steigen. Und ein Chef, der nicht kritikfähig ist, kostet Sie so oder so Nerven. Wenn Sie mit Ihrer
Kritik auf ihn zugegangen sind, müssen Sie sich immerhin
nicht mehr selbst den Vorwurf machen, dass Sie Ihr Rückgrat
morgens beim Pförtner abgeben.

Falls Sie Angst davor haben, Ihren Chef zu kritisieren: Haben Sie vielleicht auch selbst Schwierigkeiten damit, Kritik
anzunehmen? Wahrscheinlich steckt dahinter die Angst, an
Ihren Fehlern gemessen zu werden. Diese Angst ist jedoch in
den meisten Fällen unbegründet. Sportler können so gut mit
Kritik umgehen, weil sie sich in einem fairen Wettkampf mit
anderen messen. Wenn der Sprinter sein Bestes gegeben hat,
kann er nicht nur den Sieg genießen, sondern auch die Niederlage besser verkraften, denn in einem fairen Wettbewerb
gewinnt am Ende der Bessere. Die Verbesserungsvorschläge
des Trainers für den nächsten Wettkampf wird er aus eigenem
Interesse aufsaugen wie ein Schwamm. Seine Fehler dienen
ihm als Sprungbrett, um sich zu steigern.

Wir tun uns selbst den größten Gefallen damit, es im Alltag genauso zu halten und das Leben sportlich zu nehmen.
Fehler machen wir ohnehin. Wenn wir sie vertuschen oder in
die Defensive gehen, ziehen sie uns tatsächlich runter. Wenn
wir aus der Kritik daran jedoch ein Sprungbrett machen, erwächst uns aus ihnen sogar ein Vorteil. Fehler zu unterschlagen lässt uns stagnieren und in Angst davor leben, dass wir
entlarvt werden könnten. Ehrlich dazu zu stehen bringt uns
weiter als die Unaufrichtigkeit.

Aus diesem Grund sollten wir auch selbst ehrliche Kritik
üben, wenn andere Fehler machen. Andernfalls verhindern
wir nicht nur eine aufrichtige Beziehung, sondern auch den
Erkenntnisfortschritt.

Ich wünsche mir, dass sich die Haltung zu Kritik in den
Unternehmen ändert. Wir sollten Kritik nicht als Angriff oder

Erniedrigung begreifen und ihr auszuweichen versuchen, sondern sie als Chance betrachten. Und zwar nicht nur in der Sache, sondern auch auf der Beziehungsebene: Aufrichtige Kritik ist ein Vertrauensbeweis. Wenn Sie von Ihrem Kollegen oder Vorgesetzten ehrliche Kritik bekommen, ist das ein Zeichen, dass er es ernst meint mit der gemeinsamen Sache. Wäre er nämlich der Ansicht, dass mit Ihnen nichts anzufangen ist, würde er sich die Mühe nicht machen.

Zugegeben: Jemanden ehrlich zu kritisieren erfordert Mut. Sich ehrlicher Kritik zu stellen ebenfalls. Doch in einer Beziehung, in der beide Seiten diesen Mut aufbringen, ist mit der Kommunikation alles in Ordnung. Grund zur Sorge besteht vielmehr dann, wenn aufrichtige Kritik nicht stattfindet. Ein Team, dessen Mitglieder sich nie kritisieren oder einander immer nur Honig um den Bart schmieren, ist ein Team, in dem wirklich etwas faul ist. Halten Sie in nächster Zeit mal die Augen offen: Wie steht es an Ihrem Arbeitsplatz mit der Aufrichtigkeit?

Das Geheimnis hinter ehrlicher Kritik ist letztlich ganz simpel: Genau wie das Tanzen ist sie eine Frage der Haltung. Wer in einer aufrechten Haltung durchs Leben geht, kann nicht nur gut mit Kritik leben, sondern auch selbst überzeugt kritisieren – ohne die Beweglichkeit zu verlieren.

Ehrlichkeit ist ansteckend

Egal, wie man es dreht und wendet: Es lohnt sich immer, den Mut zu ehrlicher Kritik aufzubringen. Ehrlichkeit ist nicht nur die Grundlage für einen funktionierenden Dialog und eine intakte Beziehung. Sie ist auch ansteckend.

Wenn Sie ehrlich zu anderen sind, fällt es auch Ihren Mitmenschen viel schwerer, Ihnen gegenüber nicht ehrlich zu sein. Mehr noch: Sie nehmen ihnen damit eine Bürde ab. Unaufrichtigkeit macht niemandem Spaß. Sie wird aus gefühlter Abhängigkeit heraus praktiziert. Wer glaubt, sich Ehrlichkeit nicht leisten zu können, lebt letztlich in einem Gefängnis. Die meisten Gesprächspartner werden Ihnen dankbar sein, wenn Sie sie aus diesem Gefängnis befreien.

Nehmen wir einen Fall, den fast jeder aus eigenem Erleben kennt: Sie bekommen einen neuen Chef vorgesetzt. Sie haben keine Ahnung, wie er tickt. Und nun steht das erste Zielvereinbarungsgespräch an. Wie gehen Sie die Sache an? Sie können sich passiv verhalten, einfach zuhören und alles so schlucken, wie es Ihnen vorgetragen wird. Wenn Sie nach Verbesserungsvorschlägen gefragt werden, können Sie den Mund halten und Ihrem Chef den Eindruck vermitteln, Sie seien entweder wunschlos glücklich oder sowieso immer mit allem zufrieden. Wie schön für Ihren Chef: Sie scheinen ein besonders pflegeleichter Mitarbeiter zu sein, mit dem man im Zweifelsfall machen kann, was man will.

Oder Sie stellen die Beziehung zu Ihrem neuen Chef von Anfang an auf ein solides, aufrichtiges Fundament. Indem Sie seine Vorgaben für das nächste Geschäftsjahr kritisch hinterfragen, zeigen Sie ihm, dass Sie mitdenken. Dadurch, dass Sie ihm Alternativvorschläge unterbreiten, demonstrieren Sie, dass Sie wissen, wovon Sie reden, und das Vertrauen Ihres alten Chefs in Sie berechtigt war. Und indem Sie ihm begründet aufzeigen, welche Verbesserungsmöglichkeiten Sie bei der internen Kommunikation sehen, geben Sie ihm zu erkennen, dass Ihnen an einer guten Zusammenarbeit gelegen ist.

So paradox es klingen mag: Gerade durch ehrliche Kritik outen Sie sich als verlässlicher Teamplayer. So weiß der Chef nämlich, woran er bei Ihnen ist. Und ganz nebenbei merkt er von vornherein, dass mit Ihnen zu rechnen ist: Da sitzt ein Mitarbeiter, der sich in kritischen Situationen nicht unter seinem Schreibtisch verkriecht. Jeder ernst zu nehmende Chef wünscht sich solche Sparringspartner. Wenn er merkt, dass in seinem neuen Team offen und ehrlich miteinander gesprochen wird, wird er eher geneigt sein, es ebenso zu halten. Und wahrscheinlich auch ziemlich erleichtert.

Was in der Begegnung unter vier Augen funktioniert, klappt auch in komplexeren Konstellationen. Oft reicht in einem Team ein einziger Kollege, der den Mut zu ehrlicher Kritik aufbringt, um die komplette Teamdynamik umzupolen. Idealerweise ist das der Chef selbst. Aus diesem Grund halte ich Kritik für eine der wichtigsten Führungskompetenzen: Wenn der Chef vorlebt, dass er mit ehrlicher Kritik umgehen kann, nimmt er seinen Mitarbeitern die Angst davor, Kritik zu üben. Und er bereitet eine gesunde Basis für seine Führungsarbeit: Seine Mitarbeiter werden Kritik von einem solchen Chef viel eher annehmen als von einem, der sich selbst für unfehlbar hält.

Eine aufrechte Haltung verschafft Ihnen Anerkennung. Und zwar nicht nur dann, wenn Sie selbst Kritik üben, sondern auch wenn Sie aufrichtig zu einem Fehler stehen. Auch wenn es manchmal Überwindung kostet: Es lohnt sich, den Mut zu ehrlicher Kritik aufzubringen und daraus eine Lebenshaltung zu machen. Sie werden sich besser in Ihrer Haut fühlen. Andere wissen, woran sie bei Ihnen sind. Ihr ganzes Umfeld kann sich verändern. Und selbst wenn Sie doch einmal auf Granit beißen: Sie werden immer das gute Gefühl haben, sich selbst treu geblieben zu sein.

Kritische Momente:
Wie Kritik Veränderungen anstößt

Aus allen Wolken gefallen

Die Börse ist kein Arbeitsplatz für schwache Gemüter. Der ständige Zeit-, Leistungs- und Erwartungsdruck allein wäre schon ausreichend, um jeden zu vertreiben, der auf einen bequemen Bürojob aus ist. Noch schwerer zu verkraften ist für viele jedoch der Umgangston, den dieses Umfeld mit sich bringt. Um unter Hochdruck immer höflich zu bleiben, scheint den meisten Börsenmaklern die Zeit zu fehlen. Spätestens nach einigen Jahren im Geschäft sind sie der Meinung, dass man auf Nettigkeiten durchaus verzichten kann. Zeit ist in diesem Metier wortwörtlich Geld – warum sie auf Umgangsformen verschwenden?

Als ich noch Makler bei einer Wertpapierhandelsgesellschaft war und an der Frankfurter Börse handelte, gab es in meiner damaligen Firma einen jungen Kollegen, der nicht Michael hieß. Nennen wir ihn trotzdem so.

Ich hatte eine Weile nichts von ihm gehört, als neulich plötzlich das Telefon klingelte. Wir unterhielten uns lange, und ich stellte fest, dass der junge Mann sich spürbar verändert hatte. Michael arbeitet jetzt bei einer großen Vermögensverwaltung und ist so erfolgreich geworden, wie ich es ihm schon während unserer gemeinsamen Arbeit immer zugetraut hatte. Nur hatte es eine Zeitlang so ausgesehen, als ob er sich vorher selbst ins Aus schießen würde.

Zu meinem Erstaunen ließ Michael mich in diesem Telefonat wissen, dass der erfolgreiche Verlauf seiner Karriere ein Stück weit auch mein Verdienst sei: An meine kritischen Worte habe er sich oft erinnert, sagte er. Er habe mir einiges zu verdanken, und das wollte er mir einfach mal sagen.

In meiner Erinnerung liefen während des Gesprächs einige Szenen ab, die wir damals gemeinsam erlebt hatten. Leider sind die meisten davon beim besten Willen nicht zitierfähig. Aber Sie können sich das ungefähr so vorstellen: Ich sitze mit einer Kollegin auf dem Frankfurter Börsenparkett – also in einem großen Saal, wo jeder alles mitbekommt, was um ihn herum gesprochen wird. Gerade diskutieren wir über das Handelsvolumen einer Aktie, die uns Sorgen macht. Da rauscht plötzlich Michael auf uns zu – rot im Gesicht und augenscheinlich außer sich. Ohne Vorwarnung baut er sich vor der Kollegin auf, fixiert sie mit unverhohlener Verachtung, und dann poltert er los: »Sag mal, spreche ich Chinesisch, oder was?! Ich habe dir doch gestern noch gesagt, dass für die Zeichnung der Rente XY heute alles niet- und nagelfest sein muss. Und jetzt sehe ich, dass du die Berechnung immer noch nicht gemacht hast! Das bedeutet, wir können uns heute noch nicht auf ein Volumen festlegen, und dann ist der Zug abgefahren! Wie kann man denn nur so dämlich sein? Alles, was ich hier mühsam über Wochen aufbaue, reißt du mit deinem faulen Arsch wieder ein! Schaltest du vielleicht mal dein Hirn ein? Wenn du keinen Bock hast, hier mitzuziehen, such dir einen Job, mit dem du nicht überfordert bist!« Damit dreht sich Michael um, marschiert zurück zu seinem Platz und schimpft dort noch eine Weile halblaut weiter vor sich hin.

Ich selbst war nur wenig überrascht, denn ich erlebte Michael nicht zum ersten Mal so – obwohl er sich das bei mir nie getraut hatte. Doch die Kollegin war den Tränen nahe.

Mir reichte es auch. Ich ging zu Michael und sagte ihm: »Wir müssen reden. Sofort.«

Fragen Sie sich, warum Michael nicht schon längst rausgeflogen war, wenn er öfter solche Auftritte hinlegte? Diese Frage habe ich mir auch manches Mal gestellt. Möglicherweise hat ihn die Tatsache gerettet, dass der Umgangston in dieser Branche eben so ist, wie er ist. In einem kuscheligen Büro mit lauter empfindsamen Angestellten hätte Michael sicher nicht lange überlebt. An der Börse war er, was seine Manieren betrifft, ein Tiger unter vielen – wenn auch einer mit besonders spitzen Zähnen.

Doch es gab noch andere Gründe, warum Michael sich auf seinem Posten halten konnte. Vielleicht wird es Sie nach dieser ersten Beschreibung überraschen, aber aus Sicht unseres gemeinsamen Arbeitgebers war Michael eigentlich ein Glücksfall: Fachlich war er hervorragend, von der mangelnden Erfahrung hier und da mal abgesehen, die seiner Jugend geschuldet war. Was ihn jedoch besonders auszeichnete, war seine Loyalität dem Unternehmen gegenüber: Er handelte immer im Interesse der Firma. Fehler unterliefen ihm nur selten, weil er immer darauf fokussiert war, das zu tun, was gut für die Firma war. Er arbeitete hart, war stets diszipliniert und zuverlässig. Er wäre wohl am laufenden Band Mitarbeiter des Monats geworden, wäre da nicht sein unkontrolliertes Temperament gewesen.

Und sogar was das betrifft, hatte ich Schwierigkeiten, ihm seine Aussetzer lange übelzunehmen. Es gab nur eins, das Michael auf die Palme brachte: wenn jemand sich nicht so engagierte und den Erfolg nicht so unbedingt wollte wie er. Deshalb war ich, inhaltlich betrachtet, sehr oft mit ihm einer Meinung. Vieles, was er unseren Kollegen vorwarf, war tatsächlich kritikwürdig. Nur hatte Michael absolut nicht die Mittel, seine Kritik auf zivilisierte Weise zu kommunizieren.

Ein anderer würde erst einmal tief durchatmen und bis drei zählen, bevor er jemanden zur Rede stellt. Michael galoppierte jedes Mal ohne Denkpause auf sein Opfer los und machte seiner Wut ungefiltert Luft.

An diesem Tag, nachdem er unsere Kollegin einen Kopf kürzer gemacht hatte, konnte ich das nicht mehr länger mit ansehen. Michael war drauf und dran, seine Karriere zu ruinieren, wenn er sich nicht in den Griff bekam. Schon einmal war er nach Hause geschickt worden, nachdem er mal wieder ausgerastet war. Irgendwann würde das wieder passieren – nur würde man ihm dieses Mal wohl vorher den Büroschlüssel abnehmen.

Also erklärte ich Michael, warum es so nicht weiterging. Dass man so nicht mit Kollegen reden kann. Dass Kritik, wie berechtigt sie auch sein mag, auf zivilisierten Umgangsformen beruht. Dass die Art, wie er Menschen kritisierte, ihn und die Firma in keiner Weise voranbrachte – von den Kollegen, auf die er losging, ganz zu schweigen. Ob er auch mal darüber nachgedacht habe, dass er sich selbst schaden könnte, wenn er so mit Menschen umgehe, mit denen er anschließend weiterarbeiten müsse? Hatte er nicht, wie sich herausstellte. Ich erklärte ihm auch, dass man eher zu Menschen durchdringt, wenn man sie sachlich kritisiert. Dass ein Generalverriss nicht dazu geeignet ist, eine Veränderung zu bewirken, weil es ihm an einem konstruktiven Ansatz fehlt. Und dass Menschen ganz einfach dichtmachen und erst recht nichts an ihrem Verhalten ändern, wenn man sie persönlich beleidigt.

Und dann verblüffte mich Michael dadurch, dass er bestürzt war. Es war ihm deutlich anzusehen: Was ich ihm da sagte, überraschte ihn. Natürlich wusste er, dass er nicht gerade ein Kuschelbär war. Doch dass man Menschen auch anders kritisieren kann als mit dem Holzhammer, das schien ihm ziemlich neu zu sein. Dass man damit sogar mehr erreichen könnte als mit der Dampfwalzenmethode, erst recht.

Tatsächlich begann Michael sich nach diesem Gespräch zu verändern. Nicht von einem Moment auf den nächsten natürlich – ein Temperament wie seines will erst einmal gezügelt sein. Doch wir alle spürten, dass er sich mehr und mehr zusammenriss, nach und nach ruhiger wurde. Irgendwann waren wir keine Kollegen mehr, und ich hörte eine Zeitlang nichts mehr von ihm. Bis zu jenem Anruf neulich, bei dem ich mich davon überzeugen konnte, dass Michael sich nachhaltig verändert hatte.

Dass Michael an jenem Tag so klargeworden war, was ich ihm vermitteln wollte, mag auch am Thema gelegen haben: Es war ja ausgerechnet seine Art zu kritisieren gewesen, die ich damals kritisiert hatte. Ich konnte ihm also eins zu eins demonstrieren, worum es mir ging, indem ich ihn ganz anders anpackte als er kurz zuvor unsere Kollegin. Eines zeigt das Beispiel jedenfalls deutlich: Kritik kann Menschen verändern.

Deshalb bin ich der Meinung, dass ein offenes Wort sich fast immer lohnt. Nur in Ausnahmefällen sollte man dem Impuls, Kritik zu üben, nicht nachgeben. Hätte ich mir Michael an diesem Tag nicht geschnappt und mit ihm gesprochen – wer weiß, wann es sonst jemand getan hätte. Welche Verschwendung wäre es gewesen, wenn er sich mit seiner ungestümen Art seine Karriere ruiniert hätte? Anscheinend hatte es vor mir niemand über sich gebracht, mit dem jungen Heißsporn mal auf der Sachebene zu reden.

Ehrliche Kritik: Der Unterschied zwischen Freiheit und Unterdrückung

Michaels Geschichte ist ein Beispiel dafür, welche Veränderungen Kritik auf der persönlichen Ebene anstoßen kann. Viel eindrucksvoller ist die historische Bilanz kritischer Geister. Stellen Sie sich einmal vor, wo wir heute wären, wenn die Kritiker immer geschwiegen hätten, statt das Wort zu erheben! Oder wenn es keine Menschen gäbe, die es überhaupt wagen, den Status quo kritisch zu hinterfragen!

Fast alle großen Umwälzungen, die wir heute als selbstverständlich betrachten, haben wir kritischen Denkern zu verdanken. Ohne sie wären wir heute noch zu Pferd unterwegs. Die Sklaverei wäre nie abgeschafft worden. Frauen dürften immer noch nicht wählen. Und Silvio Berlusconi wäre immer noch italienischer Ministerpräsident.

Hätten am 9. September 1989 nicht zum ersten Mal kritisch denkende Menschen den Mut gehabt, nach dem montäglichen Friedensgebet in der Leipziger Nikolaikirche ihre Transparente zu entrollen, wäre unser Land möglicherweise noch immer durch eine Mauer getrennt. 16 Millionen Menschen würden bis heute in Unterdrückung leben – in einem Land ohne Meinungsfreiheit, in dem Kritik an der Obrigkeit verboten war.

Wir führen es uns zu selten vor Augen, aber wir haben großes Glück: Die meisten von uns sind mit demokratischen Grundrechten aufgewachsen und betrachten das als selbstverständlich. Das Recht, Kritik zu üben, ist uns in die Wiege gelegt. Wir können den Mund aufmachen, wenn wir unzufrieden sind, können sogar der Regierung offen die Meinung sagen. Wir können wählen gehen und sicher sein, dass die Stimmen rechtmäßig ausgezählt und wir nicht für unsere

Wahl verfolgt werden. Noch vor 25 Jahren war das für fast ein Viertel der deutschen Bevölkerung alles andere als selbstverständlich.

Für viele Menschen ist es das bis heute nicht. Das Recht auf freie Meinungsäußerung kann in manchen Staaten auch im 21. Jahrhundert noch nicht ausgelebt werden; in einigen steht die Kritik am System nach wie vor unter Strafe. In Vietnam beispielsweise wurde im Mai 2013 Truong Duy Nhat, einer der bekanntesten Blogger des Landes, wegen regierungskritischer Äußerungen verhaftet. Fast noch schlimmer als diese Tatsache mutet für uns die Begründung der Festnahme an: Nhat wird »Missbrauch demokratischer Freiheiten« vorgeworfen. Für dieses Vergehen kann in Vietnam ein Strafmaß von bis zu sieben Jahren Haft verhängt werden. Tatsächlich wurden erst im September 2012 drei bekannte Bloggerkollegen Nhats wegen »Propaganda gegen den Staat« zu Freiheitsstrafen von vier bis zwölf Jahren verurteilt. Sie hatten in verschiedenen Artikeln Korruptionsfälle aufgedeckt und Kritik an der Außenpolitik der vietnamesischen Regierung geübt. Wie früher in der DDR und anderen sozialistischen Ländern gibt es in Vietnam nur eine Partei – von freien Wahlen im eigentlichen Sinne kann dort also auch keine Rede sein.

Auch in Russland sind regierungskritische Äußerungen ein riskantes Unterfangen. Sogar Unbeteiligte können ins Visier staatlicher Kontrolle geraten. Im März 2013 wurden die Moskauer Büros mehrerer Nichtregierungsorganisationen, darunter Human Rights Watch und Transparency International, ohne Vorankündigung von russischen Behördenvertretern durchsucht. Auch deutsche Einrichtungen wie die Konrad-Adenauer-Stiftung und die Friedrich-Ebert-Stiftung waren betroffen. Dabei wurden unter anderem Computer konfisziert. Möglich machte die Durchsuchungen ein 2012 in Kraft getretenes Gesetz, dem zufolge Organisationen, die finanzielle Unterstützung aus dem Ausland erhalten, sich in ein Register ausländischer Agenten eintragen müssen.

Im Juli 2013 wurde einer der schärfsten Kritiker Putins, Alexej Nawalny, wegen Veruntreuung öffentlicher Mittel zunächst zu fünf Jahren Haft verurteilt – kurz nachdem er als Kandidat zur Moskauer Bürgermeisterwahl im September 2013 zugelassen worden war. Zuvor war er im Winter 2011 bei den Demonstrationen gegen die umstrittene Parlamentswahl als Wortführer aufgetreten. Als etwa 2500 Menschen in Moskau gegen seine Verurteilung auf die Straße gingen, wurden über 200 von ihnen verhaftet.

Derartige Verhältnisse führen uns vor Augen, wie wertvoll das Recht auf freie Meinungsäußerung ist, das uns zur Verfügung steht. Ereignisse wie die Affäre um die Ausspähung von Verbindungsdaten durch den amerikanischen Auslandsgeheimdienst NSA – mutmaßlich mit Unterstützung deutscher Behörden und Telekommunikationsunternehmen –, die im Sommer 2013 ins Rollen kam, zeigen zudem, wie schmal der Grat zwischen Freiheit und Kontrolle sein kann.

Genau aus diesem Grund müssen wir weiterhin kritisch denken und uns kritisch äußern. Wenn wir es uns bequem machen und unser Recht auf freie Meinungsäußerung nicht ausüben, gleiten wir in alte Muster ab. Nicht wählen zu gehen, die Augen von sozialen Missständen abzuwenden, am eigenen Arbeitsplatz wegzuschauen, wenn Kollegen zum Beispiel aufgrund ihrer Hautfarbe gemobbt werden – mit solchen Nachlässigkeiten ist der Weg in die Unmündigkeit gepflastert. Die Staatsform Demokratie beruht auf dem Recht, sich ohne Angst vor Verfolgung kritisch äußern zu können. Doch gelebte Demokratie ist nur von Dauer, wenn wir dieses Recht wahrnehmen.

Die beschriebenen Fälle zeigen: Sogar in den Ländern, in denen Kritik an den Mächtigen unter Strafe steht, gibt es

Menschen, die dennoch den Mut dazu aufbringen. Ihre Motivation ist jenes Grundrecht, das wir als selbstverständlich betrachten: ohne Angst vor Repressalien unsere Meinung frei kundtun zu dürfen und dabei auch Kritik an den Mächtigen zu äußern, wenn wir es für notwendig halten. Überall dort, wo das Recht auf freie Meinungsäußerung beschnitten wird, herrscht keine demokratische Grundordnung.

Dass diese Menschen selbst unter Androhung schwerster Repressalien ihren Mut zur ehrlichen Kritik nicht verlieren, kann für uns eine Motivation sein. Gemessen an ihren Schicksalen: Was kann uns schon passieren, in unserem behüteten demokratischen Alltag? Die Gründe, die wir oft anführen, wenn wir jemanden aus Sorge vor den Konsequenzen nicht kritisieren, verblassen dagegen.

Kritik wirkt – manchmal auch ganz leise

Nicht immer können große Veränderungen auf den ersten Blick auf das Wirken von Kritik zurückgeführt werden. Beim Fall der Berliner Mauer oder bei der Abschaffung der Sklaverei erschließt sich der Einfluss kritischer Bewegungen auf den ersten Blick. Doch oft verändert sich die Gesellschaft zunächst im Kleinen. Irgendwo auf einem gesellschaftlichen Spielfeld werden Veränderungen angestoßen, ohne dass gezielte Kritik als unmittelbarer Auslöser erkennbar wäre. Solche Veränderungen werden manchmal zu Lauffeuern oder im Hintergrund zu tragenden Säulen großer Umwälzungen. Auch die Freiheitsbewegung in der DDR hat klein angefangen, bevor sie auf große Teile der Bevölkerung übergriff und im entscheidenden Moment ihr ganzes kritisches Potential entlud.

Momentan merken wir noch nicht viel davon, doch die seit 2008 schwelende Finanzkrise könnte sich als kritischer Moment für die Entwicklung unserer Gesellschaft erweisen. Wird in einem bedeutsamen Sektor an einer zentralen Stellschraube gedreht, kann das eine Kettenreaktion hervorrufen, die sich auf unser aller Zukunft auswirkt. Kaum waren die Katastrophenmeldungen von den Finanzmärkten ersten Erholungsmeldungen gewichen, rückten schon Nachrichten über zu hohe Gehälter bei Bankmanagern und die Machenschaften gieriger Fondsmanager in den Vordergrund. Tenor der Berichterstattung: Alle Kritik hat nichts genützt. Es geht einfach weiter, als wäre nichts gewesen.

Doch das stimmt so nicht. Mal abgesehen von der Frage, wie hoch der Anteil der Haie unter denen ist, die im Finanzsektor arbeiten: Unter der Oberfläche zeigt die Kritik am Bankensektor längst Wirkung. Dort, wo die künftigen Köpfe der Wirtschaft und Wirtschaftsforschung auf ihre Verantwortung vorbereitet werden, steht nämlich eine Revolution von großer Tragweite in den Startlöchern: in den Wirtschaftswissenschaften.

Die gewichtige Vokabel ›Revolution‹ verwendete Dennis Snower, Direktor des Instituts für Weltwirtschaft (IfW) in Kiel, in einem Interview mit der *Financial Times Deutschland* am 12. Januar 2012. Der inzwischen eingestellten Wirtschaftszeitung beschrieb er, wie stark sich die Kritik infolge der Finanzkrise auf die wissenschaftliche Ausbildung von Ökonomen auswirken werde – wenn auch nach seiner Schätzung erst in zehn, zwanzig Jahren deutliche Veränderungen in der Realwirtschaft spürbar werden dürften.

Lange Zeit beruhte die Disziplin Ökonomie ausschließlich auf mathematischen Analyse-Instrumenten. Sie bildeten sowohl in der Makro- als auch in der Mikroökonomie die Grundlage aller Erklärungen über das Verhalten der Märkte – und der Menschen an den Märkten. Seit einigen Jahren ergänzen jedoch neue, nicht mehr nur mathematische Erklärungsmuster die Beschäftigung mit den Mechanismen der Wirtschaft. Bereits heute, so Snower, sei die Aktivität in Forschungszweigen wie der Verhaltensökonomie deutlich angestiegen.

Einen massiven Schub an Bedeutung hat diesen neuen Erklärungsmustern die Kritik infolge der Finanzkrise gegeben. So wächst das Interesse an Interpretationen des Verhaltens der gierigen Broker, das mathematische Analysen nicht ergründen können. Snowers Begründung, warum zunehmend neue Deutungsmodelle die althergebrachten Theorien ergänzen: »Die meisten Modelle gingen ja davon aus, dass Menschen stets rational handeln, was in der Krise an den Finanzmärkten eindeutig nicht der Fall war.«

Insbesondere in den USA spielen neue Forschungsrichtungen bereits heute eine gewichtigere Rolle als in Deutschland. Der Nobelpreisträger George Akerlof etwa beschäftigt sich mit dem Einfluss der »Animal Spirits« auf wirtschaftlich relevantes menschliches Verhalten. Dennis Snower prognostizierte im Interview mit der *Financial Times Deutschland*, dass Erkenntnisse aus Fachdisziplinen wie Psychologie, Soziologie, Anthropologie und Philosophie dafür sorgen werden, dass verhaltensökonomische Deutungen nach und nach ebenso selbstverständlich zur Ausbildung von Ökonomen gehören werden wie die mathematisch basierten Instrumente von Makro- und Mikroökonomie. Sein Institut hat sich deren Stärkung zur Aufgabe gemacht. Die Folge wäre über kurz oder lang eine Generation von Wirtschaftslenkern, die das Individuum und die sozialen Auswirkungen wirtschaftlichen Verhaltens im Blick haben – und eben nicht nur Dividenden und Steigerungsraten. Das wäre in der Tat eine Revolution.

Wie ein unkritisch umgesetzter Fortschritt zum Rückschritt wurde

Wie groß der Einfluss irrationalen Verhaltens – oder auch der »Animal Spirits« – auf den Finanzsektor und folglich auf die Entwicklung der Weltwirtschaft tatsächlich ist, zeigt die Entstehung der letzten Finanzkrise. Die Durchrationalisierung ökonomischer Handlungsweisen, unterstützt durch moderne Technik, sorgt nämlich paradoxerweise dafür, dass menschliche Unvernunft sich viel dramatischer auswirken kann als je zuvor. Die Rationalität der Maschinen bringt die Irrationalität des Menschen erst richtig zum Vorschein. Um zu erklären, was ich damit meine, muss ich etwas weiter ausholen.

Während meiner Jahre an der Börse habe ich einen totalen Umbruch der Arbeitsweise auf den Marktplätzen der Welt miterlebt. Als ich das Geschäft auf dem Düsseldorfer Parkett erlernte, war der Wertpapierhandel noch genau das, was der Name sagt: ein Papierhandel. Der Akt, eine Aktie zu zeichnen, war noch wörtlich zu verstehen: Das geschah auf Zetteln, Bergen von Papier, die täglich hin und her geschoben wurden. Damals verbrachten wir den Großteil des Tages damit, Summen auf diesen Zetteln zu zählen.

Dann begannen Anfang der 90er Jahre die Computer Einzug in den Börsenhandel zu halten. Zunächst nur in Form des sogenannten computergestützten Handels. Es gab immer noch diese Summen auf den Zetteln – nur eben in elektronischer Form. Zwar mussten keine Berge von Papier mehr gewälzt und nicht mehr von Hand gezählt werden, aber die Geschäftshandlungen wurden immer noch manuell getätigt. Als Wertpapierhändler hatten wir noch die Kontrolle darüber – menschliches Versagen wie Fehleingaben mal ausgeklammert –, was genau in welchen Volumina gehandelt wurde und wann das geschah.

Doch ab 2010 erfolgte der Übergang vom computergestützten Handel zum Computerhandel, der seitdem praktiziert wird. Die einzelnen Geschäftsoperationen, also das Zeichnen von Aktien oder Aktienpaketen, das Kaufen und das Abstoßen, sind keine manuellen Tätigkeiten mehr. Zwar legen nach wie vor Menschen fest, nach welchen Parametern der Computer handeln soll. Die Software wird also zum Beispiel mit Vorgaben gefüttert, bei welchen Kursen welche Aktien in welchem Volumen gekauft oder abgestoßen werden sollen. Seit der Einführung des Algo-Tradings, das Entscheidungen basierend auf Algorithmen trifft, hat selbst diese Einflussmöglichkeit der Händler an Bedeutung verloren – all das im Sinne der Gewinnmaximierung.

Den eigentlichen Job des Zeichnens übernimmt der Rechner. Das tut er Tag und Nacht, ohne Unterlass. Die Geschwindigkeit, mit der das geschieht, wäre manuell weder durchführbar noch für den menschlichen Beobachter nachvollziehbar. Die Händler haben heute keine wirkliche Kontrolle mehr darüber, was der Computer zu einem beliebigen Zeitpunkt tut – sie greifen nur noch auf die Parameter zu, die sein Handeln steuern. Oder eben nicht.

Und da liegt das Problem – ein Teil des Problems, vielmehr. Der Computer kann nämlich nicht wissen, ob es schlau ist, einen bestimmten Parameter zu ändern oder unverändert zu lassen. Wenn ich ihm sage »Kauf!«, dann kauft er, bis die Leitung glüht. Machte mir früher jemand eine Ansage, was ich kaufen oder verkaufen sollte, und überlegte es sich fünf Minuten später anders, war noch nicht viel passiert. Heute können in dieser Zeit schon Abermillionen den Besitzer gewechselt und sich unumkehrbar auf den DAX ausgewirkt haben. Früher mussten die Anleger die Preise für Aktien erst einmal bei mir abfragen, bevor sie eine Entscheidung trafen. Dadurch hatten sie Gelegenheit, noch einmal nachzudenken.

Heute nicht. Das Verhalten, das ich dem Computer heute vorgebe, zieht er durch, solange ich ihm keinen neuen Befehl einprogrammiere. Die Unmittelbarkeit jeder einzelnen Geschäftshandlung ist weggefallen.

Das rationale Monster Computerhandel wirkt wie ein Verstärker für irrationales menschliches Verhalten. Der Handel ist so beschleunigt, dass die Summen, die täglich durch die Datenleitungen der Welt fliegen, in null Komma nichts katastrophale Auswirkungen haben können. Früher bewegte sich eine Bayer- oder BASF-Aktie durchschnittlich vielleicht um etwa zehn Pfennig am Tag; heute schwankt der Kurs dieser Aktien um circa ein bis zwei Euro täglich nach oben oder unten! Das lässt erahnen, welche Auswirkungen eine Talfahrt hat, die ein paar Tage oder gar Wochen anhält.

Und es vermittelt eine Vorstellung davon, was passiert, wenn der Computer von falschen Voraussetzungen ausgeht. Wenn die Algorithmen, auf denen die Handlungen des Computers basieren, auf morsche Fonds losgelassen werden, die gar nicht das wert sind, was der Kurs suggeriert. Weil sie zum Beispiel auf Sicherheiten beruhen, die nicht mehr sicher sind – etwa auf Krediten, die nicht bedient werden können. Dann fällt der Computer falsche Entscheidungen im Millisekundentakt, Tag und Nacht, wochenlang. Entscheidungen, die Milliarden wert sind.

Wenn dann die Blase platzt, weil zu lange niemand nachgedacht und den Wert dieser Aktien hinterfragt hat, ist das Kind in den Brunnen gefallen: Dann ist schnell mal das ganze Bankensystem in den Knien. Dem Computer kann man daran nicht die Schuld geben – der kann nur tun, was man ihm gesagt hat. Füttere einen Computer mit Gier, und er wird sich gieriger verhalten, als wir es in derselben Zeit je könnten.

Die Durchrationalisierung des Börsenhandels mit der Computertechnik hat dafür gesorgt, dass die »Animal Spirits«, die es natürlich schon immer gab, in kurzer Zeit verheerende Auswirkungen haben können. Der Unterschied zu früher ist der, dass der menschliche Verstand zu selten in Aktion treten muss. Natürliche Schutzreaktionen oder einfach nur ein qualifiziertes Bauchgefühl haben zu selten die Chance zu greifen. Alles geht viel zu schnell, viel zu reibungslos. Verdächtige Aktivitäten können zu lange unbemerkt – da automatisiert – ablaufen, weil an den Finanzplätzen kaum noch miteinander gesprochen wird; der zwischenmenschliche Kontakt beim Handeln ist weitgehend überflüssig geworden.

Bekommen gierige Menschen Zugriff auf dieses System, können sie viel Unheil anrichten. Werden diese gierigen Menschen auch noch von unkritischen, möglicherweise sogar noch unqualifizierten Führungskräften an der langen Leine gelassen, wie die berühmten Pleitebanker der Wall Street 2008, steigt das Risiko ins Unermessliche.

Deshalb sind die Verhaltensökonomie und die Rückkehr der Bedeutung des Menschlichen in die Wirtschaftswissenschaften von so großer Bedeutung: Ihre Aufgabe ist es, ökonomisches Handeln kritisch zu hinterfragen und den irrationalen Faktoren der Wirtschaft Rechnung zu tragen.

Zwingende Veränderungen kann man bremsen – aber nicht aufhalten

Dennis Snower wies, bei aller Zuversicht, im Interview mit der *Financial Times Deutschland* auch darauf hin, wie stark bisher noch die Gegenwehr der Bestandswahrer unter den Wissenschaftlern sei. Die Vertreter der alten Wirtschaftswissenschaften sind renommierte Professoren, die einen

Ruf zu verlieren haben. Sie lassen nicht ohne Gegenwehr zu, dass die Bedeutung ihres Lebenswerks in Frage gestellt wird. Noch kontrollieren sie große Teile der Forschung und der Veröffentlichungen über ökonomische Themen. Sich an solchen Publikationen zu beteiligen ist jedoch Pflicht für Nachwuchswissenschaftler, bevor sie Karriere und ihren eigenen Einfluss geltend machen können.

Es braucht seine Zeit, solche Bremsmanöver zu überwinden – manchmal sogar einen Generationenwechsel. Doch wenn der erst einmal stattgefunden hat, werden wir anders über Wirtschaft denken als zuvor – und die Wirtschaft wird nach und nach anders ticken. Sollten in der Zwischenzeit weitere Krisen das Vertrauen der Menschen in die bestehenden Verhältnisse noch mehr zerrütten, kann das sogar schneller gehen, als wir heute glauben.

Was ich zeigen möchte: Nicht immer gibt es einen lauten Knall und die Newsticker überschlagen sich, wenn Kritik anfängt, Wirkung zu zeigen. Wenn es um wirklich große Veränderungen geht, dürfen wir uns nicht davon entmutigen lassen, wenn es mal ein bisschen länger dauert. Auch die bedeutendsten Revolutionen haben immer klein begonnen, bis sie zu einem Massenphänomen wurden. Immer hat irgendjemand irgendwann irgendwo den Anfang gemacht.

Deshalb halte ich nichts von der Ausrede: »Ich kann doch sowieso nichts bewirken.« Wenn es um wichtige gesellschaftliche Themen geht, zählt jede Wortmeldung. Denn nur wenn genügend Kritiker den Mut aufbringen, das Wort zu ergreifen, kann daraus irgendwann buchstäblich eine kritische Masse werden.

Bildung will gelernt sein:
Warum unsere Kinder kritische Vorbilder brauchen

Früh übt sich: Der Einfluss kritischer Vorbilder

Um Kritik zu verstehen und andere kritisieren zu können, müssen wir zunächst selbst Normen, Regeln und Kriterien wie ›richtig‹ und ›falsch‹ erfassen und anwenden lernen. Wann Kinder diese Fähigkeit entwickeln, ist in der Entwicklungspsychologie bis heute umstritten.

Der Schweizer Psychologe Jean Piaget (1896–1980) war der Erste, der sich systematisch mit dieser Frage auseinandersetzte. Er führte in der ersten Hälfte des 20. Jahrhunderts Studien durch, in denen er herauszufinden versuchte, ab welchem Alter Kinder Spielregeln nachvollziehen können. Er kam zu dem Schluss, dass die Kleinen erst ab einem Alter von sieben bis acht Jahren in der Lage seien, Spielregeln als eine Abmachung zwischen den Spielenden zu verstehen, die theoretisch auch modifizierbar ist – etwa wenn ein anderes Spiel gespielt oder eine Regel geändert wird. Diese Flexibilität im Denken sei die Voraussetzung dafür, dass nicht immer und überall die gleichen Regeln gelten, sondern verschiedene Umgebungen und Situationen auch unterschiedliche Regeln erfordern. Solange sie das nicht verstehen, seien Kinder nicht in der Lage, beispielsweise Spielkameraden inhaltlich korrekt darauf aufmerksam zu machen, dass ihr Verhalten in einer bestimmten Situation nicht angemessen ist oder sie einen Fehler gemacht haben.

Diese Studien gelten heute allerdings nicht mehr als der Weisheit letzter Schluss, denn Piagets Vorgehensweise hatte einen Pferdefuß: Seine Forschung beruhte auf Gesprächen mit den Kindern, die an den Studien teilnahmen. Inzwischen hat die Entwicklungspsychologie jedoch herausgefunden, dass auch jüngere Kinder bereits deutlich mehr verstehen können – es fehlt ihnen nur an den verbalen Fähigkeiten, es zu erklären. Deshalb, so die weitverbreitete Meinung heute, hat Piaget das Regelverständnis der jüngeren Kinder vermutlich gewaltig unterschätzt.

Der Entwicklungspsychologe Hannes Rakoczy vom Leipziger Max-Planck-Institut für Evolutionäre Anthropologie kam 2008 zu einer abweichenden Folgerung: Bei Versuchen in Leipziger Kindergärten konnte er nachweisen, dass bereits Zwei- bis Dreijährige in der Lage sind, ihre Spielkameraden zu korrigieren, wenn die sich nicht an die gerade geltenden Regeln halten. Dafür wurde den Kindern eigens ein simples Spiel beigebracht, das ›Daxen‹. In den Versuchen diente eine Handpuppe, die von einer Versuchsleiterin geführt wurde, als Regelbrecher: Der Puppen-Spielkamerad betätigte sich gezielt als Spielverderber, indem er im Spiel Fehler machte. Und tatsächlich: Die meisten der Kinder reagierten mit Protest oder Entrüstung, wenn die Handpuppe sich nicht an die Regeln hielt. Gegenproben, bei denen die Regeln des Spiels geändert wurden und die Handpuppe sich korrekt verhielt, bestätigten das Ergebnis: Die Kinder konnten sehr genau einschätzen, wann ihr künstlicher Spielkamerad sich an die aktuell relevanten Regeln hielt und wann nicht. »Die Kinder waren sich also offenbar über den normativen Charakter eines Regelspiels wie Daxen bewusst: Im Kontext des Spiels sind Dinge verboten, die ansonsten völlig okay wären«, wurde Rakoczy in der Online-Ausgabe der *Frankfurter Allgemeinen Zeitung* am 1. Juli 2008 in dem Artikel »Wie Kinder Regeln lernen« zitiert.

Noch heute können Wissenschaftler die Frage nicht mit Sicherheit beantworten, wann genau Kinder die Fähigkeit erwerben, Regeln zu verstehen. Doch Versuche jüngeren Datums zeigen: Sie können es lange bevor sie eingeschult werden. Der Erwerb dieses Wissens und der Fähigkeit, es auf ihre Umwelt anzuwenden, beginnt also schon in frühester Kindheit. Die ersten Autoritätspersonen, mit denen das Kind zu tun hat – in der Regel die Eltern –, dienen als prägende Vorbilder beim Erlernen von Regeln und Kriterien.

Je älter die Kinder werden, desto besser können sie Regeln erklären, reproduzieren und abwandeln. Diese Fähigkeiten sind im Einschulungsalter bereits vorhanden. An diesem Punkt nehmen Kinder jedoch zum Beispiel moralische Regeln noch als gegeben hin – etwa, dass man niemanden hauen darf. Sie stellen noch keine reflektierten Überlegungen an über den Sinn und die Berechtigung von Regeln. Beispielsweise kämen sie nicht auf die Idee, dass in anderen Kulturen das Essen mit den Fingern möglicherweise kein Regelbruch sein könnte. Erst mit etwa zehn Jahren beginnen sie langsam, aktiv über Regeln nachzudenken, und sind auch in der Lage, sie zu hinterfragen.

All diese Stufen sind wichtig für die Fähigkeit, Kritik zu verstehen und zu üben. Der Grundstein wird bereits vor der Schulzeit gelegt. Doch eine entscheidende Phase dieses Prozesses fällt mitten in die ersten Schuljahre, wenn Kinder ihre verbalen Kompetenzen ausbauen und Regeln reflektieren und hinterfragen lernen. Viele Lernfortschritte, die für das Kritisieren relevant sind, schwanken auch noch im Teenageralter und sind sogar darüber hinaus vom persönlichen Reifeprozess abhängig: die Form, in der Kinder Kritik an ihren Mitmenschen äußern, wie sie mit Grenzen umgehen, wie sie auf individuelle Unterschiede zwischen einzelnen Menschen und sozialen Gruppen reagieren, wie sie sich in andere Menschen hineinzuversetzen vermögen.

Kurzum: Wie unsere Kinder im Erwachsenenalter mit Kritik umgehen und ihrerseits andere Menschen kritisieren werden, hängt von den Vorbildern ab, von denen sie sich diese Fähigkeiten abschauen. Hier fällt vor allem den Eltern eine Schlüsselrolle zu. Entscheidende Entwicklungsschritte hängen jedoch in hohem Maße auch davon ab, was den Kindern in der Schule vorgelebt wird. Dort werden sie erstmals systematisch an ihren Leistungen gemessen und dafür kritisiert.

Viele Eltern nehmen heute ihren Kindern gegenüber eher eine partnerschaftliche als eine autoritäre Rolle ein (eine Erziehungsmethode, die viele Psychologen bemängeln, weil sie die beschriebenen Entwicklungsaspekte behindert). Diese Kinder erfahren in der Schule möglicherweise zum ersten Mal, dass man sich an Regeln halten muss und nur Anerkennung und Belohnungen zu erwarten hat, wenn man entsprechende Leistungen erbringt.

Der Einfluss von Lehrern auf die kritischen Kompetenzen der Kinder darf also nicht unterschätzt werden. Leider tut das Bildungssystem jedoch relativ wenig dafür, unseren Kindern Kritik als Schlüsselkompetenz beizubringen.

Anspruch und Wirklichkeit der Bildung

Zwei Dinge möchte ich gleich klarstellen: Eine Generalverdammung der deutschen Lehrerschaft ist von mir nicht zu erwarten. Und ich bin auch nicht gegen Schulnoten.

Trotzdem bin ich der Meinung, dass bei der Kommunikation in der Schule einiges zu kurz kommt. Und das hat sowohl mit der Gestaltung des Unterrichts als auch mit der Art zu tun, wie Schulnoten vergeben werden.

Mein Klassenlehrer in der fünften Klasse hieß Kunisch. Wir mochten ihn alle, weil er mehr war als ein Lehrer. Er bemühte sich stets, uns ein Vorbild zu sein. Er wollte, dass wir von ihm etwas über das Leben lernen – nicht nur über Deutsch, sein Unterrichtsfach. Der Grund, warum wir ihn dabei ernster nahmen als manch anderen Lehrer: Er versuchte nicht, uns etwas vorzumachen.

Einmal regte sich nach einer Klassenarbeit, die schlecht ausgefallen war, Protest: »Wir können doch nicht alles wissen!« Einige in der Klasse waren deprimiert, wie man all das lernen solle, was man im Leben wissen muss – wenn schon eine Klassenarbeit so schwierig war! Die Antwort von Herrn Kunisch: »Ihr müsst im Leben nicht immer alles wissen. Ihr müsst nur wissen, wo es steht.«

Herr Kunisch war, ohne darauf pochen zu müssen, fraglos immer der Chef im Klassenzimmer. Dennoch behandelte er uns stets auf Augenhöhe. Das gelang ihm, indem er dafür sorgte, dass es neben der sachlichen Ebene zwischen uns Schülern und ihm auch eine Beziehungsebene gab. Er beschränkte sich nicht auf die Lektionen, die der Lehrplan vorgab. Es war ihm ein Bedürfnis, uns über die Wissensvermittlung hinaus auch menschlich auf die Zukunft vorzubereiten. Und es gelang ihm ein ums andere Mal eindrucksvoll.

Wenn Sie selbst auch nur einen besonderen Lehrer in Ihrer Schulzeit hatten, können Sie nachvollziehen, was ich meine: Kein Geschichtsbuch dieser Welt kann einem jungen Menschen so viel beibringen wie ein alter Kriegsveteran mit Glasauge, der aus dem Nähkästchen plaudert. Doch nicht nur seine Geschichten mochten wir an Herrn Kunisch, sondern auch die Tatsache, dass er uns fair behandelte. Er war streng, aber gerecht – und genauso vergab er auch seine Noten.

Zum Glück gibt es solche Lehrer auch heute noch – auch wenn man immer wieder hört, wie über diesen Berufsstand hergezogen wird. Meine ältere Tochter hat eine Lieblingslehrerin, die in der ganzen Schule wegen ihrer warmherzigen Art sehr beliebt ist. Mit Herrn Kunisch hat sie gemeinsam, dass sie das Klassenzimmer nicht mit dem Ziel betritt, Punkte auf einem Lehrplan abzuhaken – sondern um junge Menschen auf das Leben vorzubereiten.

Leider ist das bei jüngeren Lehrern mit weniger Unterrichtspraxis heute anders. Bei manchen von ihnen habe ich den Eindruck, dass sie zu unkritisch mit den Lehrplänen umgehen. Da ist das Fachwissen, das der Lehrplan in jedem Unterrichtsfach vorschreibt, auf der einen Seite. Und dann sind da noch die Kompetenzen, die Kinder ebenso erlernen müssen – besonders die, die mit Kommunikation zu tun haben. Beides ist für die Entwicklung der Kinder notwendig. Doch die Realität des Unterrichts fällt oft einseitig zugunsten des Lehrplanwissens aus.

Schuld an diesem Dilemma sind in den meisten Fällen sicher nicht die Lehrer, sondern die Vorgaben von Beamten, die fernab vom Schulalltag über die Lehrpläne entscheiden. Wenn ich vergleiche, was meine Töchter heute schon in den unteren Klassenstufen lernen müssen, dann sind die Ansprüche gegenüber meiner Schulzeit schon gewaltig gestiegen. Kein Wunder also, dass im Unterricht immer weniger Zeit für andere Kompetenzen bleibt. Doch ist es heute nicht wichtiger denn je, dass Kinder und Jugendliche in der Schule lernen, empathisch und teamorientiert zu denken? Wenn der Schulunterricht nur darin besteht, Faktenwissen wie am Fließband abzuarbeiten, geht diese wichtige Aufgabe von Bildung einfach unter.

Eine Wertungskelle macht noch keinen Kritiker

Auch die Praxis der Notenvergabe leidet unter dem enormen Druck, der auf Schülern und Lehrern lastet. Ich halte das für ein ernstes Problem, denn ich finde Schulnoten sehr wichtig – wenn sie richtig eingesetzt werden. Die Bewertung bei *Let's Dance* folgt einem klaren Muster: Jeder Kandidat (und natürlich das Publikum) bekommt zunächst die ausführliche Begründung aller drei Juroren zu hören. Das sorgt für ein ausgewogenes Gesamtbild: Zum einen achtet jeder Wertungsrichter auf unterschiedliche Aspekte. Wenn ich etwas an der Beinarbeit zu bemängeln habe, bekommt die Kandidatin von Jorge vielleicht ein Kompliment für ihre eleganten Bewegungen und von Motsi für ihren charakterstarken Ausdruck.

Bei der Beurteilung selbst wird nicht nur die aktuelle Performance isoliert betrachtet. Wir thematisieren häufig auch den Fortschritt gegenüber den Vorwochen. Vor allem aber geben wir in den meisten Fällen konkrete Hinweise, wie sich der jeweilige Kandidat noch weiter verbessern kann und worauf er beim Training für die Folgewoche achten sollte. So werden verschiedene Leistungsebenen bewertet, und die rein fachliche Komponente steht nicht allein. Für den Gesamteindruck einer Tanzperformance spielen verschiedene Faktoren eine Rolle, und eine differenzierte Bewertung beschränkt sich nicht auf einen einzelnen Aspekt. So fließen die individuellen Stärken und Schwächen jedes Kandidaten in die Bewertung ein. Dadurch kann er sich ein umfassendes Bild davon machen, wie er seine Stärken beim nächsten Mal noch besser einsetzen kann und woran er noch zu arbeiten hat.

Erst nachdem die Tanzpaare die verbalen Urteile aller Juroren gehört haben, ziehen wir unsere gefürchteten Bewertungskellen mit der jeweiligen Punktzahl von 1 (miserabel) bis 10 (hervorragend). Ich bin bekannt dafür, besonders zu Beginn einer Staffel häufig die Zwei oder die Drei zu ziehen. Das tue ich nicht etwa des dramatischen Effekts wegen, sondern weil ich neutral bewerte – nicht nach Sympathie oder Körbchengröße, sondern allein nach der Performance. Es leuchtet doch ein, dass ein Kandidat, der keine Tanzausbildung genossen und noch nie mit Anspruch getanzt hat, gewöhnlich in der ersten Sendung keine hohe Wertung von einem professionellen Wertungsrichter bekommen wird. In aller Regel sorgt die intensive Arbeit während einer Staffel dafür, dass die Paare, die es bis in die letzten Sendungen schaffen, auch von mir mal hohe Punktzahlen bekommen. Nicht weil das Publikum sich darüber freut, wenn ihre erklärten Lieblinge gut bewertet werden – sondern weil sie ganz einfach große Fortschritte gemacht haben. Würde ich gleich zu Beginn höhere Punkte austeilen, müsste ich bei der schnellen Leistungsentwicklung der besseren Paare am Ende Wertungen vergeben, die es gar nicht gibt. Und das ist nicht Sinn und Zweck ehrlicher Kritik: Lob gibt es für Leistung, nicht für die Teilnahme.

Mit den Wertungspunkten und Hinweisen wird der Kandidat nach der Sendung nicht allein gelassen. Neben ihm steht sein professioneller Tanzpartner oder seine Tanzpartnerin, die sie oder ihn auch beim Training begleitet und bei der Umsetzung der Hinweise unterstützen kann. In der Regel entwickelt sich zwischen den Tanzpartnern eine intensive, vertraute Beziehung – immerhin arbeiten sie wochenlang den ganzen Tag unter hohem Druck zusammen. Bei einer schlechten Bewertung kann der Profi den Amateur nicht nur emotional auffangen, sondern ihm auch gezielt Hilfestellung geben, damit sich die Leistung beim nächsten Mal erhöht.

Ich will nichts verherrlichen: *Let's Dance* ist eine Unterhaltungssendung. Bei unseren Jury-Urteilen spielen viele Faktoren keine Rolle, die bei alltäglichen Anlässen für Kritik zum Tragen kommen – etwa bei Leistungsbewertungen in der Schule. Die Punkte, die wir vergeben, und die Worte, die wir den Kandidaten mit auf den Weg geben, haben normalerweise keine existentiellen Auswirkungen auf ihre Zukunft. Sie müssen bei uns keinen Bildungsabschluss machen, der in hohem Maße darüber entscheidet, wie ihr weiteres Leben verläuft. Und sie sind auch keine unerfahrenen Jugendlichen, denen man mit falsch formulierter Kritik oder einer der niedrigeren Wertungskellen ernsthaft weh tun oder die Zukunft verbauen könnte.

Keine Sorge also: Ich werde jetzt nicht dafür plädieren, dass Schüler ihre Noten zukünftig von Jurys mit Wertungskellen bekommen. Ich werde auch nicht vorschlagen, dass jede Schule einen Jorge bekommt, der dafür sorgt, dass die Outfits von Siebtklässlerinnen in ihre Zeugnisnoten einfließen. Was das betrifft, gehen die jungen Leute unter sich schon kritisch genug miteinander um ...

Bei genauer Betrachtung fällt mir allerdings auf, dass unsere Form der Leistungsbewertung durchaus Ähnlichkeiten mit einigen Methoden hat, die den Unterschied zwischen guten und weniger guten Bildungseinrichtungen ausmachen. Aber lassen Sie uns erst einmal einen Blick auf den Schulalltag werfen, wie Sie ihn vielleicht auch von Ihren Kindern kennen.

Schulnoten ja – aber nicht nur!

In vielen Schulen sieht die Praxis der Notenvergabe im Alltag leider so aus: Die Lehrerin betritt die Klasse, möglicherweise mit genervtem Gesichtsausdruck wegen des schlechten Klassendurchschnitts. Vielleicht sagt sie noch ein paar Worte darüber, wie sich die Gruppe insgesamt geschlagen hat. Dann landet die Arbeit jedes Schülers vor seiner Nase. Alle blättern zur letzten Seite, wo die Note steht. Entsetzen bei einigen, Freude bei anderen. Einige blättern zurück, schauen auf die roten Markierungen in ihrer Arbeit: ein paar Striche, mehr oder weniger »F« für Fehler, vielleicht ein paar »A« für Ausdruck, mit Glück auch mal ein »Gut!« neben gelungenen Passagen. Und das war's dann mit der Kritik. Thema abgeschlossen, zurück zum Lehrplan, nächster Punkt.

Und jetzt frage ich Sie: Wie, um alles in der Welt, soll sich ein Kind auf dieser Grundlage verbessern? Womit soll es arbeiten? Wo sind die konstruktiven Vorschläge? Bei einer Mathearbeit mag das noch gehen – die Berechnung ist entweder falsch oder richtig. Ohne den richtigen Lösungsweg zum Abgleich ist das »F« trotzdem nicht sehr hilfreich. Aber bei einem Deutschaufsatz, zum Beispiel einer Textinterpretation? Wie viel Aussagekraft hat da eine einzelne Note, wenn sie nicht von einer individuellen Erläuterung begleitet wird?

Um es noch einmal zu betonen: Ich bin dafür, dass auch weiterhin Schulnoten vergeben werden. Mit ihnen bekommen die Schüler am Ende jedes Schuljahres (und im Jahresverlauf in mehreren Tests) ein klares Ergebnis. Das sorgt für Orientierung und gibt Aufschluss über die Gesamtentwicklung seit der letzten vergleichbaren Notenvergabe. Die Noten helfen den Kindern, ein gesundes Verhältnis zu Leistung und Wettbewerb zu entwickeln.

Bewertet werden sie nämlich auch später, an der Uni und im Berufsleben. Qualifikation dauert in vielen Berufen inzwischen ein Leben lang, und der Wettbewerb, zumal der globale, wird immer intensiver. Wer in der Schule nicht lernt, sich an seinen Leistungen messen zu lassen, hat später ein ernstes Problem. Auch an der Uni muss man damit klarkommen, mal durch eine Prüfung zu rauschen. Und später im Job wird – leider – nicht immer neutral bewertet.

Je früher unsere Kinder lernen, dass Kritik an ihren Leistungen sie nach vorn bringen kann, desto besser. Je früher sie begreifen, dass der richtige Umgang mit Kritik ihnen in jedem Wettbewerb einen Vorteil bringt, desto erfolgreicher werden sie später sein. Je mehr Spaß sie daran entwickeln, sich positive Kritiken zu erarbeiten, desto mehr Erfolgserlebnisse werden sie haben – nicht nur in der Schule, sondern für den Rest ihres Lebens.

Es gibt inzwischen beispielhafte Schulen, die ihre Schüler in einem konstruktiven kritischen Prozess gezielt fördern, ohne auf Schulnoten zu verzichten. Eine dieser Schulen ist die Lobdeburgschule in Jena, über die das Wirtschaftsmagazin *brandeins* in einem Schwerpunkt-Dossier zu Bildungsthemen in der Reportage »Das schiefe Bild von Pisa« berichtete.

An der Lobdeburgschule steht den Lehrern jede Menge Freiraum zur Verfügung, um auf die Bedürfnisse der einzelnen Schüler einzugehen. Bei den Abschlüssen ist die Gemeinschaftsschule sowohl nach oben als auch nach unten offen. Das heißt, Schüler können je nach Entwicklung in eine andere Schulform wechseln. Teams von Lehrern kümmern sich intensiv um Klassen, die langfristig zusammenbleiben. Wie eine Jury mit unterschiedlichen fachlichen und menschlichen Schwerpunkten betrachten sie die Entwicklung der Schüler fortlaufend und ganzheitlich und stehen dabei in ständigem Austausch. Für jeden Schüler werden individuelle

Lernziele vereinbart und konkrete Fördermaßnahmen auf seine Bedürfnisse abgestimmt – und zwar vom lernbehinderten Schüler bis hin zum Hochbegabten. Die Lernzeiten sind flexibel und nicht an starre 45-minütige Unterrichtsfenster gebunden. Zusätzlich gibt es Tutorien, in denen die Schüler sich bei den Lehrern gezielt Hilfe holen können, wenn sie zum Beispiel mit bestimmten Lerninhalten Probleme haben oder mit schwierigen Aufgaben nicht allein zurechtkommen. Bis hin zur Direktorin bieten die Lehrer diese Unterstützung an. In dieser Schule wird also niemand unkommentiert mit einer Note alleingelassen. Für jeden ist gesorgt; jeder bekommt das Maß an Motivation und Kritik, das er braucht. Jeder wird da abgeholt und nötigenfalls auch aufgefangen, wo er steht. Mit ihrem Bedarf an Feedback, zum Beispiel nach einer Klassenarbeit, stehen die Schüler nicht allein da. Und eine schlechte Note steht nicht für sich: Die Lehrer begleiten gezielt die Entwicklung jedes einzelnen Kindes. Damit wird der demotivierende Effekt vermieden, den eine schlechte Note haben kann, die nicht kommentiert und schon gar nicht von konstruktiven Hinweisen begleitet wird.

Ein bisschen wie bei *Let's Dance*, finden Sie nicht?

Die naheliegende Schlussfolgerung: Das Geheimnis guter Bildung liegt in der Ausbildung und Arbeitseinstellung der Lehrer. *brandeins* zitierte in diesem Zusammenhang Eckhard Klieme, den Leiter des Deutschen Instituts für Internationale Pädagogische Forschung (DIPF) in Frankfurt am Main: »Es muss die Bereitschaft der Lehrer da sein, den Unterricht ständig zu evaluieren und zu verbessern, sowohl im Team innerhalb der Schule als auch mit externer Hilfe.« Man muss nicht lange über diese Worte nachdenken, um zu erkennen, dass kritikfähige Lehrer die besseren Lehrer sind – solche Pädagogen, die bereit sind, sich ständig weiterzuentwickeln. Es liegt auf der Hand, dass sie die besseren Vorbilder sind.

Denn immerhin geht es in der Schule nicht allein darum, dass Kinder bestimmte Aspekte von Fachwissen abhaken wie die Artikel auf einer Einkaufsliste. Sondern darum, dass sie eine Lernmotivation und eine Leistungsbereitschaft entwickeln, die sie zufrieden und konkurrenzfähig machen. Die Realität sieht leider noch oft anders aus, wie es im Artikel »Das schiefe Bild von Pisa« heißt:»Denn sich ständig überprüfen und die eigene Arbeit spiegeln zu lassen ist anstrengend und vielen Schulen zu unbequem. Es bedeutet, Fehler zu erkennen und Konsequenzen daraus zu ziehen, zum Beispiel unglücklich agierende Lehrer von Klassen abzuziehen oder sie in Fortbildung zu schicken.« Dabei ist gute Bildung letztlich keine Hexerei:»Gute Pädagogik liegt nicht in den Genen. Man kann das lernen und trainieren«, sagte Eckhard Klieme vom DIPF *brandeins*.

Für mehr Kritikfähigkeit im Bildungssystem

Damit hat Klieme den kritischen Punkt angesprochen: Mehr als jeder andere Berufszweig brauchen Lehrer für ihre verantwortungsvolle Aufgabe kritische Kompetenzen. Sie müssen genauso viel Gewicht in der Lehrerausbildung bekommen wie die Vermittlung von Fachwissen. Lehrer müssen konstruktive Kritik über die Vergabe von Schulnoten hinaus üben können und in der Lage sein, selbstkritisch die eigenen Kompetenzen zu überprüfen.

Doch die Verantwortung liegt nicht allein bei den Lehrern. Im internationalen Vergleich scheint mir die Forderung nach mehr Ehrlichkeit angebracht: Das Bildungssystem, mit all seinen Verzweigungen in Politik und Verwaltung, muss endlich selbstkritischer werden. Sonst werden wir auch in den nächsten PISA-Studien schlechter dastehen als andere Länder, in denen moderne wissenschaftliche Erkenntnisse aktiv eingebunden werden. Unser Bildungssystem braucht mehr Mut zur ehrlichen Selbstkritik und die Bereitschaft, Feedback von außen konstruktiv umzusetzen.

Warum unterscheiden sich noch immer die Anforderungen für das Abitur von Bundesland zu Bundesland, sodass Schüler in bestimmten Ländern eine schlechtere Bildung bekommen? Warum können nicht auch wir den Mut zur Veränderung aufbringen und innovative Bildungskonzepte in Betracht ziehen, ohne mit den Schulnoten gleich den Leistungsgedanken abzuschaffen? Der ist für mich nach wie vor und jenseits allen Fachwissens eine zentrale Aufgabe von Bildung. Ohne Leistung bleiben wir nicht konkurrenzfähig – als Menschen wie als führende Wirtschaftsnation.

Außerdem dürfen die langen Listen von Fachwissen in den Lehrplänen nicht verhindern, dass im Unterricht Zeit für andere Kompetenzen bleibt – und für kritische Reflexion sowie gezielte individuelle Förderung. Die Lösung für die immer weiter ansteigenden Fluten von Fachwissen kann nicht darin liegen, dass die Lehrer sich gezwungen sehen, an der Kommunikation zu sparen. Lehrkräfte müssen in die Lage versetzt werden, kritisch mit den Lehrplänen umzugehen und adäquate Schwerpunkte zu setzen. Nur sie sitzen den Schülern im Unterricht gegenüber; nur sie können entscheiden, was ein Kind gerade braucht. Dafür muss – bei allem gesunden Leistungsdruck – Raum sein. Und sie müssen bei alldem auch noch die Möglichkeit haben, sich selbstkritisch mit ihrer eigenen Arbeit auseinanderzusetzen und sich zu verbessern.

Ich wünsche mir für meine Töchter Lehrer, die ihnen Vorbilder fürs Leben sind – so wie Herr Kunisch es damals für mich war. Zum Glück sind sie auf einer Schule, in der es viele solcher Lehrer gibt. Ihre Zeugnisse enthalten außer den Noten ausführliche Bewertungen, die auf die Lernfortschritte seit dem letzten Schuljahr verweisen und darlegen, wo ihre Potentiale für das nächste Schuljahr liegen. An manchen Schulen hat sich zweifellos in dieser Hinsicht schon einiges getan: Solche Erläuterungen gab es in meiner Schulzeit nicht.

Eines will ich auf keinen Fall unterschlagen: Die wichtigsten Vorbilder für unsere Kinder sind noch immer wir Eltern. Schule kann vieles, und vieles auch besser als die Eltern. Doch in den entscheidenden Punkten der Entwicklung kritischer Kompetenzen sind Eltern und Schule gemeinsam gefordert. Beide teilen sich die Aufgabe, den künftigen Leistungsträgern beizubringen, worauf es in einer wettbewerbsorientierten Gesellschaft ankommt: Grundwerte zu erklären und zu diskutieren, verschiedene Ansichten wohlwollend zu thematisieren, konstruktiv mit den Gegebenheiten einer sich ständig verändernden Welt umzugehen, und vor allem: ehrlich mit sich selbst und den anderen zu sein. Nur dann werden unsere Kinder zu diskursfähigen, leistungsbereiten und vor allem glücklichen – weil bewussten und ausgeglichenen – Erwachsenen. Vom Zusammenspiel von Eltern und Schule, Erziehung und Bildung, Motivation und Kritik hängt die Zukunft unserer Kinder ab.

Ob als Eltern oder Lehrer: Den größten Gefallen tun wir Kindern damit, dass wir ihnen als kritische Vorbilder vorangehen. Auch dann, wenn sie das gerade mal nicht so gut finden.

Voneinander lernen:
Die Zukunft gehört den Kritikfähigen

Die Vorteile der Altersweitsichtigkeit

Als junger Tänzer trainierte ich oft in England: Es war von Mitte der 70er- bis Mitte der 90er-Jahre ein Mekka des Tanzsports; britische Toptänzer dominierten in dieser Zeit die internationalen Wettkämpfe. Das lag in erster Linie daran, dass es in England einige hervorragende Trainer gab, die in ihrer aktiven Zeit ebenfalls international führend gewesen waren. Einer von ihnen, Michael Stylianos, war mehrfacher Weltmeister – eine Legende in der Szene. Nach dem Ende seiner aktiven Laufbahn wurde er zu einem der begehrtesten Tanztrainer weltweit. Auch ich bereitete mich damals mit meiner Partnerin regelmäßig bei ihm auf große Turniere vor.

Was wir von ihm lernten, ging weit über Technik, Haltung und Trainingsmethoden hinaus. Nicht nur seine Qualifikation machte Stylianos zu einem außergewöhnlichen Trainer, sondern vor allem seine Wettkampferfahrung als Tänzer. Er hatte Tipps und Tricks auf Lager, die man in keinem Kurs und aus keinem Lehrbuch lernen kann.

Als subjektive Sportart hat das Tanzen seine ganz eigenen ungeschriebenen Regeln, die im Spitzenbereich den Unterschied zwischen einer soliden Leistung und dem Siegertreppchen ausmachen können. Ab einem bestimmten Punkt ist es mit technischem Feintuning nicht mehr getan. Wenn die Leistungen der Konkurrenten nahe beieinanderliegen, zählen

andere Aspekte: Das Wettkampfverhalten, in all seinen subtilen Nuancen, kann zum Zünglein an der Waage werden.
Diese Nuancen sind oft psychologischer Natur. Bei der
Beinarbeit oder den Drehungen gibt es wenig Spielraum:
Jeder neutrale, professionelle Wertungsrichter wird von zwei
Tänzern den besseren erkennen können, selbst wenn in den
letzten Runden eines wichtigen Turniers die Unterschiede gering sind. Doch das Tanzen ist eben auch eine Show. Ein Paar,
das in der Lage ist, die richtigen Knöpfe zu drücken, kann sich
bei technischem Gleichstand durch einen besseren Gesamteindruck den entscheidenden Vorteil verschaffen.

In einer solchen Situation sind junge Tänzer, so gut sie auch
sein mögen, auf die Erfahrung eines alten Hasen angewiesen.
Einen, der viele Male selbst in einer solchen Situation auf dem
Parkett gestanden hat. Der neben der Konkurrenz auch noch
die Psychologie des Wettkampfs aus eigener Erfahrung kennt.

1990 nahmen wir mit Stylianos als Co-Trainer neben unserem langjährigen Mentor Karl Breuer an den Deutschen
Meisterschaften teil. Die Vorrunde meisterten wir problem-
los, wie auch in den Vorjahren. Die Endrunde jedoch, das
wussten wir, würde hart werden: Wir würden gegen einige
Paare tanzen müssen, die wir als schwere Gegner kannten.
Zuletzt waren wir in dieser Konkurrenz über einen fünften
oder sechsten Platz nicht hinausgekommen. Wir wollten endlich aufs Siegertreppchen. Doch was sollten wir anders machen als in den Vorjahren?

Bei einem Tanzturnier wechseln die Damen in jeder Runde
ihr Kostüm. Die Kostümwahl wird zuvor genau durchdacht:
Das Kleid muss zum Tanz passen, es muss modern sein und
die physischen und tänzerischen Vorzüge betonen. Wenn das
Kleid einer Tänzerin neben denen der Konkurrenz positiv auf-
fällt, ist das ein Vorzug: Es trägt, wenn auch unbewusst, zum
subjektiven Eindruck der Darbietung bei. Natürlich würde

Miss Piggy auch in einem Traum von Kleid keinen Profiwettkampf gewinnen, weil es ihr im Vergleich zu anderen Tänzerinnen an Agilität und Beweglichkeit fehlen würde. Doch wenn alle Tänzerinnen durchtrainiert sind und phantastisch aussehen – und alles andere wäre in einem Profiturnier eine Überraschung –, hat die mit dem besten Kostüm einen subtilen psychologischen Vorteil: Sie fällt stärker auf. Und wenn zehn hervorragende Paare gleichzeitig auf dem Parkett sind, ist Auffallen Trumpf. Alle Stärke nützt nichts, wenn sie nicht ausreichend zur Geltung kommt.

Heute weiß ich das – damals war es mir nicht klar. Während meine Partnerin und ich uns auf die Technik konzentrierten und noch einmal unsere Abläufe durchgingen, war Trainer Stylianos in anderer Mission unterwegs. Er sah sich die Konkurrenz an. Und stellte fest, dass sechs der Mädchen, gegen die wir gleich tanzen würden, in der Endrunde weiße Kleider tragen würden – genau wie meine Partnerin. Das Parkett würde wie eine Wiese mit Gänseblümchen aussehen. Einem anderen Trainer wäre das vielleicht nicht aufgefallen, doch Stylianos war damals auch Trainer der englischen Eistanzweltmeister Jayne Torvill und Christopher Dean.

Stylianos stellte fest: Hier ist ein Vorteil für euch drin. Im Gegensatz zu uns wusste er nämlich aus jahrzehntelanger Wettkampferfahrung um die Bedeutung der Kostümwahl bei einer engen Konkurrenz. Wie fällt man in einer Wiese voller Gänseblümchen auf? Als Klatschmohn. Er riet meiner Partnerin, von dem weißen Finalkleid abzusehen und stattdessen auch in der Endrunde auf das rote Kleid aus der Vorrunde zu setzen. Sie hörte auf seinen Rat.

Ich kann nicht beweisen, dass das rote Kleid einen entscheidenden Einfluss auf den Ausgang des Turniers hatte. Fest steht: Im Gegensatz zu den Vorjahren erreichten wir unser Ziel. Statt wie zuvor auf dem fünften oder sechsten Platz zu landen, erreichten wir dieses Mal den dritten Platz – und damit das Treppchen.

Es war nicht der einzige Rat eines erfahrenen Trainers, von dem wir noch Jahre später zehren konnten. Von unserem großartigen Stammtrainer Karl Breuer, Moderator der ersten Tanzshow im ZDF, habe ich viel über taktisches Wettkampfverhalten gelernt. Zum Beispiel, dass ein guter Tänzer neben weniger guten Tänzern besser wirkt als neben einem noch besseren. Wenn die Paare gleichzeitig auf dem Parkett sind, kann man als Tänzer Einfluss auf die Aufstellung ausüben. Karl Breuer brachte mir bei, mich nie neben meinem stärksten Konkurrenten aufzustellen. Denn wenn ich direkt neben ihm tanzte, würde der Eindruck, den ich auf die Wertungsrichter mache, unter dem direkten Vergleich leiden. Er dagegen würde davon profitieren. Mit einigem Abstand, am gegenüberliegenden Ende der Tanzfläche, würde ein technischer Nachteil meinerseits subjektiv weniger stark ins Gewicht fallen.

Natürlich machen solche Nuancen nicht den Unterschied zwischen dem vierten und dem ersten Platz aus. Den Unterschied zwischen dem vierten und dem dritten Platz aber möglicherweise doch. Auch der professionellste Wertungsrichter ist kein Roboter: Er kann letztlich auch nur seinen Augen trauen.

Um solche Nuancen überhaupt wahrzunehmen wie Michael Stylianos damals bei den Deutschen Meisterschaften, braucht man zweierlei: zum einen den Überblick des Kenners über die Konkurrenz mit all ihren Stärken und Schwächen. Diesen analytischen Blick kann man sich nur durch jahrzehntelange Beobachtung antrainieren. Und zum andern das Wissen, welche Faktoren in welcher Konstellation den entscheidenden Unterschied ausmachen können. Auch das eine Frage der Erfahrung aus unzähligen Wettkämpfen. Nur wer viele Vergleichswerte aus unterschiedlichsten Situationen hat, kann daraus brauchbare Schlüsse ziehen.

Diese Altersweitsichtigkeit eines alten Hasen ist durch nichts zu ersetzen. Wo jede Qualifikation an ihre natürlichen Grenzen stößt, ist taktisches Fingerspitzengefühl gefragt. Und das kann uns nur ein Kritiker vermitteln, der neben der Qualifikation auch die notwendige Erfahrung mitbringt. Ein junger Tänzer, der von einem erfahrenen Profi keinen Rat annehmen will, hat im Tanzsport sehr schlechte Karten. Und ich wage zu behaupten: nicht nur dort.

Den alten Haudegen eine Chance

Ich bin der Meinung, dass fast jedes Unternehmen von einer demographischen Mischung profitiert, in der älteren Mitarbeitern eine gewichtige Rolle zufällt. Deshalb sehe ich der weiteren Überalterung, die uns in den nächsten Jahren ereilen wird, weniger ängstlich entgehen als manch anderer.

Wegen ihrer Altersweitsichtigkeit und ihres Erfahrungswissens bilden erfahrene Kollegen, wie es zum Beispiel in meiner Anfangszeit an der Düsseldorfer Börse die Kursmakler Albert Bürger, Klaus König und Manfred Krewinkel waren, einen wichtigen Counterpart zu den jungen, dynamischen Heißspornen. Das weiß ich nicht zuletzt deshalb, weil ich auch mal einer war. So vieles an der Börse hätte ich entweder nie oder viel zu spät verstanden, wenn diese alten Haudegen des Düsseldorfer Parketts es mir nicht beigebracht hätten.

Die Bedeutung von Erfahrung im Tagesgeschäft erschließt sich schnell: Nehmen wir an, der Kurs einer bestimmten Aktie sackt ab. Als unerfahrener Makler bin ich vielleicht versucht, den Bestand meiner Kunden zügig abzustoßen, bevor der Kurs völlig in den Keller rutscht. Bis ein erfahrener Kollege kommt und mir das ganz schnell wieder ausredet. Möglicherweise hat er eine Erklärung für den Kursabfall, die mir gar nicht in den Sinn gekommen wäre. Zum Beispiel, weil er sich an eine ähnliche Entwicklung einer vergleichbaren Aktie vor Jahren erinnern kann, die Gemeinsamkeiten mit der aktuellen Situation aufweist. Er weiß aus Erfahrung, was ich nicht weiß: dass es sich höchstwahrscheinlich nur um eine kurzfristige Schwankung handelt. Die Aktien abzustoßen wäre ein Fehler, von dem schon kurz darauf andere profitieren würden.

Solche Spezialkenntnisse, die oft kein Lehrbuch vermitteln kann, gibt es in jeder Branche und in jedem Unternehmen. Haben Sie sich auch schon mal gefragt, warum die 60-jährige Chefsekretärin in Ihrem Unternehmen seit dreißig Jahren an ihrem Platz sitzt? Und das, obwohl sie ein echter Drachen zu sein scheint, den alle meiden wie der Teufel das Weihwasser ... Wieso sitzt die immer noch da, während ihr Chef, der Geschäftsführer, doch in derselben Zeit schon zehnmal gewechselt hat? Warum hat nicht längst eine Jüngere mit einem modernen Serviceverständnis, einem netten Lächeln und einem hübschen Dekolleté, die auch noch in aktueller Bürotechnik viel versierter ist als die alte Hexe, ihren Platz eingenommen?

Für dieses Vorzimmerphänomen, das in vielen deutschen Unternehmen anzutreffen ist, gibt es eine einfache Erklärung. Jeder neue Chef wäre mit dem Klammerbeutel gepudert, den alten Vorzimmerterrier auszutauschen. Sie hat ihm nämlich viel Wichtigeres zu bieten als ein hübsches Dekolleté: Sie weiß alles, was er nicht weiß. Sie kennt das Unternehmen in- und auswendig. Sie weiß, an wen man sich wenden muss, wenn man etwas braucht. Wer mit wem gut kann und wo im Team die Sollbruchstellen liegen. Sie kann einschätzen, wer unter dem Vorgänger jahrelang vergeblich auf eine Beförderung gewartet hat – und sich für den neuen Chef krummarbeiten wird, wenn er sie endlich bekommt. Plant der Neue eine Umstrukturierung, wird sie ihm schon vorher sagen können, wie die Mannschaft das aufnehmen wird. Ganz zu schweigen davon, dass sie die gesamte Infrastruktur des Unternehmens im Schlaf beherrscht.

Deshalb sollte man den Einfluss der Damen im Vorzimmer nie unterschätzen: So manche von ihnen hat schon Dutzenden von Kollegen die Arbeitsplätze gerettet, ohne dass die je davon erfahren hätten.

Es ist beileibe nicht nur die resolute Chefsekretärin, die jüngeren Kollegen voraushat, was keine Ausbildung bieten kann: Insiderwissen. Überall dort, wo Jüngere etwas werden wollen, tun sie gut daran, von den Älteren zu lernen. Nicht, weil die Hierarchie das erfordert, sondern weil es tatsächlich etwas zu lernen gibt.

Das funktioniert natürlich nur, wenn die Älteren auch daran interessiert sind, ihr Wissen an die Jüngeren weiterzugeben. Bestandswahrer, die nur ihren Posten gegen die Jüngeren verteidigen wollen, sind schlechte Kritiker – denn sie sind unehrliche Kritiker. Ihnen kommt es nicht darauf an, dass der jüngere Kollege genauso gut oder besser wird als sie. Vielmehr richten sie ihre Kommunikation darauf aus, dass genau das nicht passiert.

Deshalb sind gerade die ältesten Mitarbeiter eines Unternehmens, die kurz vor der Rente stehen, für die jüngsten Kollegen oft die besten Ansprechpartner: Ihnen kann der junge Heißsporn nicht mehr gefährlich werden. Also teilen sie freimütiger ihren Erfahrungsschatz und nehmen auch in ihrer Kritik gegenüber jungen Aufsteigern kein Blatt vor den Mund. Die Firmenpolitik macht ihnen keine Angst mehr. Damit ist der Weg frei für einen gesunden kritischen Prozess, von dem der Jüngere profitiert – während der Ältere das gute Gefühl bekommt, Spuren zu hinterlassen, wenn er eines Tages seine Siebensachen für den wohlverdienten Ruhestand packt.

Genau deshalb tun die alten Haudegen, die mit allen Wassern ihres Geschäfts gewaschen sind, ihren Unternehmen gut. Die demographische Entwicklung sorgt dafür, dass sie uns künftig noch etwas länger erhalten bleiben als bisher. Das verdeutlichen Statistiken der Deutschen Rentenversicherung, die die Zeitschrift *Markt und Mittelstand* im Juli 2013 zitierte: 2012 gingen deutsche Arbeitnehmer so spät in Rente wie schon seit zwanzig Jahren nicht mehr, nämlich im Schnitt mit 61,2 Jahren (Männer) bzw. 61 Jahren (Frauen). Noch im Jahr 2000 lag der Durchschnitt für die Männer bei 59,8 und für Frauen bei 60,5 Jahren. Die Zahl der sozialversicherungspflichtig Beschäftigten ab 65 Jahren stieg innerhalb eines Jahres, von 2011 auf 2012, um rund 61 000 auf 171 000 – und da haben die Veränderungen durch das neue Rentenalter von 67 noch gar nicht gegriffen.

Berufseinsteiger und jüngere Kollegen tun also in jedem Fall gut daran, die Erfahrung der älteren Kollegen schätzen zu lernen, statt ihnen aus Prinzip skeptisch zu begegnen: Sie wissen, was die Jugend nicht wissen kann. Schon deshalb sind sie wichtig für eine gesunde Mischung aus Innovation und Erfahrung im Unternehmen. Wenn sich beide Seiten wohlwollend kritisch und mit Blick aufs Ergebnis auf den ›internen Generationenvertrag‹ einlassen und ehrlich voneinander lernen wollen, können alle nur gewinnen.

Kritik braucht nicht immer Worte

Leider funktioniert das gerade dort manchmal nicht, wo der Generationenkonflikt schon ins Geschäftsmodell eingebaut ist – bei den Familienunternehmen. Ein Bekannter von mir, der nicht Thomas heißt, steckte einige Jahre in dieser Situation. Er stieg nach seiner Ausbildung in den traditionsreichen Handwerksbetrieb seiner Eltern ein – mit viel Energie und vielen neuen Ideen. Leider stieß er in seinem Innovationsdrang schnell an Grenzen. Sein Vater war noch nicht bereit, Verantwortung abzugeben – ihn plagte seinerseits die Angst vor dem Kontrollverlust über sein Lebenswerk.

Jahrelang machte Nicht-Thomas eine frustrierende Erfahrung nach der anderen. Er setzte sich kritisch mit den jahrzehntelang gepflegten Geschäftspraktiken auseinander und stieß dabei auf viele Verbesserungsmöglichkeiten. Die artikulierte er auch, denn er wusste: Seine zukünftige Zielgruppe würde andere Ansprüche haben als die alten Stammkunden seines Vaters. Früher oder später würde er reagieren müssen. Sein Vater nahm die Kritik jedoch nicht an: Er sah keinen Grund, zu ändern, was jahrzehntelang funktioniert hatte.

Als die Konflikte begannen, sich ernsthaft auf das Familien- und Betriebsklima auszuwirken, trat Nicht-Thomas auf die Bremse: Mit direkter Kritik, wie wohlwollend und konstruktiv auch immer, würde er nicht weiterkommen. Er brauchte eine andere Strategie. Er fand sie und setzte fortan auf das beste Argument, das ein Kritiker vorbringen kann: Leistung. Er verschaffte sich zunächst im Kleinen die Freiheit, einige wenige Änderungen auszuprobieren, ohne die gewohnten Strukturen im größeren Maßstab anzutasten.

Es dauerte eine Weile, doch die Ergebnisse seiner Experimente konnten nach einem recht langwierigen Prozess auch seinen Vater überzeugen. Langsam und behutsam setzte der Generationenwechsel ein. Heute führt Nicht-Thomas den traditionsreichen Handwerksbetrieb. Sein Vater ist im Ruhestand und berät Nicht-Thomas nur noch, wenn der sich kritisches Feedback ausdrücklich wünscht.

Ich habe aus Nicht-Thomas' Geschichte etwas gelernt:

Kritik muss nicht immer verbalisiert werden. Wenn es Widerstände aufzuweichen gilt – und das ist speziell zwischen Jung und Alt oft notwendig –, sind handfeste Beweise besser als Argumente. Gerade wenn Sie es mit störrischen Bestandswahrern zu tun haben: Argumentieren Sie sich nicht müde, wenn Sie erkennen, dass Sie damit nicht weiterkommen. Sie frustrieren sich nur selbst. Überzeugen Sie die Älteren durch Leistung. Denn wenn Sie bessere Ergebnisse erzielen, ist dagegen argumentativ kein Kraut gewachsen. Mit dem besseren Produkt, den zufriedeneren Kunden oder den höheren Gewinnen kommt die Absenderkompetenz ganz von selbst. Und dann wird auch Ihre Kritik gehört – wie alt oder jung Sie auch sein mögen.

Die Lokalpolitik ist einer der Bereiche, in denen es der Nachwuchs besonders schwer hat: Manche Regionen werden von derart eingeschworenen politischen Zweckgemeinschaften regiert, dass es in der Tat höchste Zeit für eine Verjüngung wäre. Nicht zuletzt die Affäre um »Stuttgart 21«, in der zahlreiche Verstrickungen der Lokal- und Landespolitik mit wirtschaftlichen Nutznießern des Großprojekts publik wurden, hat gezeigt, dass Alter in der Tat nicht immer vor Torheit schützt.

Tatsächlich gibt es gerade in der Lokalpolitik erfrischende Beispiele dafür, dass die Jungen es manchmal besser machen – und dass wir gut daran täten, das Dogma der vermeintlichen Politikverdrossenheit in den nächsten Jahren noch einmal gründlich zu hinterfragen.

Die Gemeinde Monheim in Nordrhein-Westfalen ist so ein Beispiel. Deren Bürgermeister Daniel Zimmermann, Stadtoberhaupt von immerhin 43 000 Bürgerinnen und Bürgern, ist gerade mal 31 Jahre alt. Als er 2009 seinen Posten antrat, war er 27 – und damit das damals jüngste Stadtoberhaupt Deutschlands. Gerade erst hatte er seinen Uni-Abschluss im Lehramt für Physik und Französisch gemacht.

Vier Jahre später ist Monheim eine der wenigen entschuldeten Kommunen Deutschlands. *Spiegel online* berichtete aus diesem Anlass im August 2013 über den jungen Erfolgspolitiker. Besonders bemerkenswert an dem Bericht sind zwei Zitate von denen, die die Lokalpolitik Monheims vor der Ägide Zimmermann kannten. Eine davon ist eine Mitarbeiterin im Rathaus, die ihre ursprünglichen Vorbehalte gegenüber dem neuen Chef freimütig einräumt:»Wir waren schon skeptisch. Da kommt so ein junger Kerl, direkt aus dem Studium. Aber er hat uns alle überrascht.« Da ist es wieder, das Rezept ›Leistung gleich Kompetenzbeweis‹. Ausgerechnet eine Rentnerin ist es, die Zimmermann im Vergleich zu seinem Amtsvorgänger das bessere Zeugnis seitens der Bürger ausstellt: »Der Herr Zimmermann ist nett, kein Patriarch wie sein Vorgänger. Und vor allem redet er Klartext. Von dem hören Sie kein Blabla.«

Früher war eben nicht alles besser – sondern oft einfach nur anders. Das trifft nicht nur in Monheim zu, sondern überall, wo die Welt sich weiterdreht, während die Verantwortung von einer Generation auf die nächste wechselt. Ich bin zuversichtlich, dass die Veränderungen in der Demographie den Generationenkonflikt in Deutschland nicht verschärfen werden, sondern im Gegenteil sogar den Dialog befördern werden. Die Alten werden sich zunehmend darüber bewusst, dass sie für jeden engagierten jungen Menschen dankbar sein können, der verantwortungsvoll auf ihrem Lebenswerk aufbaut. Und die Jugend wird erkennen, dass an den Alten kein Weg vorbeiführt – weder gesellschaftlich, noch im Unternehmen, noch als Quelle von Wissen und Erfahrung.

Wir brauchen einander – und sollten uns gegenseitig das Privileg gönnen, voneinander zu lernen.

Kritik
macht Freunde

Kritik tut gut – und macht beliebt: Warum Sie mit Ihrer Meinung nicht hinterm Berg halten sollten

Ruhig mal Dampf ablassen

Sie kennen das: Noch fünfzig Meter bis zur grünen Ampel, und bei einigen Verkehrsteilnehmern um Sie herum scheint der gesunde Menschenverstand auszusetzen. Dem Geradeausfahrer ganz vorn fällt plötzlich ein, dass er doch links abbiegen will. Schon tritt er aufs Gas und zieht in Ihre Spur rüber. Oder Ihrem Vordermann ist noch gar nicht aufgefallen, dass die Ampel grün geworden ist; denn er ist zu sehr in sein Telefonat vertieft. Und der ältere Herr mit Hut zwei Wagen vor Ihnen bremst sicherheitshalber gleich auf Schritttempo runter – die Ampel könnte ja gleich gelb werden.

Früher bin ich in solchen Situationen im Schutz meines Autos viel öfter laut geworden als heute. Inzwischen verkneife ich mir das aus dem gleichen Grund, aus dem ich seit einigen Jahren auch Hotelzimmer besonders ordentlich hinterlasse: Für mich als öffentlichen Kritiker gelten hohe Ansprüche. Wenn mich jemand dabei beobachtet, wie ich im Auto die Fassung verliere, wird mir das nicht so leicht nachgesehen wie einem beliebigen Verkehrsteilnehmer.

Aber offen zugegeben: Wenn sich auf einer Frankfurter Innenstadtkreuzung am Freitagnachmittag alle benehmen, als würden sie zum ersten Mal Auto fahren, kann einen das schon mal in Rage bringen. Ganz besonders, wenn man sowieso schon nicht gut drauf ist oder es gerade eilig hat. In solchen Momenten tut es manchmal gut, ein bisschen Dampf abzulassen. Wem schadet das schon? Was ich meiner Frontscheibe sage, kann niemand hören – aber mir verschafft es im Augenblick ein bisschen Erleichterung.

Besser wäre es freilich, neben den betreffenden Verkehrsteilnehmer zu fahren, ihn zu bitten anzuhalten, und sich dann sachlich mit ihm über seine Fahrweise auseinanderzusetzen – dann haben nämlich alle was davon. Er passt vielleicht beim nächsten Mal besser auf, und ich fühle mich besser, weil ich das Problem angesprochen habe. Aber wie realistisch ist das denn? Mal ganz abgesehen davon, dass ich dann an Freitagnachmittagen in der Frankfurter Innenstadt nichts anderes mehr zu tun hätte. Es geht eben nicht – wir bekommen nicht immer die Gelegenheit zu ehrlicher Kritik.

Lieber kritisieren als explodieren

Leider lassen sich viele von diesem Gedanken jedoch nicht nur in solchen Situationen, sondern regelmäßig bremsen: »Es geht nicht.« Ein Beispiel: Ihr Schreibtisch ist voll, und Sie wissen für den Rest der Woche nicht, wie Sie alles abarbeiten sollen. Ihrem Chef ist das bewusst. Trotzdem kommt er kurz vor Feierabend zur Tür herein, knallt Ihnen eine neue Mappe mit Datensätzen auf den Tisch und verlangt von Ihnen eine schriftliche Auswertung – natürlich noch vor Ende der Woche.

Ich weiß nicht, wie Sie mit dieser Situation umgehen würden. Bei vielen lautet die Antwort: »Klar, Chef, wird erledigt.« Kritik geht nicht – dem Chef die Meinung zu sagen wäre zu unangenehm, reden sie sich ein, oder würde den Job gefährden. Aber im Pausenraum mit den Kollegen, da geht dann die Post ab: »Was fällt dem eigentlich ein?«

Was meinen Sie, im Vergleich zum Fluchen im Auto: Ist das auch eine Gelegenheit, wo es okay ist, sich hinter verschlossenen Türen Luft zu machen?

Nein, ist es nicht. Vielen erscheint es trotzdem als die bessere Alternative, hinter dem Rücken zu kritisieren, oder vielmehr: zu nörgeln. Nur verschafft ihnen das, im Gegensatz zum Straßenverkehr, auf Dauer keine Erleichterung. Warum? Den Opa mit Hut, der vor der grünen Ampel eine Sicherheitsbremsung hinlegt, sieht man höchstwahrscheinlich nie wieder. Den Chef dagegen sieht man jeden Tag. Man muss sich dauerhaft mit ihm arrangieren – selbst wenn man ihn vielleicht nicht mag.

Um des lieben Friedens willen fressen deshalb viele den Frust in sich hinein, anstatt auch nur ein einziges kritisches Wort zu verlieren. Und das, obwohl jeder weiß: Frust bahnt sich irgendwann seinen Weg. Früher oder später explodieren wir und vergreifen uns dann tatsächlich im Ton, wenn wir nicht mehr an uns halten können. Im Sinne des Joberhalts ist nicht zu kritisieren also langfristig der riskantere Weg – zumal wir, wenn wir ständig frustriert sind, auch keine optimale Leistung erbringen. Und das ist noch die harmlosere Variante: Anhaltender Frust kann auch in die Depression führen.

Auf der Arbeit, in der Ehe, in jeder Art von Beziehung: Wann immer direkte Interaktion möglich ist, ist ehrliche Kritik der bessere Weg, um mit kritikwürdigen Zuständen fertigzuwerden. Doch da gibt es einen hemmenden Faktor: den weitverbreiteten Trugschluss, dass man sich mit Kritik unbeliebt machen würde.

Macht Kritik unbeliebt?

Diesem verbreiteten Vorurteil habe ich gleich mehrere Argumente entgegenzusetzen. Zunächst einmal halten Sie sich mit dieser Haltung selbst klein. Wer mit angebrachter Kritik hinterm Berg hält, glaubt, die Meinung – oder die Bedürfnisse – des anderen hätte Vorrang vor seinen eigenen. Das ist keine Basis für eine langfristige Beziehung. Eine harmonische Zusammenarbeit lebt davon, dass die Beteiligten offen miteinander umgehen. Machen Sie sich bewusst: Wenn Sie sich dauerhaft Kritik verkneifen, heißt das nichts anderes, als dass Sie zu Ihrem Gegenüber nicht ehrlich sind. Das wirkt sich immer auf die Beziehung aus. Erstens müssen Sie dauerhaft erdulden, was Sie stört, was Sie vielleicht sogar krank macht. Und zweitens wird der andere irgendwann merken, dass Sie nicht ehrlich sind, und Sie entweder zur Rede stellen oder sich selbst keine offene Ansprache mehr trauen. Genauso wie Ehrlichkeit ansteckend ist, ist es Unehrlichkeit nämlich auch.

Das bringt mich zu meinem zweiten Argument: Wie wertvoll ist eine Beziehung, in der Sie glauben, keine Kritik anbringen zu können? Weder können Sie sich so geben, wie Sie sind, noch wird sie Ihnen helfen, sich weiterzuentwickeln. Vielleicht werden Sie jetzt einwenden: Alles schön und gut, wenn Llambi damit meine privaten Beziehungen meint. Aber bei der Arbeit sieht das ein bisschen anders aus: Mit meinem Chef darf ich es mir nicht verscherzen. Das will ich Ihnen auch gar nicht ausreden. Doch diese Frage sollten Sie sich schon stellen: Wie lange wollen Sie es mit Ihrem Chef denn kritiklos aushalten? Bis zur Rente vielleicht?

Natürlich dosieren wir Kritik zurückhaltender bei Personen, von denen wir in irgendeiner Form abhängig sind – oder zu sein glauben. Doch zu große Vorsicht wirkt letzten

Endes kontraproduktiv: Je länger Sie sich zurückhalten, desto empfindlicher wird die Reaktion ausfallen, wenn Sie endlich mal den Mund aufmachen. Kritik von einem Menschen, den wir als unkritisch erleben, nehmen wir automatisch als viel dramatischer wahr als von jemandem, den wir als offenherzig kennen. Mit anderen Worten: Wenn Sie mit Ihrem Chef immer Klartext reden, können Sie sich mehr erlauben, als wenn Sie nur im Notfall mal deutliche Worte finden.

Erst eine Beziehung, die Kritik aushalten kann, ist eine gesunde Beziehung. Wenn Sie also glauben, sich mit Ihrer Zurückhaltung einen Gefallen zu tun, sind Sie auf dem Holzweg. Nicht nur frustrieren Sie sich selbst damit, dass Sie nicht für Ihre Meinung geradestehen – Sie verbauen sich auch selbst die Chance, als kritischer Zeitgenosse respektiert zu werden. Unkritische Menschen sind keineswegs beliebter als kritische. Vielmehr ziehen sie magisch falsche Freunde an, die sie nur ausnutzen wollen. Oder wie ernst würden Sie jemanden nehmen, der alles mit sich machen lässt?

Ehrliche Kritik ist eine Investition

Der Kollege, der sich von allen bereitwillig noch ein paar Aufgaben aufbürden lässt, bekommt das Wörtchen ›danke‹ vielleicht öfter zu hören. Für Kritik dagegen kann es durchaus erst einmal Gegenwind geben. Trotzdem lohnt es sich, Kritik zu üben. Warum? Betrachten wir es einmal von der anderen Seite: Wem sind Sie heute dankbar, wenn Sie auf Ihr bisheriges Leben zurückblicken? Denen, die immer nur Ja und Amen gesagt haben und Sie blind in Ihr Unglück haben laufen lassen? Oder denen, die Ihnen auch mal gehörig die Meinung gesagt haben, wenn Sie mit Vollgas die falsche Richtung eingeschlagen haben? Wem haben Sie mehr zu verdanken? Ja und Amen zu sagen ist einfach. Ehrliche Kritik zu üben erfordert eine gewisse Überwindung. Genau deshalb schätze ich kritische Menschen mehr als Jasager: Wer diese Hemmschwelle überwindet, um mich zu kritisieren, dem liegt ganz gewiss mehr an mir. Wer sich die Zeit nimmt, mir konstruktives Feedback zu geben, der meint es ernst mit der Beziehung – offensichtlich hat er vor, sich noch länger mit mir zu beschäftigen. Sonst müsste er sich die Mühe nämlich nicht machen.

Deshalb ist ein Mitarbeiter, der sich für Verbesserungsvorschläge nicht zu schade ist, für jeden Chef ein Gewinn. Der kann sicher sein, dass der Betreffende innerlich noch nicht gekündigt hat und daran interessiert ist, dass es mit dem Unternehmen vorwärtsgeht.

Manchmal mag es etwas dauern, aber für ehrliche Kritik sind die Menschen fast immer dankbar. Vielleicht erinnern Sie sich an Michael, meinen aufbrausenden jungen Kollegen aus dem Wertpapierhandel. Ich hatte einige Zeit nichts von ihm gehört, als er mich plötzlich anrief, um sich für meine kritischen Worte zu bedanken. Ich mache die Erfahrung auch immer wieder bei *Let's Dance*: Fast alle Kandidaten, die es in die letzten Folgen einer Staffel schaffen, bedanken sich am Ende bei uns Juroren für die Verbesserungsvorschläge. Spätestens dann haben sie erkannt, was für eine große tänzerische Entwicklung sie in der kurzen Zeit durchgemacht haben.

Kritik ist eine Investition. Am freigiebigsten sind wir damit in den Beziehungen, die uns am wichtigsten sind. Besonders deutlich wird das in der Kindererziehung: Warum kritisieren Eltern ihre Kinder, wenn sie sich danebenbenehmen oder etwas falsch machen? Weil es ihnen am Herzen liegt, dass sie dazulernen und sich weiterentwickeln. Keine Mutter und kein

Vater kämen auf die Idee, ihr Kind nie zu kritisieren, nur um die familiäre Bindung nicht zu beeinträchtigen. Wir wissen instinktiv, dass das Kritisieren zur Erziehung dazugehört; dass wir es unseren Kindern sogar schuldig sind. Warum beherzigen wir das nicht bei allen unseren Beziehungen? Kritisieren ist absolut natürlich. Nicht wer kritisiert, verhält sich unsozial, sondern wer es nicht tut. Nur eine ehrliche Beziehung ist eine Beziehung, auf die wir bauen können. Eine Beziehung, in der nie Kritik geübt wird, ist nicht ehrlich.

Mit Ja und Amen machen wir uns klein und überflüssig. Mit ehrlicher Kritik machen wir uns Freunde.

Das richtige Timing für Kritik

Kritisieren ist in den meisten Fällen besser als nicht zu kritisieren. Das heißt allerdings nicht, dass Kritik immer und überall angebracht ist. Es gibt durchaus so etwas wie ›Kritiquette‹: Regeln, die dafür sorgen, dass ehrliche Kritik ihre Wirkung entfalten kann. Kritik kann nämlich auch Schaden anrichten oder einfach verpuffen, wenn der Kritiker die Sache falsch anpackt. So kann schnell ein Schaden auf der Beziehungsebene angerichtet werden, ohne dass in der Sache irgendein Fortschritt erzielt worden wäre.

Zuallererst ist die Wirkung von Kritik eine Frage des richtigen Zeitpunkts. Wenn ich nachmittags ins *Let's-Dance*-Studio komme, sehe ich mir meist die Generalprobe vor der Livesendung auf einem kleinen Monitor in meiner Garderobe an. Theoretisch hätte ich danach die Möglichkeit, die Stars und ihre Tanzpartner in ihren Garderoben aufzusuchen und ihnen meine Kritikpunkte mitzuteilen. Klingt eigentlich nach einer guten Idee, oder? So könnten die Kandidaten noch vor dem echten Auftritt vor Millionen von meinen Tipps profitieren und eine bessere Performance liefern.

Aber so läuft das nicht. Nachdem ich die Generalprobe gesehen habe, gehe ich in die Maske. Wenn ich überhaupt mit den Kandidaten rede, dann um ihnen viel Glück zu wünschen. Kein kritisches Wort kommt über meine Lippen, bevor der Liveauftritt eines Paares gelaufen ist und Daniel Hartwich mich vor laufender Kamera nach meiner Einschätzung fragt. Genau so und nicht anders halte ich es auch, wenn ich Wertungsrichter bei einem Profiturnier bin – nur ohne Liveübertragung.

Aus Fairnessgründen? Um niemandem einen Vorteil zu verschaffen? Um dem Publikum eine spontane Einschätzung zu liefern, die ich mir nicht vorher zurechtgelegt habe? Ja, das auch. Hauptsächlich halte ich mich jedoch aus einem anderen Grund zurück: Ich würde den Kandidaten mit meiner Kritik unmittelbar vor der Sendung keinen Gefallen tun.

Stellen Sie sich vor, Sie müssten bei der Arbeit eine Präsentation vor wichtigen Kunden halten. Noch zehn Minuten, bis es losgeht. Gerade sortieren Sie Ihre Notizen, prüfen die Technik und bereiten sich mental auf Ihren Auftritt vor. Da platzt Ihr Kollege rein, den Sie bereits vor einer Woche um ein Feedback über Ihre Ideen für die Präsentation gebeten hatten. Er wünscht Ihnen viel Glück – und dann teilt er Ihnen mit, was er alles anders machen würde. Zum Schluss klopft er Ihnen auf die Schulter und sagt: »Aber das ist ja nur meine Meinung. So, wie du es machst, ist es bestimmt genauso gut. Jeder hat ja seinen Stil, richtig? Du wirst das Kind schon schaukeln!« Damit ist er aus der Tür.

Und Sie aus der Fassung. Eben waren Sie noch konzentriert und motiviert. Jetzt rast Ihr Puls, und Sie würden am liebsten alles abblasen. Was, wenn er recht hat? Was, wenn Sie die Präsentation vergeigen?

Ich denke, Sie werden mir zustimmen: Diese Kritik, wie fachlich wertvoll sie auch immer gewesen sein mag, hat ihren Zweck gründlich verfehlt. Sie werden nach dieser Last-minute-Verunsicherung keine bessere, sondern höchstwahrscheinlich eine schlechtere Präsentation halten. Deshalb kritisiere ich die Kandidaten bei *Let's Dance* nicht nach der Generalprobe. Ich würde sie damit nur verrückt machen. Kritik, im falschen Moment geäußert, kann destruktiv wirken statt konstruktiv.

Der besagte Kollege in meinem Beispiel wäre Ihnen eine Woche vor der Präsentation, als Sie ihn fragten, gewiss eine größere Hilfe gewesen. Doch nicht immer ist der frühestmögliche Zeitpunkt der richtige. Wenn Sie gerade nicht in der Lage sind, sich auf die Hinweise eines Kritikers einzulassen, verpufft die Wirkung seiner Vorschläge.

Am Ende kommt es beim Kritisieren auf die Wirkung an. Kritik ist immer dann angebracht, wenn sie gefragt oder nötig und der Kritisierte ansprechbar ist. Bringen Sie sie so früh wie möglich an, um Folgefehler oder aufgestauten Frust zu vermeiden. Aber warten Sie damit auf eine passende Gelegenheit, damit Ihre konstruktive Kritik auch auf fruchtbaren Boden fällt.

Die erste goldene Regel des Kritisierens lautet: *Kritik muss zum richtigen Zeitpunkt stattfinden.*

Der passende Rahmen für Kritik

Neben dem richtigen Timing ist manchmal auch die Suche nach dem passenden Rahmen für Kritik eine Gratwanderung. Einerseits wollen wir niemanden vor den Kopf stoßen, andererseits ist manchmal einfach keine Zeit, auf alle möglichen Befindlichkeiten Rücksicht zu nehmen. Noch schwieriger wird die Erwägung, wenn Sie eine emotionale Bindung zu demjenigen haben, dem Ihre Kritik gilt. Nicht immer ist nämlich der angenehmste Rahmen auch der wirkungsvollste. Sowohl der Kritisierte als auch der Kritiker müssen hin und wieder in den sauren Apfel beißen, damit am Ende das Ergebnis stimmt.

In meiner Zeit als Handelschef für eine Frankfurter Aktienhandelsgesellschaft fand ich die Suche nach dem passenden Rahmen einmal sehr heikel. Nicht finanziell heikel, wie es an der Börse naheliegend wäre, sondern menschlich gesehen. Eine meiner Mitarbeiterinnen – nennen wir sie Andrea – war nicht nur mir, sondern auch meinen Kollegen schon seit längerer Zeit negativ aufgefallen: Sie verwendete einen erheblichen Teil ihrer Arbeitszeit darauf, sich um Privatangelegenheiten zu kümmern. Dabei hatte sie als Abteilungsleiterin keineswegs einen langweiligen, sondern einen sehr verantwortungsvollen Job. Erfolgsorientiert zu arbeiten wäre für sie nicht nur finanziell lohnenswert gewesen – es wurde auch von ihr erwartet.

Vor allem bei ihren Führungskollegen erregte Andrea mit ihrem Verhalten wachsenden Unmut. Dass unser aller Jahreseinkommen nicht zuletzt an die Umsätze geknüpft war, schien ihr egal zu sein. Mit ihrem mangelnden Einsatz wirkte sie auf die anderen Kollegen, die ihren Teil für gute Zahlen taten, natürlich respektlos – denn sie zog ohne Rücksicht auf uns den Schnitt runter. Das ging nun schon seit einer Weile so, und bei einigen hatte sich ordentlich Frust aufgestaut. Die Motivation des gesamten Teams drohte in Mitleidenschaft gezogen zu werden. Ich konnte das als Handelschef nicht länger ignorieren: Es war an der Zeit, Kritik zu üben.

Doch bevor ich das tun konnte, hatte ich eine schwierige Abwägung zu treffen: Sollte ich Andrea hinter verschlossener

Tür in ihrem oder in meinem Büro oder bei der Teamsitzung vor versammelter Mannschaft gegenübertreten? Wie hätten Sie sich entschieden?

Ich nehme es gleich vorweg: Ich bin den unpopulären Weg gegangen und habe Andrea vor versammelter Mannschaft kritisiert. Aus meiner Verantwortung als Chef heraus hatte ich nämlich folgende Waagschalen in Gleichgewicht zu bringen: Auf der einen Seite stand Andreas Interesse, nicht vor den Augen der Kollegen Kritik einstecken zu müssen. Immerhin bestand das Risiko, dass ich sie mit öffentlicher Kritik demotivieren würde. Doch auf der anderen Seite musste ich dem Interesse des Teams und der Firma Rechnung tragen. Und was unsere Motivation betrifft, war das Kind schon in den Brunnen gefallen: Wir waren frustriert. Die Kritik hatte sich in den Köpfen aufgestaut und brauchte ein Ventil. Sie musste raus, um das Problem aus der Welt zu schaffen. Die Motivation der Mitarbeiterin stand also gegen die Motivation des Teams und das Wohl der Firma.

Hätte ich hinter verschlossener Tür ein Gespräch mit Andrea geführt, hätte der Rest der Mannschaft davon nichts mitbekommen. Der Frust wäre in den Köpfen geblieben, die schlechte Stimmung hätte sich noch mehr zugespitzt. Selbst wenn Andrea sich mehr ins Zeug gelegt und ihre Arbeit ernster genommen hätte, wäre der Frust latent weiter im Raum gewesen.

Die Teamsitzung dagegen bot allen Beteiligten ein Ventil. Es ging um mehr als um die Gefühle der Mitarbeiterin – es ging um die Arbeitsmoral. Und in diese Richtung schlug die Waagschale aus. Ich sprach das Problem in der Runde an und machte Andrea darauf aufmerksam, dass sie wie wir alle von der Firma für ihre Arbeitszeit bezahlt wurde. Folglich sollte sie sich in ihrer Arbeitszeit um die Belange der Firma kümmern, wie alle anderen das taten.

War Andrea die Kritik unangenehm? Zweifellos. Doch im Rest des Teams war nach der Sitzung die Erleichterung deutlich spürbar. Und tatsächlich übertrug sich das auch auf Andrea. Sie änderte ihr Verhalten, und alle begannen, sich wieder zu entspannen. Mehr noch: Andrea gab sich in der Folgezeit sichtlich Mühe, sich besser ins Team zu integrieren. Wahrscheinlich hatte sie längst gespürt, dass die anderen ein Problem mit ihr hatten, und sah nun ihre Chance, sich auch selbst das Leben zu erleichtern. Das Problem war jedenfalls gelöst und trat nie wieder auf.

Hätte ich den gleichen Effekt erzielt, wenn ich allein mit Andrea gesprochen hätte? Ich glaube nicht. Die Stimmung in der Mannschaft wäre dadurch nicht besser geworden. Und für Andrea wäre es ein Leichtes gewesen, das Problem auf mich zu projizieren: Was kann ich dafür, wenn der Chef mich nicht leiden kann?

Wäre die Sachlage eine andere gewesen, hätte ich mich gewiss anders entschieden. Wäre Andrea durch fachliche Fehler aufgefallen, hätte ich nicht die Teamsitzung als Rahmen für meine Kritik gewählt, sondern allein mit ihr gesprochen und nach Möglichkeiten gesucht, wie sie ihre Arbeit verbessern konnte. Doch in diesem Fall ging es nicht in erster Linie um sie, sondern um einen größeren Zusammenhang. Um die gewünschte Entwicklung anzustoßen, musste ich alle Beteiligten einbeziehen.

Damals, bei meinem aufbrausenden Kollegen Michael, wäre es sicher nicht ratsam gewesen, auf der Stelle Kritik in Anwesenheit der Kollegin zu üben. Er war auf 180, sie den Tränen nahe. In dieser aufgeheizten Stimmung hätte ich kein offenes Ohr für meine Kritik gefunden, sondern nur für eine weitere Eskalation gesorgt.

Die zweite goldene Regel des Kritisierens lautet: *Kritik braucht den passenden Rahmen.*

Den richtigen Zeitpunkt und den passenden Rahmen für Kritik zu finden ist eigentlich gar nicht schwierig: Beides orientiert sich am Ergebnis. Um Folgefehler und aufgestauten Frust zu vermeiden, sollte Kritik immer so bald wie möglich erfolgen. Dieser frühestmögliche Zeitpunkt wird vom passenden Rahmen vorgegeben: Früh genug ist, sobald zum Anlass auch die passenden Umstände kommen. Letzteres kann man als Führungskraft in der Regel gezielt beeinflussen. Das sollte man auch, denn so lässt sich im Zweifel verhindern, dass notwendige Kritik wegen schlechten Timings oder falscher Umstände nach hinten losgeht.

Schweigen ist nicht Gold

Ich will gar nichts beschönigen: Nicht immer ist Kritik der direkte Weg, um sich Freunde zu machen. Gerade als Führungskraft muss man manchmal auch als Buhmann in die Bresche springen, wenn man als Kritiker in der Verantwortung steht – das Ergebnis zählt. Doch langfristig wird jeder, der das genauso sieht, Ihnen für ehrliche Kritik Anerkennung zollen. Manchmal dauert es ein bisschen, bis Klartext sich auch auf die Beziehungsebene positiv auswirkt. Doch ein Mensch, den wir durch Kritik an uns binden, ist ein Freund fürs Leben.

Das heißt nicht, dass Kritik ohne Regeln auskäme: Der richtige Zeitpunkt ist entscheidend für eine konstruktive Wirkung. Der passende Rahmen sorgt für das richtige Maß und für das Gleichgewicht zwischen Sach- und Beziehungsebene.

All das setzt natürlich voraus, dass wir uns überhaupt überwinden, Kritik zu üben. Oft steht bei dieser Überlegung die Sorge vor den Konsequenzen im Vordergrund: Was, wenn ich mich unbeliebt mache? Schließlich ist Reden Silber, und Schweigen ist Gold! Von wegen. Nicht Kritik zu üben ist unsozial, sondern es nicht zu tun. Wir alle sind auf ehrliche Kritik angewiesen. Bleibt sie aus, bleiben wir stehen.

Soll das der Preis für ein nettes Image sein? Dann überlegen Sie sich gut, ob Sie ihn bezahlen wollen. Heute mögen Sie sich dadurch Gegenwind ersparen. Langfristig erweist sich jedoch der als wahrer Freund, der den Mut zur ehrlichen Kritik aufbringt. Wer das nicht anerkennt, wird Ihnen gegenüber auch nicht ehrlich sein, wenn Sie das mal nötig haben.

Grundsätzlich lautet die Frage nicht, ob wir Kritik üben sollten – sondern, wie wir das tun. Und da gibt es neben Zeitpunkt und Rahmensetzung noch einige andere Aspekte, die eine nähere Betrachtung wert sind.

Gesunde Maßstäbe:
Warum es nicht ohne Kriterien geht

Kritik: Nur was für echte Checker

»Dein Tango war quadratisch, praktisch, gut. Ich will, dass du in die nächste Runde reinkommst.« Mit diesen Worten bewertete der Tänzer, Trainer und Wertungsrichter Roman Frieling einen Auftritt von »Checker« Thomas Karaoglan – einem ehemaligen Kandidaten bei *DSDS*. Frieling saß in der Staffel von 2011 in der Jury von *Let's Dance*. Er war ins Boot geholt worden, um die Jury um einen weiteren Experten zu ergänzen. Das Problem an diesem Abend war nur: Das Tanzen schien nicht Frielings Interesse zu sein.

Der Reihe nach: In der dritten Folge der vierten Staffel tanzte Karaoglan mit seiner Profi-Partnerin Sarah Latton einen Tango. Dabei legte er auch eine Freestyle-Einlage à la Checker hin, die mit Tango herzlich wenig zu tun hatte. Dagegen wäre an sich nichts einzuwenden gewesen, wenn sein Tango gesessen hätte. Hatte er aber nicht. Motsi und ich hatten gegenüber Karaoglan in den ersten beiden Folgen bereits sehr klare Worte für seine Leistungen gefunden. Beim Tango zeigte sich nun, dass ihm das herzlich egal war. Er zog seinen Stil genauso durch wie in den Vorwochen und zeigte absolut kein Interesse an einer tänzerischen Entwicklung.

Ob man das mag oder nicht, ist Geschmackssache; der Checker ist eben der Checker und lässt sich von niemandem etwas sagen. Wenn er solo auf der Bühne vor seinen Fans steht, mag das funktionieren. Beim Tanzen aber nicht. Tanzen ist ein Sport mit Regeln – und zumindest in dieser Hinsicht mit klaren Kriterien, nach denen die Qualität beurteilt wird.

Ich verpasste dem Checker an diesem Abend die logische Quittung für seine Leistungsverweigerung: Da er sich in einem ansonsten recht starken Teilnehmerfeld nicht weiter-, sondern vom niedrigen Niveau der ersten Sendungen eher noch zurückentwickelt hatte, gab ich ihm nur einen Punkt.

Mein damaliger Jury-Kollege Roman Frieling, immerhin unter anderem auch Wertungsrichter, sah das ganz anders. Der zog die maximale Punktzahl und hielt die Kelle mit der »10« hoch.

Dem Rest der Jury entgleisten daraufhin die Gesichtszüge. Motsi reagierte sofort und bezeichnete die Wertung als ungerecht den anderen Tänzern und dem Tanzen gegenüber. Für die Medien war der kleine Skandal ein gefundenes Fressen: Warum hatte Frieling das gemacht? Vielleicht um mir eins auszuwischen, indem er meine niedrigstmögliche Wertung mit der höchstmöglichen konterte?

Warum auch immer: Die zehn Punkte standen in keiner Relation zur gezeigten Leistung. Das wurde umso deutlicher, als Frieling der Sängerin Maite Kelly, die von Kindesbeinen an auf der Bühne gestanden, schon in Musicals professionelle Tanzerfahrung gesammelt hatte und direkt nach Karaoglan auftrat, für ihren guten Jive nur eine »7« gab. Zwischen ihr und Karaoglan lagen an diesem Abend Welten – die spätere Siegerin der Staffel war zu diesem Zeitpunkt bereits so gut wie manche Finalisten in früheren Jahren.

Frielings Wertung ist ein Paradebeispiel dafür, dass Kritik nicht ohne Kriterien auskommt. Sie bilden die fachliche Grundlage jeder Bewertung. Ohne sie ist Kritik nichts als eine subjektive Meinungsäußerung – für den Kritisierten ohne jeden Wert, weil sie nicht die Realität abbildet.

Tanzen ist – wie ich schon mehrmals betont habe – eine subjektive Sportart. Der Gesamteindruck eines Tänzers setzt sich aus Aspekten zusammen, bei denen Wertungen von unterschiedlichen Richtern voneinander abweichen können. Trotzdem liegen bei professionellen Turnieren die Wertungen nahe beieinander, weil eine Tanzwertung aufgrund genauer Kriterien erfolgt. Und in dieser Hinsicht war die Sache beim Tango von Karaoglan klar: Von Körperspannung war bei ihm nichts zu sehen, seine Beinarbeit war wabbelig und unpräzise, und über die Ausführung des maskulin-leidenschaftlichen Ausdrucks, der zur Führungsrolle des männlichen Parts beim Tango gehört, wollen wir lieber erst gar nicht reden.

Frieling gab in seiner Wertung andere Kriterien an. Ich verstehe bis heute nicht, wie ein quadratischer Tango aussieht. Auch praktisch ist ein Tango nicht wirklich. Gut kann er wohl sein, aber sicher nicht bei diesem Tänzer an diesem Abend.

Die Verantwortung des Experten

Eine Wertung, die alle Kriterien über Bord wirft, schadet der Sache. In diesem Fall dem Tanzen. Tatsächlich wurde am nächsten Tag – neben der vermeintlichen Fehde zwischen Roman Frieling und mir – ausgiebig darüber diskutiert, wie fair diese Wertung gewesen war. Und genau da liegt der Hund begraben: Einer schlechten Leistung unter guten Leistungen die Höchstwertung zu geben, führt den ganzen Wettbewerb ad absurdum. Die »10« für diesen Auftritt wirkte wie eine reine Sympathiewertung. Und damit gefährdete Frieling die Glaubwürdigkeit der gesamten Jury.

Die Zuschauer verlassen sich auf unsere Wertungen – mindestens auf die der ausgewiesenen Tanzexperten innerhalb der Jury. Sie wissen, dass ich ihnen eine fachliche, saubere Einschätzung liefere; mit den kleinen Abweichungen nach oben oder unten durch subjektive Aspekte, die es auch bei einem Profiturnier geben würde. Wenn dann ein anderer Tanzprofi diametral entgegengesetzt bewertet, kann etwas nicht stimmen. Auch wenn *Let's Dance* kein Profiturnier, sondern eine Show ist: Wie weit kann es mit der fachlichen Qualität der Sendung her sein, wenn ausgerechnet die beiden echten Wertungsrichter zu komplett unterschiedlichen Bewertungen kommen?

Die Orientierung an professionellen Kriterien macht aus *Let's Dance* eine seriöse Unterhaltungssendung. Die fachliche Komponente sorgt für den Leistungsgedanken, den die Zuschauer an *Let's Dance* so lieben: Dort müssen die Stars wirklich etwas leisten, anstatt einfach nur in die Kamera zu grinsen, ihr Honorar abzukassieren und nach Hause zu gehen. Mit seiner »10« für den Checker erweckte Frieling den Eindruck, als ob es bei *Let's Dance* keine sachlichen Kriterien gebe.

Die gleiche Verantwortung, die ich als Wertungsrichter trage, hat jede Führungskraft. Karaoglan für seinen Tango zehn Punkte zu geben, ist ungefähr so, als wenn Ihr Chef statt des fachlich geeignetsten Kollegen die hübsche Blondine mit den äußeren Vorzügen befördert, die nach drei Jahren in der Firma immer noch nicht verstanden hat, wie eine Reisekostenabrechnung erstellt wird. Oder umgekehrt! Der Punkt ist: Der Chef darf die Blondine nicht wegen ihrer äußeren Vorzüge befördern. Er darf sie aber auch nicht trotz ihrer äußeren Vorzüge befördern, nur um zu beweisen, dass er keine Vorurteile hat. Ihre Vorzüge dürfen einfach gar keine Rolle spielen.

Der einzige triftige Grund, warum sie die Karriereleiter nach oben klettern darf: Sie hat anhand transparenter Kriterien die bessere Leistung erbracht als der Kollege. Wenn das der Fall ist, können sich die Kollegen ereifern, wie sie wollen: Die Beförderung ist gerechtfertigt. Nur so bleibt der Chef glaubwürdig. Die dritte goldene Regel des Kritisierens stellt die fachliche Glaubwürdigkeit des Kritikers sicher, indem sie unseriöse Sympathiewertungen ausschließt: *Ehrliche Kritik nimmt auf transparente Kriterien Bezug.*

Die Zeiten ändern sich – die Maßstäbe auch

Warum ›transparente‹ Kriterien und nicht ›festgelegte‹? Weil Kritik nicht im luftleeren Raum stattfindet. Nicht einmal die Interpretation der Bibel ist über die Jahrhunderte gleich geblieben: Es gibt verschiedene Auslegungen der Worte Gottes. Dennoch gibt es einige biblische Regeln, die relativ wenig Spielraum erlauben – etwa die Zehn Gebote. Beim Kritisieren ist es ähnlich: Es gibt – je nach Fachgebiet und Thema – unanfechtbare Kriterien, an denen nicht zu rütteln ist, weder heute noch in hundert Jahren. Doch diese Kriterien machen in den seltensten Fällen den Wert ehrlicher Kritik aus. Sie lassen sich nämlich auch in Regelbüchern nachschlagen. Dafür brauchen wir keine Kritiker.

Was der Kritiker uns liefern kann, ist die Einordnung unserer Leistung. Diese dynamische Komponente von Kritik unterscheidet den Trainer neben der Aschenbahn von der Lichtschranke auf der Ziellinie. Der Überblick über die Konkurrenz, die Fähigkeit zu vergleichen, der Blick für die feinen Unterschiede: Diese Kompetenzen machen den Kritiker unentbehrlich. Er kennt nicht nur die Kriterien, sondern auch den Maßstab, an dem sie gemessen werden. Anders ausgedrückt: Er ist in der Lage, die Leistung ins rechte Verhältnis zu setzen.

Als ich noch professionell tanzte, gab es einen Turniertänzer, der international als das Maß der Dinge galt: Donnie Burns. Der Schotte begann im Alter von sechs Jahren zu tanzen. Schon mit zwölf gewann er die Juniorenmeisterschaft der Scottish Open in den Standard- und lateinamerikanischen Tänzen. Damit war der Anfang einer Karriere gesetzt, die bis heute ihresgleichen sucht: Fast zwanzig Jahre lang gewann Burns alle Turniere, an denen er teilnahm. In den lateinamerikanischen Tänzen war er nicht weniger als 14-mal Weltmeister; 13-mal davon hintereinander, nämlich von 1984 bis 1996.

Übertragen Sie mal diese Leistung auf eine Sportart wie Tennis: Das ist, als ob jemand zwei Jahrzehnte lang jedes Jahr die Australian Open, die US Open, die French Open und Wimbledon gewinnt. Das ist nicht einmal einem Boris Becker oder einer Steffi Graf gelungen. Donnie Burns hält, wenig überraschend, bis heute den Weltrekord für in Folge gewonnene Tanzturniere und steht mit dieser Leistung im Guinnessbuch der Rekorde. Kein Wunder also, dass die Queen ihm den Ritterschlag verpasste.

Für alle anderen Tänzer dieser Zeit, mich eingeschlossen, bedeutete das: Burns war der Maßstab. Der Begriff »zweiter Sieger« war bei Turnieren, an denen Burns teilnahm, wörtlich zu verstehen. Auf dem obersten Treppchen würde sowieso er stehen. Ich habe oft genug mit ihm auf dem Parkett gestanden, um behaupten zu können: Der Mann war eine Klasse für sich.

Aber würde Burns, wenn man die besten Tänzer von heute auf eine Zeitreise in die Burns-Ära schicken würde, immer noch 13-mal hintereinander Weltmeister werden? Ich vermute eher nicht. Gemessen an den Tänzern der 50er-Jahre tanzte Burns in den 80ern wie aus einer anderen Welt. Doch gemessen an den heutigen Spitzentänzern waren die Turniere in den 80ern gemütliche Teekränzchen. Wie jede Sportart ist das Niveau auch im Tanzsport kontinuierlich gestiegen. Nicht im selben Maße wie etwa im 100-Meter-Lauf, wo es auf physische Leistungsspitzen ankommt. Dort lässt sich mit modernen Trainingsmethoden und Sportmedizin immer noch mehr Leistung herauskitzeln. Doch auch die Körperbeschaffenheit und die technische Perfektion junger Tänzer sind jener von Profis vor dreißig Jahren durchschnittlich deutlich überlegen.

An den Regeln des Tanzsports hat sich in derselben Zeit wenig verändert: Die Kriterien für einen guten Tango sind gleich geblieben. Der Maßstab dagegen ist heute ein anderer.

Was heißt eigentlich »objektive Kritik«?

Auch der Maßstab bei *Let's Dance* verändert sich von Staffel zu Staffel, denn die Teilnehmer sind von Jahr zu Jahr anders. Um zu angemessenen Bewertungen zu kommen, sind die Qualitäten der jeweiligen Tänzer ausschlaggebend. Der Beste gibt den Maßstab vor. Im Jahr 2011 war das zum Beispiel Maite Kelly. Sie war – gemessen an den feststehenden Kriterien des Tanzsports wie Technik, Musikalität und Ausdruck – in fast jeder Show dieser Staffel die beste Tänzerin unter den Kandidaten. Insofern mussten sich alle anderen an ihr messen lassen. Auch nach unten setzt die Leistung des schlechtesten Kandidaten jeweils die Marke: Wenn ich einem Thomas Karaoglan eine »10« gegeben habe, kann ich einer Maite Kelly nach ihrem deutlich besseren Auftritt keine deutlich bessere Wertung mehr geben. Die Maßstäbe sind außer Kraft gesetzt.

Für ehrliche Kritik ist beides ausschlaggebend: transparente Kriterien und ein gerechter Maßstab. Die Kandidaten von

Let's Dance nach dem gleichen Maßstab zu bewerten wie die Teilnehmer an der Profi-Weltmeisterschaft wäre grober Unfug. Die meisten Kandidaten würden, gemessen an den Vollprofis mit jahrelanger Wettkampferfahrung, selbst in den letzten Folgen einer Staffel nicht über eine »1« oder »2« hinauskommen. Die Wertung wäre nicht gerecht. Ich kann die Promis an denselben Kriterien messen wie die Profis, aber nicht denselben Maßstab ansetzen.

Im Alltag stellt sich das genauso dar. Ein nicht ganz ernst gemeintes Beispiel: Nehmen wir an, Ihr Mann übernimmt heute Abend das Kochen. Er stellt Ihnen eine passable Mahlzeit auf den Tisch – jedoch leider nicht so gelungen wie beim letzten Mal, als er gekocht hat. Wenn er Sie nun nach Ihrer ehrlichen Meinung fragt, können Sie seine Leistung an den üblichen Kriterien messen: Geschmack, Bekömmlichkeit, Optik und so weiter. Als Maßstab können Sie seine bessere Leistung vom letzten Mal und Ihre eigenen Qualitäten als Köchin heranziehen, wenn Sie ihm eins auswischen wollen, vielleicht auch noch die des Ehemanns Ihrer besten Freundin. Sein Essen mit dem Gourmet-Menü zu vergleichen, das Sie letzte Woche in einem Sterne-Restaurant genossen haben, wäre dagegen äußerst unfair: Ihre Kritik wäre im Sinne der Kriterien vielleicht objektiv, auf den Maßstab bezogen aber nicht angemessen. Faire, ehrliche Kritik braucht beides. Lassen Sie uns die dritte goldene Regel also um eine vierte ergänzen: *Ehrliche Kritik setzt die individuelle Leistung zu einem fairen Maßstab ins Verhältnis.*

Erkenntnis ist der erste Schritt zur Besserung

Warum ist es so wichtig, dass Kritik objektiv und fair ist? Bleiben wir noch kurz bei unserem Beispiel, um das zu klären. Was würden Sie damit erreichen, Ihren Mann an Paul Bocuse und Kollegen zu messen? Wenn Sie Pech haben (oder Glück – das kommt auf Ihren Mann an), würden Sie ihn mit Ihrer objektiven, aber unfairen Kritik derart demotivieren, dass er den Kochlöffel ein für alle Mal hinschmeißt. Sie würden ihm nämlich die Aussicht nehmen, für seine Kochkünste jemals ein Lob von Ihnen zu bekommen. Ganz egal, wie sehr er sich anstrengt – er wird Sie nie überzeugen können. Warum dann überhaupt noch für Sie kochen?

Falls es Ihre Absicht war, ihm das Kochen auszutreiben: Herzlichen Glückwunsch, diese Strategie hat funktioniert. Als Kritiker dagegen hätten Sie an dieser Stelle voll und ganz versagt. Sie haben keine ehrliche Kritik geliefert, sondern einen Verriss. Kritik dient der Förderung. Wenn Sie als Privatperson Kritik missbrauchen, um endlich wieder gut essen zu können, ist das Ihre Angelegenheit. Mit dem schlechten Gewissen werden Sie leben müssen ...

Doch nehmen wir mal an, es ging bei der ganzen Angelegenheit gar nicht um die Kochkünste Ihres Mannes, sondern um das verbesserungswürdige Verkaufsgeschick eines Mitarbeiters in Ihrer Firma. Den kritisieren Sie nicht, um ihn vom Verkaufen abzubringen, sondern damit er seine Leistung steigert. Wenn Sie ihm mitteilen: »Du bist ein mieser Verkäufer!«, erreichen Sie damit nur, dass er sich klein fühlt; Sie demotivieren ihn. Wenn der Mitarbeiter zu den empfindsameren Zeitgenossen zählt, wird er Ihnen womöglich glauben und so klein mit Hut in die nächste Verkaufspräsentation gehen. Ist er dagegen von sich überzeugt, wird er aus Ihrem

Verriss schließen, dass Sie keine Ahnung vom Verkaufen haben. Sie haben ihm ja keine Beweise geliefert, sondern erst einmal nur eine subjektive Meinungsäußerung. Da kann ja jeder kommen! Halten wir also als fünfte goldene Regel des Kritisierens fest: *Ergebnisorientierte Kritik enthält eine motivierende Komponente.*

Die Kritik am Mitarbeiter wirkt sofort ganz anders, wenn Sie auf objektive Kriterien Bezug nehmen: »Ich glaube, dass bei deiner Quote noch Luft nach oben ist. Gemessen an der Zahl deiner Kundenkontakte ist die Zahl deiner Abschlüsse relativ niedrig.« Damit haben Sie Ihre Kritik fachlich korrekt begründet – Sie bewegen sich auf der Sachebene. Selbst wenn er der Meinung ist, dass Sie ihn nicht leiden können, wird er Ihr Argument nicht widerlegen können. Ist er kritikfähig, wird er am ersten Teil Ihrer Begründung erkennen können: Sie glauben daran, dass er noch Luft nach oben hat. Das können Sie ihm natürlich auch deutlicher sagen – vielleicht braucht der Gute auch einfach mal wieder ein bisschen Anerkennung, um mehr Gas zu geben. Vergessen wir eines nicht: Auch das Lob gehört zum Repertoire des Kritikers.

Nachdem die relevanten Kriterien geklärt sind, können Sie ihm klarmachen, warum Sie bei ihm noch Luft nach oben sehen, indem Sie einen gesunden Maßstab in den Raum stellen. Sie werden aber nicht viel erreichen, wenn Sie ihm vorwerfen, dass er nicht so viele Abschlüsse erzielt, wie Apple iPhones verkauft. Sinnvoller ist es, wenn Sie ihm sagen: »Ihre Kollegen Müller und Schmidt haben bei vergleichbar vielen Kundenkontakten pro Monat im Schnitt eine 30 Prozent höhere Abschlussquote.« Spätestens jetzt wird Ihr Mitarbeiter Ihnen nicht mehr vorwerfen können, Sie würden unfaire Kritik üben – es sei denn, Sie haben Ihrer Berechnung ausgerechnet den Zeitraum zugrunde gelegt, in dem er seinen dreiwöchigen Jahresurlaub genommen hat.

Damit haben Sie Ihre Kritik fachlich einwandfrei begründet. Nur: Anfangen kann Ihr Mitarbeiter damit bis hierhin noch nicht allzu viel. Er hat verstanden, dass sich etwas tun muss. Eine Ahnung, wie er das anpacken soll, hat er aber noch nicht. Wenn Sie ihn also jetzt aus Ihrem Büro verabschieden, haben Sie Ihre Verantwortung noch nicht erfüllt, denn Sie würden ihn mit der negativen Bewertung allein lassen. Als seine Vorgesetzte oder sein Vorgesetzter wollen Sie im Interesse der Firma aber mehr als das: Sie wollen ihn fördern. Sonst war das ganze Unterfangen für die Katz. Nicht jedem Mitarbeiter reicht ein Warnschuss, um bessere Leistungen zu erbringen; wenn er es von selbst besser könnte, würde er es besser machen. Verkäufer sind leistungsorientierte Menschen – wahrscheinlich leidet der Ärmste selbst darunter, dass seine Quote im Vergleich zu der seiner Kollegen so bescheiden ist.

Vielleicht ahnen Sie schon, worauf ich hinauswill: Nur Kritik, die objektiv und fair ist, kann konstruktiv sein. Kriterien und Maßstab sauber darzulegen schafft die Basis für Verbesserungsvorschläge in der Sache. Ihren Job als Kritiker haben Sie erst richtig gemacht, wenn Ihr Mitarbeiter eine Anregung aus dem Gespräch mitnimmt, wie er sich verbessern könnte. Vielleicht hakt er nach seinen Verkaufsgesprächen nicht rechtzeitig oder nicht konsequent nach – erklären Sie ihm, dass er damit Chancen verschenkt. Oder es mangelt ihm an rhetorischem Handwerkszeug für seine Präsentationen – schlagen Sie ihm eine Trainingsmaßnahme vor. Eventuell ist er vom Produkt selbst nicht überzeugt – diskutieren Sie mit ihm, woran das liegt. Möglicherweise fallen dabei sogar noch wertvolle Verbesserungsvorschläge nicht nur für ihn, sondern auch für die Produktentwicklung ab. Vielleicht stellt sich sogar heraus, dass dieser Kollege genau an dieser Stelle, in der Produktentwicklung, fachlich besser aufgehoben wäre als in seinem Job als Verkäufer.

Herausfinden werden Sie das alles nur, indem Sie konstruktiv mit ihm sprechen: Je konkreter die Kritik und die Verbesserungsvorschläge, desto größer die Chance, dass sie ihrem Zweck dienlich sein werden, dem Kritisierten zu besseren Leistungen zu verhelfen. Die sechste goldene Regel des Kritisierens lautet: *Konstruktive Kritik beinhaltet konkrete Lösungsansätze.*

Objektiv, fair, konstruktiv: Kriterien für sachliches Kritisieren

Ohne objektive Kriterien, einen fairen Maßstab und konstruktive Verbesserungsvorschläge ist Kritik zahnlos. Ein seriöser Kritiker beschränkt sich nicht auf eine Meinungsäußerung. Rein subjektive Kritik schadet der Sache und dem Ruf des Kritikers – er tut damit weder dem Kritisierten noch sich selbst einen Gefallen. Zudem läuft er Gefahr, die ganze Mannschaft gegen sich aufzubringen: Eine schlechte Leistung unter besseren gut zu bewerten, bestärkt faule Zeitgenossen in ihrer Leistungsverweigerung und stößt die echten Leistungsträger vor den Kopf.

Motivation funktioniert anders: Einen Anreiz zur Verbesserung setzt man dadurch, dass man jemandem aufzeigt, wo sein Potential für Verbesserungen liegt. Lob für gute Leistungen gehört unbedingt zum Repertoire des Kritikers – nicht aber kritikloses Lob, das jeder Verhältnismäßigkeit spottet! Genauso wenig nützlich ist ein substanzloser Verriss, der keinen Raum für Entwicklungen lässt und dem Kritisierten jegliche Motivation nimmt, den Kritiker je zufriedenstellen zu können.

Damit Kritik ihren wahren Zweck erfüllt, den Kritisierten zu fördern, brauchen wir transparente Kriterien. Einem Kritiker, der sein Urteil sauber begründet, kann niemand vorwerfen, dass er nach Sympathie bewerte. Bei subjektiven Themen wie dem Tanzen sind diese Kriterien für ehrliche Kritik besonders wichtig. Sie stellen die subjektiven Anteile der Bewertung auf eine gesunde, glaubwürdige Basis. Damit Kritik nicht nur als objektiv, sondern auch als fair empfunden wird, ist jedoch mehr nötig als die fachliche Analyse: Der Kritiker muss die Leistung auch zu einem gerechten Maßstab ins Verhältnis setzen. Wer Äpfel mit Birnen vergleicht, darf sich nicht wundern, wenn ihm unrealistische Ansprüche vorgeworfen werden.

Einen Experten erkennt man nicht daran, dass er unzufrieden ist – sondern daran, dass er ausspricht, wie es besser geht. Ein wohlwollender Kritiker behält konkrete Verbesserungsvorschläge nicht für sich. Ob jemand uns wirklich fördern will oder mit seinem Urteil andere Beweggründe verfolgt, erkennen wir daran, ob er seine Kritik konstruktiv formuliert. Das ist auch der Grund, warum ich – im professionellen Kontext – auf die Kompetenz von Kritikern poche: Nur ein Experte kann objektiv, fair und konstruktiv kritisieren. Denn nur ein Experte hat das Wissen und die Erfahrung, die dafür notwendig sind. Fachliche Kompetenz bildet die Voraussetzung, um Kritik gezielt als Führungskompetenz einzusetzen. Ein guter Chef sagt Ihnen nicht nur, dass Sie auf dem Holzweg sind. Er zeigt Ihnen auch, welchen Weg Sie stattdessen einschlagen können.

Jetzt mal Tacheles! Gleicher Maßstab heißt nicht Gleichbehandlung

Vor dem Kritiker sind alle Menschen gleich. Oder?

Wenn Sie das Gefühl haben, dass das bisher alles zu einfach war, bin ich einerseits geneigt, Ihnen zu widersprechen: Die einzig glaubwürdige Substanz sachlicher Kritik liegt in der nüchternen Ergebnisorientierung. Der springende Punkt ist oft ganz offensichtlich. Andererseits kann ich Ihnen zustimmen: Oft geht es beim Kritisieren ›am lebenden Objekt‹ nicht nur um die Sachebene.

Menschen gehen unterschiedlich mit Kritik um. Wie üben wir Kritik an unterschiedlichen Menschen?

Bei *Let's Dance* gehe ich nicht mit jedem Kandidaten gleich um, obwohl ich für alle die gleichen Kriterien und innerhalb jeder Staffel auch den gleichen Maßstab ansetze. Es gibt Kandidaten wie Maite Kelly, die von der ersten Sendung an jeden Hinweis von der Jury aufsaugen wie ein Schwamm und in der Folgewoche verlässlich umsetzen. Solche Kandidaten sind für den Kritiker dankbare Adressaten: Bei ihnen ist sachliche, neutrale Kritik völlig ausreichend, um Verbesserungen anzuschieben. Die einzige Falle, in die man tappen könnte, ist, ihnen unbewusst einen Liebling-Bonus einzuräumen und sie nicht so weit zu pushen, wie es vielleicht möglich wäre.

Vermutlich waren Sie schon in einer solchen Situation, wenn Sie Führungsverantwortung tragen: Hat sich ein Mitarbeiter erst einmal bewährt, neigt man dazu, sich blind auf ihn zu verlassen. Meistens liegen Sie damit richtig: Wenn man als Chef immer jeden und alles kontrollieren wollte, dann hätte man nichts anderes mehr zu tun. Wir sind froh über Mitarbeiter, die ihre Aufgaben allein bewältigen und zuverlässige Leistungen erbringen, auch wenn es mal anstrengend wird. Wenn Sie solche Mitarbeiter haben, sollten Sie sich allerdings hin und wieder mal fragen, ob Sie mit Ihrer unkritischen Haltung ihnen gegenüber Ihrer Führungsrolle noch gerecht werden. Dass aus Ihrer Sicht alles wie am Schnürchen läuft, heißt nämlich noch nicht, dass der Mitarbeiter sich in seiner Rolle wohlfühlt. Wenn bei ihm immer alles klappt, kann das auch bedeuten, dass er unterfordert ist. Dass möglicherweise sein Potential noch nicht ausgeschöpft ist.

Kritiklosigkeit führt zum Stillstand. Gut möglich, dass der Mitarbeiter gern stärker gefördert werden würde und sich öfter ein kritisches Wort von Ihnen wünschte – immerhin hat er sich als kritikfähig erwiesen. Vielleicht fühlt er sich sogar benachteiligt, weil Sie weniger leistungsbereiten Kollegen mehr kritische Aufmerksamkeit schenken, um sie zu besseren Leistungen zu motivieren. Das muss natürlich nicht so sein – vielleicht ist der Mitarbeiter einfach perfekt eingesetzt und harmoniert mit seiner Rolle. Es soll nur ein Anreiz zum Nachdenken sein: Wenn Sie mit den Leistungen eines Mitarbeiters wunschlos glücklich sind, sollten Sie diesen Zustand von Zeit zu Zeit hinterfragen.

Dann gibt es bei *Let's Dance* Kandidaten wie die blinde Sängerin Joana Zimmer. Durch ihre fehlende Sehfähigkeit hebt sie sich vom Rest der Konkurrenz ab. Also muss sie anders behandelt werden. Sie tanzt zweifellos mit Handicap: Tanzen ist eine optische Sportart. Joana Zimmer ist insofern im Nachteil, als sie wichtige Trainingsmethoden nicht nutzen kann, die anderen Kandidaten zur Verfügung stehen. Dazu gehört zum Beispiel, die eigene Haltung, Beinarbeit und Anmutung im vollverspiegelten Probensaal überprüfen zu können. Andererseits kann sie diesen Nachteil durch eine besondere Fähigkeit blinder Menschen zumindest teilweise ausgleichen: Sie hört und fühlt die Musik intensiver als sehende Menschen und ist daran gewöhnt, sich ihre Sehbehinderung nicht anmerken zu lassen. Dadurch verfügt sie über ein besonders waches und trainiertes Körperbewusstsein. Das merkte man ihr schon beim ersten Auftritt an: Ihre ausgeprägte Musikalität, noch gefördert durch ihren Beruf als Sängerin, konnten wir schon beim langsamen Walzer mit ihrem Partner Christian Polanc genießen.

Als Kritiker bewegt man sich auf dünnem Eis, wenn man Menschen zu bewerten hat, die ihre Leistung unter erschwerten Umständen erbringen müssen. Eine Kandidatin wie Joana Zimmer hat beim Publikum schon dafür einen Bonus, dass sie sich gegen eine Konkurrenz aufs Parkett traut, die ihr gegenüber – zumindest laut Ausweis – im Vorteil ist.

Sollte man also etwas großzügiger mit den Kriterien umgehen und aus Sympathie für diese Kandidatin einen weniger strengen Maßstab anlegen? Der Schluss ist naheliegend: Wer es schwerer hat als diejenigen, die in der Vergleichsgruppe den Maßstab setzen, muss vom Kritiker anders behandelt werden.

Ich würde das allerdings respektlos finden. Damit hätte ich Joana Zimmer die Chance genommen, ihre Leistung im fairen Vergleich genauso hoch einzuschätzen wie die aller anderen. Mit einem solchen Freibrief hätte sie sozusagen außer Konkurrenz getanzt. Ich hätte ihr die Chance zunichtegemacht, jede gute Leistung als uneingeschränkten Erfolg für sich zu verbuchen. Wie gerecht wäre das denn gewesen?

Joana Zimmer bekam von mir für ihren langsamen Walzer in der ersten Folge drei Punkte. Ein guter Wert für einen ersten Auftritt. Aber eben keine »7« oder »8« mit eingebautem Blinden-Bonus. Das wäre ihrem Potential nicht gerecht geworden. Nach ihrem Auftritt war klar, dass sie sich in ihrer Leistung noch deutlich steigern könnte. Wie hätte ich das in den folgenden Sendungen zum Ausdruck bringen sollen? Woher hätte ihr Erfolgserlebnis kommen sollen? Wie hätten sich die Zuschauer ein objektives Bild von ihrer Leistung machen sollen? Welchen Eindruck das erweckt hätte, ist doch klar: »Die bekommt sowieso mehr Punkte, weil sie blind ist.« Also würde man ihre Fortschritte nicht ernst nehmen. Davon hätten weder sie noch das Publikum etwas gehabt, und ich hätte mich als Kritiker unglaubwürdig gemacht.

Nach ihrem langsamen Walzer in der ersten Sendung begründete ich meine Bewertung folgendermaßen: »Liebe Joana, ich weiß, das ist alles nicht so einfach, gerade bei einer optischen Sportart. Aber Sie stehen in einem Wettbewerb mit elf anderen, und ich möchte da Distanzen bewerten und nicht die Umstände. Ich glaube, es ist ganz, ganz wichtig, dass wir fair miteinander umgehen. Sie haben eine gute Leistung erbracht. Ich glaube, dass Sie die Musik in Ihrem Körper, in Ihrem Bewusstsein noch mehr fühlen als manch anderer. Das hat Ihnen auf jeden Fall geholfen. Überwinden Sie noch ein bisschen mehr die Angst. Sie haben einen Partner, der ist so erfahren und so gut – ziehen Sie Nutzen aus ihm, und es wird noch besser werden! Die Angst zu verlieren ist, glaube ich, das Wichtigste für Sie.«

Mir ging es bei dieser Einschätzung um klare Verhältnisse für die Kandidatin und für das Publikum: Kriterien, Maßstab, Verbesserungspotential – hier wird niemand übervorteilt oder benachteiligt.

Andere Umstände erfordern eben nicht zwingend andere Maßnahmen. Ein Nachteil, der sich nicht aufheben lässt, darf nicht in die Bewertung einfließen; er darf den Maßstab nicht verschieben. Das wäre der gesamten Konkurrenz gegenüber ungerecht und der Sache abträglich. Wenn Sie Menschen kritisieren, die es schwerer haben als andere, tun Sie ihnen und sich selbst den größten Gefallen, indem Sie verstärkt auf Gleichbehandlung achten. Ob der Betreffende blind ist, im Rollstuhl sitzt oder stottert: Nichts hilft ihm mehr und nichts wünscht er sich mehr als behandelt zu werden wie jeder andere auch.

Eine Bevorzugung wäre kein Zeichen der Rücksicht, sondern respektlos – dem Betroffenen und dem Team gegenüber.

Warum Gleichbehandlung manchmal ungerecht ist

Und dann gibt es Kandidaten wie Manuela Wisbeck, die sich für unsere Kritik erst einmal nicht interessieren. Selbst wenn sie eine großartige Tänzerin gewesen wäre, hätte sie vermutlich keine Leistungssteigerung erkennen lassen, wenn ich in der fünften Sendung nicht ein dickes Ausrufezeichen hinter meine Kritik gesetzt hätte. Manuela ist eine Komödiantin, und dieser Rolle wurde sie auch bei *Let's Dance* gerecht. Allerdings ignorierte sie lange Zeit geflissentlich, dass es bei uns nicht auf komisches Talent, sondern aufs Tanzen ankommt. Solchen Kandidaten muss man irgendwann ein deutliches Zeichen setzen. Deshalb wurde ich nach dem fünften Auftritt, den sie in gleicher Manier ohne jegliche Rücksicht auf die Hinweise der Jury durchgezogen hatte, in meiner Wortwahl deutlich, wie im Prolog schon ausgeführt, zu deutlich.

Was in der Sendung zwischen Manuela Wisbeck und mir zu Reibungen führte, kann auch in unausgeglichenen privaten Beziehungen oder Freundschaften gefährlich werden. Im Arbeitsalltag kann es ebenfalls zu ernsthaften Schieflagen in der Teamdynamik führen. Es gibt Menschen, die sich mit ihrem guten Aussehen, ihrem Charme, ihrem Humor, ihrer Herkunft oder anderen gottgegebenen Vorteilen durchs ganze Leben lavieren. Angenehm für sie – eine Katastrophe für ihre Umgebung. Bei solchen Zeitgenossen lautet das Gebot der Fairness: Ungleichbehandlung.

Nehmen wir an, zwei Mitarbeiter liefern die gleichen mittelprächtigen Ergebnisse. Der eine ist eher schüchtern, fühlt sich selbst nicht wohl mit seiner Leistung und versucht gar nicht erst, sich rauszureden. Er weiß: Das muss besser werden, und bestärkt Sie mit seinem Verhalten in Ihrer harten Kritik. Sein Kollege dagegen, der sich auch nicht besser angestellt hat, versucht, Sie um den kleinen Finger zu wickeln, lässt seinen ganzen Charme sprühen und baut darauf, dass ihm sowieso niemand lange böse sein kann – das hat schließlich schon oft genug funktioniert. Wer wird Ihre Kritik ernster nehmen und sich beim nächsten Mal mehr anstrengen? Der Charmebolzen wahrscheinlich nicht, denn er geht davon aus, dass er ohnehin immer mit einem blauen Auge davonkommt.

Wenn Sie ihm das durchgehen lassen, senden Sie Ihrem Team das Signal: Hier kommt es nicht auf Leistung an, sondern auf Personality. Wer sich besser verkauft, hat den leichteren Job. An der Leistung der Verweigerer wird sich nichts ändern; die Leistungsbereiten aber werden irgendwann frustriert sein und es nicht mehr einsehen, sich krummzulegen.

Leistungsverweigerer brauchen eine andere Ansprache als selbstreflektierte Mitarbeiter. Sie halten sich für unverwundbar. Damit Ihre Kritik bei ihnen fruchtet, müssen Sie ihnen die Konsequenzen klar darlegen. Genau das war auch meine Absicht gegenüber Manuela Wisbeck – nur dass ich bei ihr übers Ziel hinausgeschossen bin. Bei Ardian Bujupi und Thomas Karaoglan habe ich meine Kritik in drastischere Formulierungen verpackt als bei anderen Kandidaten, um ihnen die

Fallhöhe deutlich zu machen. Im Gegensatz zu Kandidaten, die sich bereitwillig ins Zeug legen, hatten sie nämlich kein Gefühl dafür, wo oben und wo unten ist. Sie gehörten zu der Sorte, die nach dem Motto lebt:»Wo ich bin, ist oben.« In ihrer Welt mag das stimmen, nicht aber beim Tanzen – da waren sie genauso Amateure wie alle anderen Teilnehmer.

Lob, wem Lob gebührt: Potential verdient Aufmerksamkeit

Reden wir Tacheles: Im Führungsalltag ist es nicht möglich, allen Mitarbeitern die gleiche Aufmerksamkeit zu schenken. Sie kennen Ihre Pappenheimer und wissen, wer sein Potential bereits ausgeschöpft hat und bei wem noch Luft nach oben ist. Wem wenden Sie die meiste Aufmerksamkeit zu? Bei wem sind Sie öfter mit wohlwollender Kritik zur Stelle, weil Sie wissen, dass da noch etwas möglich ist? Die Frage beantwortet sich von selbst: Wenn wir unserem Bauch folgen, richten wir unser Augenmerk auf die Mitarbeiter mit dem größeren Leistungspotential.

Die längste Zeit wollten uns Führungstheorien davon überzeugen, dass das falsch sei. Alle Mitarbeiter seien gleich zu behandeln, lautete die unrealistische Forderung vieler Personalberater seit den 40er-Jahren des vergangenen Jahrhunderts – nur dann könne Harmonie im Team herrschen, die ihrerseits die Produktivität steigere.

Eine Studie der Kühne Logistics University in Hamburg und der London Business School, durchgeführt in Kooperation mit Wissenschaftlern aus Kanada und den Niederlanden, hat inzwischen das Gegenteil bewiesen. Über die Ergebnisse der Studie berichtete unter anderem »Perspektive Mittelstand« im Januar 2013. Für die Untersuchung wurden nicht etwa Führungskräfte, sondern tausend Arbeitnehmer befragt. Mit verblüffenden Ergebnissen: Behandeln Führungskräfte einzelne Mitarbeiter anderen gegenüber bevorzugt, steigert das deren Selbstwert, und die Arbeitszufriedenheit nimmt zu. Diese Mitarbeiter sind produktiver als andere, machen weniger Fehler und sind auch eher willens, ihre Kollegen zu unterstützen. Die große Überraschung: Sie ziehen die Gesamtleistung des Teams mit nach oben.

Es lohnt sich also, den moralischen Anspruch einmal zu hinterfragen, dass grundsätzlich alle Mitarbeiter immer gleich zu behandeln seien. Natürlich darf eine Führungskraft die Ergebnisse der Studie nicht missbrauchen, um Arbeitnehmer mit weniger Potential zu vernachlässigen oder gar ungerecht zu behandeln. Wenn Sie ein Team zur Meuterei führen wollen, haben Sie mit unsachgemäßen Vergleichen nach wie vor beste Chancen:»Der Müller kann das viel besser als Sie, von dem können Sie sich mal eine Scheibe abschneiden!« Damit tun Sie nicht einmal Müller einen Gefallen.

Die Bevorzugung, um die es hier geht, hat nichts mit persönlichen Präferenzen zu tun. Es geht allein darum, wie Sie Ihre kritische Aufmerksamkeit verteilen: Wer sich mehr steigert als andere, verdient auch ein dickeres Lob. Deshalb müssen Sie diejenigen, die ›nur‹ konstante Leistungen erbringen, ja nicht gleich abwatschen. Die Studie hat ergeben, dass der gerechte Lohn für gebotene Leistungen häufig eine weitere Steigerung zur Folge hat – ganz zu schweigen davon, dass Sie den Mitarbeiter damit glücklich machen. Diese Form der Ungleichbehandlung, so die Autoren der Studie, können auch die Kollegen akzeptieren.»Perspektive Mittelstand« zitierte dazu den Studienleiter Professor Christian Tröster von der Kühne Logistics University:»Hat jemand gute Arbeit erbracht, sind Lob und Schulterklopfen gerechtfertigt. Unter diesen Umständen wäre das Verhalten des Chefs auch für die Kollegen verständlich.«

Es geht also keineswegs darum, Lieblinge zu fördern und den Rest hinten runterfallen zu lassen. Das verbietet sich, wenn Führungskräfte die Regeln ehrlicher Kritik beachten: identische Kriterien und ein fairer Maßstab, der ausnahmslos für alle gilt. Wenn Gleichbehandlung jedoch darauf hinausläuft, dass die Gleichgültigen im Team genauso gelobt werden wie die Leistungsträger, dann kann von Fairness keine Rede sein. Die zitierte Studie zeigt: Verzichten Sie aus moralischen Gründen darauf, herausragende Leistungen zu würdigen, lassen Sie Leistungspotentiale ungenutzt liegen!

Um sich nicht der Gefahr auszusetzen, nach Sympathie zu kritisieren, müssen Sie nur Ihren eigenen Maßstäben vertrauen. Wenn Sie als Führungskraft bei der Teamkritik Ihre Sache gut machen, haben Sie ja gerechte Vergleichswerte zur Hand: Wer seine Leistungen aufgrund Ihrer konstruktiven Hinweise steigert, verdient Lob. Wer sie dagegen ignoriert, darf sich über deutliche Worte nicht wundern. Und wer seine Sache konstant gut macht, aber auch kein Potential mehr für Verbesserungen hat, darf von Ihrer Kritik keine Wunder erwarten, wohl aber, nicht ignoriert zu werden.

Der aktuelle Stand der Forschung zeigt, dass Sie gut damit fahren, sich als Kritiker stärker auf die zu konzentrieren, die noch Reserven haben. Kritik dient der Förderung. Haben Sie kein schlechtes Gewissen dabei, die mit Lob zu stärken, die sich ins Zeug legen, um ihr Potential auszuschöpfen – und denjenigen, die ihr Potential ungenutzt lassen, ihre Fallhöhe aufzuzeigen. Alles andere wäre unfair – und zwar dem ganzen Team gegenüber. Mit den Worten von Professor Christian Tröster:»Führungskräfte müssen wissen, dass Gleichbehandlung nicht unbedingt zum Ziel führt. Wollen sie erfolgreich sein, sollten sie ihre Aufmerksamkeit ungleich verteilen.«

Die Betonung liegt auf dem Wort »Aufmerksamkeit«: So etwas wie einen Freibrief zur Vernachlässigung oder gar Ausgrenzung ungeliebter Mitarbeiter gibt es nicht. Das würde gegen jede Regel ehrlicher Kritik verstoßen: Jeder soll die Förderung bekommen, die ihm zusteht. Die Aufmerksamkeit des Kritikers verdienen wir uns durch Leistung genauso wie durch Leistungsverweigerung. Der Kritiker ist dann gerecht, wenn er auf beides zu reagieren weiß: nicht gleich, sondern fair. Die siebte goldene Regel des Kritisierens bringt es auf den Punkt: *Ein ehrlicher Kritiker formuliert seine Kritik so deutlich wie nötig und so wohlwollend wie möglich.*

Faire Kritik: Nichts für schwache Gemüter

Wenn ich also sage, Gleichbehandlung ist manchmal ungerecht, meine ich: Kriterien und Maßstab sind für alle gleich. An der Sachebene von Kritik darf sich nichts ändern – egal, mit wem ich spreche. Auch nicht daran, dass ich als Kritiker auf Augenhöhe agieren muss: Überheblichkeit, Beleidigungen und despektierliche Wortwahl sind tabu. Dass ich da auch mal danebengreife – geschenkt. Auch Kritiker sind nicht perfekt.

Auf der Beziehungsebene aber dürfen wir uns nichts vormachen: Wenn zwei Menschen miteinander kommunizieren, wird es persönlich. Sender und Empfänger sind zwei Persönlichkeiten, die sich aufeinander einstellen müssen. Insbesondere im Führungskontext ist es völlig legitim, einem uneinsichtigen Mitarbeiter bei gleicher Minderleistung ein deutlicheres Signal zu setzen als einem, der von selbst bereit ist, sich zu steigern. Bei Letzterem reicht der konstruktive

Hinweis, was er besser machen kann. Ersterer braucht, wenn er sich hartnäckig verweigert, zusätzlich einen Wink mit dem Zaunpfahl, dass er an seiner Einstellung arbeiten muss. In der Sache üben Sie bei beiden die gleiche Kritik – alles andere wäre unfair und würde das Team verunsichern. Bei Ihrer Ansprache dagegen werden Sie berücksichtigen, mit wem Sie es zu tun haben.

Aus diesem Grund sind Harmoniesüchtige keine guten Kritiker: Sie sind ständig bemüht, auf der Beziehungsebene für Ausgleich zu sorgen, und nehmen lieber Abstriche auf der Sachebene in Kauf. Bei ihnen haben die Charmebolzen leichtes Spiel: Sie müssen nur bockig werden, und schon bekommen sie ihren Willen.

Jetzt wissen Sie auch, warum ich mit Buh-Rufen aus dem Publikum gut leben kann, wenn ich einem beliebten Entertainer eine schlechte Wertung gebe. Ich bin bei *Let's Dance* nicht der Moderator, sondern der Wertungsrichter. Als Chef ist man manchmal beides. Doch wenn es ums Kritisieren geht, ist die Sache klar: Da zählt nicht Behaglichkeit, sondern Ergebnisse. Ihr Team wird es Ihnen danken. Ein guter Chef ist nicht einer, der es allen gleichermaßen recht machen will – sondern einer, der dafür sorgt, dass alle am gleichen Strang ziehen.

Was glauben Sie eigentlich, wer Sie sind?
Woran man einen kompetenten Kritiker erkennt

Keine Ahnung? Kein Kommentar!

Manchmal wünsche auch ich mir, der Kritiker hätte lieber geschwiegen – sogar ein so brillanter, leidenschaftlicher, eloquenter Kritiker wie der am 18. September 2013 verstorbene Marcel Reich-Ranicki, der die öffentliche Wahrnehmung der Literatur geprägt hat wie kein Zweiter. So ging es mir am Abend des 11. Oktober 2008, als in Köln der Deutsche Fernsehpreis verliehen wurde und Reich-Ranicki den ihm zugedachten Ehrenpreis der Stifter für sein Lebenswerk und seine Sendung *Das Literarische Quartett* ablehnte. Ich erlebte an diesem Abend vor Ort im Publikum mit, wie verheerend Kritik sich gegen den Kritiker wenden kann.

Der damals 88-Jährige war ohne Zweifel eine der schillerndsten Figuren des deutschen Fernsehens vergangener Tage. Jahrzehntelang hatte er sich als äußerst ehrlicher und strenger Kritiker um die deutsche Literatur verdient gemacht. Er war zweifellos ein Meister seines Fachs: Kritik auf hohem Niveau, mit dem Augenmerk auf die sachliche Substanz und leidenschaftlich im Vortrag war sein Markenzeichen – obwohl es immer wieder Autoren gegeben hat, die sich persönlich von ihm angegriffen fühlten. Über manche seiner Urteile könnte man sicher trefflich streiten, doch er hat selbst seine schlimmsten Verrisse immer mit dem Ziel vorgetragen, die Qualität der Literatur im Großen und Ganzen zu fördern.

Bei seiner Dankes- bzw. Ablehnungsrede stellte er unter Beweis: Die Rhetorik des versiertesten Kritikers versagt, wenn ihm die Kritikkompetenz fehlt, bedingt durch mangelnde Kenntnis der TV-Formate und durch autoritäre Persönlichkeitsstruktur. Reich-Ranicki leitete seine Zurückweisung mit den Worten ein:»Ich möchte niemanden kränken, niemanden beleidigen oder verletzen, nein, das möchte ich nicht.« Dann hob er an, genau das zu tun:»Ich nehme diesen Preis nicht an. Ich hätte das, werden Sie denken und sagen, früher erklären sollen. Natürlich! Aber ich habe nicht gewusst, was hier auf mich wartet, was ich hier erleben werde. Ich gehöre nicht in diese Reihe der heute – vielleicht sehr zu Recht – Preisgekrönten. Wäre der Preis mit Geld verbunden, hätte ich das Geld zurückgegeben. Aber er ist ja nicht mit Geld verbunden. Ich kann nur diesen Gegenstand, der hier verschiedenen Leuten überreicht wurde, von mir werfen oder jemandem vor die Füße werfen. Ich kann das nicht annehmen. Und ich finde es auch schlimm, dass ich hier vier Stunden das erleben musste.« Daraufhin erläuterte Reich-Ranicki, dass man in den Programmen von 3sat und arte manchmal sehr schöne und wichtige Sachen sehen könne – aber heute nicht mehr –, meist kämen dort »schwache Sachen«. Und dann setzte er zum finalen Hieb an:»Aber nicht der Blödsinn, den wir hier zu sehen bekommen haben. Ich will nicht weiter darüber reden.«

Reich-Ranicki, dieses Eindrucks konnte ich mich nicht erwehren, hatte offensichtlich schon sehr lange den Fernseher nicht mehr eingeschaltet. Seinen Worten zufolge war ihm keine der aktuellen Sendungen bekannt gewesen, bevor er an diesem Abend damit konfrontiert worden war. 3sat und arte lobte er für ihr früheres Programm. Zu den Privatsendern hatte er schlicht nichts zu sagen – nicht einmal etwas Kritisches.

Und darin lag das Problem: Es war Reich-Ranickis gutes Recht, das Fernsehprogramm des 21. Jahrhunderts schrecklich zu finden und für sich den Schluss zu ziehen, dass er sich in diesem Fernsehmilieu nicht mehr richtig aufgehoben fühlte. Es wäre auch sein gutes Recht gewesen, als Zuschauer Kritik zu üben – wenn er denn einer gewesen wäre. Dass er in der Sache im Unrecht war, kann man ihm ebenfalls nicht pauschal vorwerfen. Auch ich habe in diesem Buch an bestimmten Aspekten einzelner Sendungen Kritik geübt.

Doch Reich-Ranickis Verriss mangelte es an jeglicher Substanz. Seine Kritik hätte er konkret vortragen und sachlich begründen müssen, anstatt sich in einem öffentlichen Wutausbruch Luft zu machen. Er hätte durchaus über die rhetorischen Mittel verfügt, seine Kritik in Form von motivierenden Verbesserungsvorschlägen zu formulieren. Er hätte seine Kriterien benennen können. Er hätte seinen – vermutlich seiner Generation geschuldeten – Maßstab erklären und sich konstruktiv dazu äußern können, was er stattdessen im Fernsehen zu sehen wünschte. All das tat er nicht. Was Reich-Ranicki da vortrug, war keine Kritik, sondern ein Generalverriss.

Dass er sich dabei mit Vokabeln wie »Blödsinn« auch noch im Ton vergriff und gestisch demonstrierte, wie er den Preis den Anwesenden gern vor die Füße werfen würde – das hätte ich ihm in diesem emotionalen Moment noch verzeihen können. Doch vor den Augen der Öffentlichkeit verbale Ohrfeigen an Menschen auszuteilen, deren Leistungen zu beurteilen man nicht kompetent ist, zeugt von mangelndem Respekt nicht nur vor den Betroffenen, sondern auch vor der Sache, um die es geht.

Dieser Fall demonstriert, dass wir bei Kritikern auf den Unterschied zwischen Kompetenz und Selbstüberhöhung achten müssen. Bei der Gala zum Deutschen Fernsehpreis ging Marcel Reich-Ranickis Ego mit ihm durch. Als er, den

Dolch im Gewand, zur Bühne schritt, erhob sich die versammelte Fernsehprominenz von ihren Sitzen und bedachte ihn minutenlang mit stehenden Ovationen, bevor er das erste Wort gesprochen hatte. Reich-Ranicki ließ es nicht nur zu – er ließ sich offenkundig feiern. Lächelnd genoss er den Applaus des Publikums, das er gleich darauf zu beschimpfen gedachte. Und nicht nur die anwesenden Fernsehschaffenden beleidigte er an diesem Abend, sondern indirekt auch die Millionen von Zuschauern der Programme, die dort ausgezeichnet wurden. Er schwang sich auf zum Kultur-Papst – als verliehen seine Verdienste um einen Sektor des Kulturbetriebs ihm auch die Deutungshoheit über alle anderen. Eine gefährliche Haltung: ›Qualität ist, was ich für gut befinde!‹ Mit der sachlichen, konstruktiven Perspektive, die ehrlicher Kritik zugrunde liegt, hat diese Einstellung nichts zu tun – sie bedient allein das Ego und macht aus Kritik ein reines Geschmacksurteil. Als Literaturkritiker war Reich-Ranicki zweifellos jahrzehntelang eine Institution. An diesem Abend jedoch stellte er sich als Kritiker selbst das schlechteste Zeugnis aus.

Die Bezeichnung »Kritiker« beschreibt eine Tätigkeit, keine fachliche Qualifikation. Dass jemand in seinem Spezialgebiet kompetent ist, macht ihn noch lange nicht zu einem Experten für andere Fachgebiete. Als Kritiker muss ich mir der Grenzen meiner eigenen Kompetenz bewusst sein, bevor ich zu einer Generalverdammung in einem Feld aushole, in dem ich selbst offenkundig nicht mitreden kann.

Manchmal ist Schweigen Gold. Die achte goldene Regel des Kritisierens zu beherzigen kann derartige Entgleisungen verhindern: *Hinter die Sache zurückzutreten ziert den ehrlichen Kritiker.*

Warum Experten nicht automatisch auch gute Kritiker sind

Woran erkennt man einen kompetenten Kritiker? Die offensichtlichste Antwort wäre: an seinen Titeln. Wer Doktor der Medizin ist, darf gewiss als medizinisch kompetent angesehen werden. Doch so einfach ist es leider nicht immer. Es gibt viele fachlich hochqualifizierte Experten, die gleich mehrere akademische Titel tragen – und doch als Kritiker nicht geeignet sind, weil ihr Wissen nur theoretischer Natur ist.

Stellen Sie sich beispielsweise vor, ein junger Doktor der Chemie, Mitte oder Ende zwanzig und frisch von der Uni, würde die Leitung eines Chemiekonzerns wie Hoechst oder BASF übernehmen – oder auch nur die Leitung der Abteilung Forschung und Entwicklung, die seiner Qualifikation am meisten entgegenkäme. Wie gut würde er seine Sache als Führungskraft wohl machen? Wie würde er die Rolle des professionellen Kritikers erfüllen, die damit einhergeht? Die Entscheidungen, die er zu treffen hätte, wären vor allem operativer Natur. So ist es im Berufsleben in den meisten Fällen: Dort geht es nicht um die Anwendung von Fachwissen, nicht um die Theorie. Dieser junge Mann soll nun über ein Millionenbudget verfügen und entscheiden, welche Marktsegmente den Konzern in den Folgejahren zum Erfolg führen können. Er soll Kollegen in der Ausübung ihrer Positionen einschätzen und bewerten, Personalentscheidungen treffen, sich souverän gegen die Konkurrenz positionieren. Was nützen ihm dabei seine theoretischen Kenntnisse über Formeln und Eigenschaften von Stoffen? Sie versetzen ihn lediglich in die Lage, mitreden zu können, um im Zusammenspiel mit anderen etwas auf die Beine zu stellen.

Der junge Chemiker an der Konzernspitze – ein unrealistisches Beispiel? Allerdings. Denn so läuft es gewöhnlich nicht.

Leitende Positionen werden in der Regel von Experten bekleidet, die nicht nur die Fachkompetenz mitbringen, sondern auch in der Führung von Mitarbeitern und der Leitung von Projekten erfahren sind. Dafür gibt es gute Gründe: Einen realistischen Maßstab anlegen kann nur, wer Verhältnisse wie zum Beispiel den Stand eines Unternehmens innerhalb der Konkurrenz seiner Branche einschätzen kann. Um konstruktiv zu kritisieren, also praktisch umsetzbare Verbesserungsvorschläge zu machen, sind Anwendungskompetenzen notwendig. Die kann man meist nur durch Ausübung der entsprechenden Tätigkeiten erwerben.

Förderliche Kritik setzt neben all diesen Kenntnissen auch soziale Kompetenzen voraus. Um Veränderungen zu bewirken, braucht ein Kritiker vor allem den Respekt derer, die er kritisiert. Den wird er – zum Beispiel als Führungskraft – nur bekommen, wenn seine Mitarbeiter ihn als gutes Vorbild erlebt haben. Die Alternative: Ihm eilt in Fachkreisen ein guter Ruf voraus. Dann können die Mitarbeiter, auch ohne ihn persönlich zu kennen, erst einmal davon ausgehen, dass er sich als kompetent erprobt hat. Dennoch wird er diesen Vertrauensvorschuss bei jedem Wechsel wieder persönlich unter Beweis stellen müssen, um seinen guten Ruf zu behalten. Vertrauen ist hier das Schlagwort – und das muss man sich erst einmal verdienen.

Die Zuschauer vertrauen auf mein Urteil als Juror bei *Let's Dance*, weil ich selbst einmal Profitänzer war und als Wertungsrichter bei professionellen Turnieren tätig bin. Sie verlassen sich auf mein Urteil, weil auch die Profis das tun. Nachgewiesene Erfahrungswerte und Referenzen sind ein weitaus besserer Gradmesser von Kompetenz, als akademische Titel es sein können.

Warum der ehrliche Kritiker persönlich wird

Im Alltag stehen wir oft vor schwierigen Entscheidungen und wünschen uns kompetentes Feedback. Wie aber können wir einschätzen, wer als Ratgeber geeignet ist? Dass ich nicht meinen Zahnarzt frage, wenn ich eine konstruktive Einschätzung meiner Beinarbeit beim Quickstep brauche, liegt auf der Hand; die fachliche Kompetenz setzen wir an dieser Stelle voraus. Aber woran erkenne ich, dass ich von der Bewertung eines Kritikers persönlich profitieren kann?

Die Antwort mutet ganz einfach an und ist doch vielschichtig: Einen ehrlichen Kritiker erkenne ich daran, wie er Kritik übt. Zum einen dadurch, dass er sich an die Regeln des Kritisierens hält: Er benennt seine Kriterien, legt einen gesunden Maßstab an, hat konstruktive Lösungen parat. Er kann mir nicht nur erklären, sondern auch zeigen, worauf es ankommt. Er redet nicht um den heißen Brei herum, sondern spricht konkret die kritischen Punkte an und scheut sich auch nicht, den Finger in die Wunde zu legen. Sein Augenmerk liegt auf dem Fortschritt in der Sache, nicht auf den Umständen oder auf Political Correctness. Seine Einlassung lässt erkennen, dass er darauf bedacht ist, mich zu fördern – nicht darauf, mich kleinzuhalten.

Ob ich persönlich an der richtigen Adresse bin, hängt darüber hinaus jedoch auch noch von der sozialen Kompetenz des Kritikers ab. Sie ist besonders für Eltern, Führungskräfte und andere Menschen in verantwortungsvollen Rollen wichtig, deren Adressaten sich ihre Kritiker nicht aussuchen können. Diese Qualitäten lassen sich schwer in Regeln fassen, wohl aber benennen: Ein ehrlicher Kritiker lässt sich zwar nicht von seinen Emotionen lenken, doch er verfügt über Empathie. Das bedeutet, dass er in der Lage ist, sich in seinen Gesprächspartner hineinzuversetzen. Er fragt sich nicht nur: Was möchte ich, dass mein Mitarbeiter erreicht? Sondern auch: Kann er das überhaupt? Will er das auch? Kann ich ihm das zumuten? Entspricht dieser Vorschlag seiner Persönlichkeit?

Ein ehrlicher Kritiker betrachtet seine Vorschläge nicht als absolut, sondern als Hinweise für Verbesserungen. Er wird Ihnen nicht sagen: Nur wenn du es so machst wie ich, kannst du erfolgreich sein. Er kann Sie darauf hinweisen, was zu tun ist. Doch er wird Ihnen raten, es auf Ihre Weise zu tun. Er zählt, wenn irgend möglich, mehrere Alternativen auf und lässt Ihnen die Wahl. Vokabeln wie »alternativlos« wird er nur in den Mund nehmen, wenn es sich um eine unumstößliche Direktive handelt, bei der auch ihm die Hände gebunden sind.

Auch die Art und Weise, wie er mit Ihnen umgeht, wird er von Ihrer Persönlichkeit abhängig machen, wenngleich er in der Sache konsequent bleiben wird. Wenn er weiß, dass Sie persönlich gerade an Ihrem Limit sind, wird er Ihnen nicht Feuer unterm Hintern machen. Wenn er weiß, dass Sie einen Tritt in den Hintern brauchen, wird er Ihnen einen geben. Und wenn alles gut ist, dann wird er Sie beruhigen, indem er Ihnen das sagt.

Kurzum: Ein guter Kritiker verfügt neben Fachwissen und einer konstruktiven Haltung auch über eine ausgeprägte Menschenkenntnis. Und die kommt – Sie ahnen es schon – mit der Erfahrung.

Getarnte Manipulation: Wenn Kritiker ihre Macht missbrauchen

Auch als Empfänger von Kritik sollten Sie Ihrer Menschenkenntnis und Ihrer Erfahrung größeren Wert beimessen als den Kompetenzen, die einen Kritiker auf dem Papier gut aussehen lassen. Immer wieder begegnen wir Menschen, die ihre Kompetenzen missbrauchen. Kritik kann eingesetzt werden, um Menschen zu manipulieren. Kritik ist eine sensible Sache; sie kann uns ebenso gut voranbringen wie vernichten – gerade dann, wenn wir sie am nötigsten haben.

Schwieriger als einen hilfreichen Kritiker zu identifizieren ist es manchmal zu erkennen, auf wessen Rat Sie guten Gewissens verzichten können. Zu erkennen, wer sich nicht an die Regeln des Kritisierens hält, ist leicht. In einer Grauzone bewegen wir uns dagegen, wenn ein Kritiker andere Beweggründe hat, als Sie zu fördern. Kollegen und Chefs richten ihre Kritik manchmal nicht daran aus, was sie brauchen – sondern daran, was ihnen selbst gerade zupasskäme. Oft ist sich Ihr Gesprächspartner seines Antriebs möglicherweise nicht einmal bewusst. Umso schwieriger ist es in diesen Fällen für den Empfänger der Kritik zu erkennen, woher der Wind weht.

Als ich 1986 an den nordrhein-westfälischen Landesmeisterschaften in den lateinamerikanischen Tänzen in Herford teilnahm, erlebte ich am eigenen Leib, wie Kritik als Machtinstrument missbraucht werden kann. Ich erinnere mich noch gut an meine Performance auf diesem Turnier. Auch heute, aus meiner Perspektive als Wertungsrichter, würde ich sagen: Meine Auftritte bis zum Semifinale gehörten nicht zu meinen schlechteren. Ich wähnte mich bereits im Finale. Umso mehr wunderte ich mich, als ich die Gesamtwertung sah, die aus der Summe der Wertungen von sieben Wertungsrichtern gebildet wurde: Ich schaffte den Einzug ins Finale nicht.

Woran das lag, klärte sich schnell. An jenem Abend war ein Funktionär aus Westfalen anwesend, damals hoch angesiedelt sowohl im Deutschen Tanzsportverband als auch im Deutschen Professional-Tanzsportverband. Er war zu dieser Zeit fraglos eine der schillerndsten Persönlichkeiten der deutschen und internationalen Tanzsportpolitik. Nun war er in Herford allerdings nicht nur als Funktionär anwesend, sondern auch Trainer mehrerer Paare, mit denen wir an diesem Abend – und auch sonst – konkurrierten. Und einige der sieben Wertungsrichter des Turniers gehörten bekanntermaßen zu seinem Dunstkreis.

Nun muss ich allerdings ergänzen, dass das im Tanzsport nichts Ungewöhnliches ist. Zweifellos ein kritikwürdiger Zustand: Das Problem ist jedem bewusst, der mit der Szene etwas zu tun hat. Doch es ist nicht leicht, eine Lösung zu finden. Die meisten ehemaligen Tanzprofis, die nach dem Ende ihrer aktiven Laufbahn als Wertungsrichter in Frage kommen, bleiben eng mit den aktiven Paaren aus ihren Vereinen verbunden. Viele Tänzer halten ihrem Trainer, der später möglicherweise auch Wertungsrichter sein wird, die Treue. Für diese ist es also nicht leicht, eine kritische Distanz zu den aktiven Tänzern ihres Vereins zu wahren – mehr als 90 Prozent gelingt es dennoch sehr gut.

Grenzwertig sind allerdings Zustände, wie sie mir bei den Landesmeisterschaften in Herford zum Verhängnis wurden: wenn Wertungsrichter in enger Verbindung zu Trainern mehrerer teilnehmender Paare stehen und sich von ihnen beeinflussen lassen. Leider gibt es unter den Funktionären einige wenige schwarze Schafe, die ihre Machtposition tatsächlich für ihre Zwecke nutzen.

Als einer dieser Manipulatoren war jener Funktionär und

Trainer bekannt. Bei genauerer Betrachtung des Ergebnisses konnte ich feststellen, dass genau die Wertungsrichter, die zu seinem näheren Umfeld gehörten, meiner Partnerin und mir keine Kreuze zum Finale gegeben hatten. Zur Erklärung: Während jeder Tanzvorführung geben alle Wertungsrichter an die Paare Kreuze, die sie im Finale sehen wollen. Die sechs Paare, die am Ende die meisten Kreuze auf dem Zettel haben, ziehen ins Finale ein. Wir landeten in Herford auf dem 7. Platz – ins Finale zogen sechs andere Paare ein. Wir ahnten: Hier ging es nicht mit rechten Dingen zu. Die Einflussnahme des Funktionärs hatte unsere Gesamtnote nach unten gedrückt. Über die Gründe musste ich nicht lange spekulieren: Schon mehrmals hatte ich sein Angebot abgelehnt, zu ihm als Trainer zu wechseln, weil wir für unsere ehrlichen Leistungen bewertet werden und nicht durch politische Spielchen nach oben kommen wollten. Nun versuchte er es eben mit anderen Mitteln, so meine Schlussfolgerung.

Der Verdacht bestätigte sich: Er machte mir gegenüber nicht einmal einen Hehl daraus. Nach dem Turnier kam er zu mir und sagte mit einem süffisanten Grinsen: »Wärst du zu mir gekommen, wärst du jetzt im Finale.« Natürlich könnte man daraus auch schließen, dass er großes Vertrauen in seine Qualitäten als Trainer hatte – die er nachweislich besaß. Doch seine Vorgehensweise und die Wertungen an diesem Abend sprachen eine andere Sprache. Nur der Vollständigkeit halber sei auch noch erwähnt, dass seine Schützlinge es damals allesamt ins Finale schafften.

Leider gibt es einige Akteure, die nicht davor zurückschrecken, zu solchen Mitteln zu greifen. Zwar gibt es bei Profi-Turnieren in der Regel sieben bis elf Wertungsrichter, um den Effekt etwaiger Einflussnahmen einzudämmen. Wenn jedoch ein gut vernetzter und involvierter Funktionär die Ergebnisse manipuliert, indem er Einfluss auf gleich mehrere Richter nimmt, ist die Wirksamkeit dieser Vorkehrung weitgehend aufgehoben.

Aus diesem Grund kursiert zum Beispiel beim Internationalen Olympischen Komitee (IOC) schon seit Jahren die Anregung, nur noch professionelle Wertungsrichter zuzulassen, die mit keinem der Teilnehmer in Verbindung stehen – so wie es bei professionellen Schiedsrichtern in anderen Sportarten gehalten wird. Im Gegensatz zu ihnen können Wertungsrichter selbst im Profi-Bereich allerdings kein ausreichendes Einkommen erzielen – weshalb diese Pläne bis heute nicht umgesetzt werden konnten. Gerade in einer Sportart wie Tanzen ist das ein ernstes Problem. Im deutschen Profi-Tanzsport kommt es glücklicherweise sehr selten zu solchen Begebenheiten, wie ich sie damals in Herford erlebt habe. In anderen Ländern sieht das leider anders aus.

Das Beispiel eignet sich gut, um ein weiteres Warnschild aufzustellen: Schauen Sie ganz genau hin, wenn Sie von jemandem kritisiert werden, zu dem Sie in Konkurrenz stehen. Alle Kompetenz nützt nichts, wenn ein Neidfaktor in die Bewertung einfließt. Fühlt sich Ihr Kollege – oder gar Ihr Chef – von Ihnen bedroht, weil er angesichts Ihrer Leistung um seinen Job fürchtet, sollten Sie seine Einschätzung und seine Vorschläge mit Argusaugen prüfen.

Wenn Sie sich aussuchen können, von wem Sie Feedback bekommen: Meiden Sie Kritiker, die zu Ihnen in Konkurrenz stehen. Es sei denn, Sie wissen, dass Sie dem betreffenden Kollegen vorbehaltlos vertrauen können. Wenn Sie diese Wahl nicht haben, zum Beispiel bei Kritik von einem unsicheren Vorgesetzten: Hinterfragen Sie die vorgeschlagenen Handlungsalternativen daraufhin, wem sie am meisten nützen. Geht es vor allem um den Fortschritt in der Sache, ohne dass Sie dabei Schaden nehmen, ist alles in Ordnung. Ist bei dem Vorschlag jedoch kein Fortschritt in der Sache zu erwarten, zeichnen sich stattdessen jedoch Vorteile für Ihren Kritiker oder erhebliche Nachteile für Sie ab, dann werden Sie möglicherweise gerade manipuliert. Holen Sie lieber eine zweite Meinung ein!

Ist die neunte goldene Regel des Kritisierens erfüllt, ist alles im grünen Bereich: *Der ehrliche Kritiker steht über der Konkurrenz.*

Kenne deinen Kritiker

Kompetenz ist ein zweischneidiges Schwert: Sie ist ein zwingendes Kriterium für ehrliche Kritik. Nur fachlich versierte Experten sind in der Lage, substantielle Kritik zu üben. Doch damit allein ist es noch längst nicht getan: Nur ein Experte, der sich in der Praxis als Vorbild erwiesen hat, hat auch die Umsetzbarkeit seiner Handlungsvorschläge im Blick und weiß um die Konsequenzen seiner Kritik. Diese Kompetenzen kann ein Kritiker nur durch Erfahrung erlangen. Die lehrt ihn, dass jeder Ratschlag nur so viel wert ist, wie beim Adressaten ankommt: Nur ein Kritiker mit Menschenkenntnis kann Ihre Reaktion antizipieren und sich so auf Sie einstellen, dass Sie mit seiner Kritik auch etwas anfangen können.

Das alles macht zum Beispiel eine Führungskraft kompetent, aber noch nicht automatisch aufrichtig. Ob Sie es mit einem wohlwollenden Sparringspartner zu tun haben, erkennen Sie nicht daran, was er weiß. Vielmehr zeichnet ihn aus, dass er weiß, was er nicht weiß. Nur ein ehrlicher Kritiker ist in der Lage, auch mal den Mund zu halten – weil ihm bewusst ist, wo seine Kompetenzen ihre Grenzen haben.

Auch Kritiker dürfen sich irren:
Warum es egal ist, wer recht hat

Nicht einschüchtern lassen

Einmal ist es bei *Let's Dance* bisher vorgekommen, dass eine Kandidatin mit meinem Urteil überhaupt nicht fertigwerden konnte. Es war Margarethe Schreinemakers, die 2007 an der zweiten Staffel teilnahm. In der ersten Folge tanzte sie mit ihrem Partner Jürgen Schlegel einen Cha-Cha-Cha. Was ihr an tänzerischer Bewegung fehlte, glich sie mit aufgedrehter Mimik und Gestik aus. In meiner Bewertung nahm ich darauf bildlich Bezug, indem ich anmerkte, die beiden hätten ausgesehen wie zwei tanzende Ecstasy-Pillen.

Schreinemakers fand das gar nicht witzig. Ihrer Entrüstung machte sie jedoch nicht in der Sendung Luft, sondern in den Schlagzeilen des nächsten Tages. In der Boulevardpresse wurde aus meiner Bemerkung nichts weniger als ein »Drogenvorwurf«. Die ehemalige Quoten-Queen glaubte, zwischen den Zeilen meiner Äußerung die Unterstellung entdeckt zu haben, sie konsumiere Drogen: »Die Drogenunterstellung war eine richtige Bösartigkeit! Drogen sind das Übelste!«

Skandal! Die Zeitung war selbstverständlich um Aufklärung bemüht, als sie besorgt fragte: »Warum rückte [Llambi] sie in Drogen-Nähe?« Und ich gab nach. »Lammfromm«, wie die Boulevardpresse berichtete: »Das war nur ein sprachliches Bild für ihre temperamentvolle Art. Tut mir leid, wenn das anders verstanden worden ist.«

Ich bereue es, dass ich mich damals entschuldigt habe. Wer in einer Unterhaltungsshow auftritt, in der die Kritik an den Teilnehmern ein zentraler Bestandteil des Konzepts ist, muss zugespitzte Kritik aushalten können. Schreinemakers' Masche war durchschaubar. Mir zu unterstellen, ich hätte ihr mit meiner Bemerkung Drogenkonsum vorgeworfen, war absurd. Indem ich der Boulevardpresse gegenüber sagte, es tue mir leid, falls ich missverstanden worden sei, spielte ich bei dieser Seifenoper mit. Nicht meine Bemerkung in der Sendung war der Fehler, sondern dass ich anschließend klein beigab.

Ehrlich Kritik zu üben erfordert Mut. Gerade Menschen gegenüber, die dafür bekannt sind, dass sie sich nicht so leicht etwas sagen lassen. Solche Menschen gibt es überall: zum Beispiel Kollegen, die bei der ersten Gelegenheit zum Chef rennen, um jemanden anzuschwärzen. Kritische Menschen haben es nicht immer leicht. Ist es nicht nachvollziehbar, dass man manchmal lieber den Mund hält, um kein Getöse vom Zaun zu brechen? Nachvollziehbar schon – aber nicht richtig.

Offene Kritik ist nicht immer erwünscht. Viele Menschen scheuen den Gegenwind, der ihnen droht, wenn sie ihre Meinung sagen. Die Political Correctness ist zu einer Plage geworden: Einmal eine klare Ansage gemacht, und schon steht man am Pranger. Gesund ist diese neue Kommunikationskultur nicht – und doch ist sie inzwischen in vielen Unternehmen etabliert. In einem ganz normalen Meeting verbrennt man sich inzwischen leichter durch eine unbedarfte Bemerkung die Zunge als am Büro-Kaffee. Haben Sie auch schon in Betracht gezogen, eine Rechtsschutzversicherung für Ihr Mundwerk abzuschließen? Nur für den Fall, dass Sie irgendwann nicht anders können, als Ihre Meinung offen zu äußern ...

Wenn nämlich niemand mehr seine Meinung sagt, drehen wir uns nur noch im Kreis. Es kann im Interesse keines Unternehmens liegen, dass die Mitarbeiter tagsüber einen Maulkorb tragen müssen. Wo nicht einmal mehr sachliche Kritik erlaubt ist, da suchen die Menschen nach anderen Ventilen. Wenn wir tagein, tagaus unseren Frust in uns hineinfressen, weil wir nichts sagen dürfen, wenn uns etwas stinkt, dann holen wir uns unsere Erleichterung eben woanders.

Von nichts kommt nichts

Sich aus Versehen im Ton zu vergreifen ist nicht die einzige Sorge, die uns im Alltag vom Kritisieren abhält. Viele trauen sich die Rolle des Kritikers einfach nicht zu – weil sie Angst haben, sich zu irren. Also halten sie lieber den Mund und hoffen, der andere werde von selbst darauf kommen, wo der Fehler liegt.

Oft geht diese Rechnung jedoch nicht auf – oder erst, wenn es zu spät ist. Wenn wir keine Kritik hören, neigen wir nämlich dazu, davon auszugehen, dass alles in bester Ordnung ist. Die wenigsten bemühen sich aktiv um Kritik. Wie viele von allen Chefs, die Sie in Ihrem Leben schon hatten, haben Sie regelmäßig zum Gespräch gebeten, um Sie zu fragen, was sie als Ihre Vorgesetzten besser machen könnten? Wie oft sind Sie von einem Kollegen gefragt worden, was Sie an seiner Stelle anders machen würden? Kommen Ihre pubertierenden Kinder zu Ihnen und bitten Sie um Feedback auf ihr Verhalten?

Warten Sie nicht, bis Sie so wütend sind, dass man Ihnen Ihre Meinung an der Nasenspitze ansieht. Dann hat sich meist schon so viel Frust über das angestaut, was schiefläuft, dass Ihnen sachliche Kritik viel schwerer fällt, als es nötig wäre. Wir tun weder uns selbst noch anderen einen Gefallen, wenn wir mit unserer Meinung zurückhalten. Machen Sie nicht den Fehler, nichts zu sagen, wenn Ihnen etwas unter den Nägeln brennt. Denn wenn niemand etwas sagt, ändert sich auch nichts. Ob man einen bestimmten Posten bekleidet, spielt dabei keine Rolle – entscheidend ist, dass man weiß, wovon man spricht.

Kritiker sind auch nur Menschen

Wenn man als Kritiker den Mund aufmacht, muss man auch inhaltlich mit Gegenwehr rechnen: Die meisten Anlässe für Kritik sind subjektiver Natur. Oft stellt sich erst viel später heraus, wer letztlich recht hatte und wer unrecht.

Die Kritik eines Wertungsrichters setzt sich aus zwei Komponenten zusammen: einem objektiven und einem subjektiven Anteil. Ob jemand außer Takt tanzt oder bei der Fußarbeit mit der Ferse statt mit dem Ballen ansetzt, ist unstrittig – da wird jeder Experte zum gleichen Urteil kommen. Bei der Musikalität und der Charakteristik eines Tänzers können die Meinungen dagegen – in begrenztem Maße – auseinandergehen.

Ähnlich ist das beim Kostüm, das sich auf den Gesamteindruck auswirkt, obwohl es mit dem eigentlichen Tanz nichts zu tun hat. Als Maite Kelly in der vierten Show der Staffel von 2011 den Wiener Walzer tanzte, konnte sie uns Juroren nicht überzeugen. Inwiefern das bei dieser guten Tänzerin auch mit dem ungünstigen Kostüm zusammenhing, werden wir wohl nie erfahren, denn dieser Faktor wirkt sich auf den unbewussten Eindruck aus, den auch ein erfahrener Juror nicht vollständig unter Kontrolle haben kann. An dieser Stelle wurde deutlich, wie sinnvoll es ist, dass in unserer Sendung Juroren mit unterschiedlichen Fachgebieten vertreten sind. Modedesigner Harald Glööckler griff das Problem in seiner Bewertung direkt auf und verlieh seinem Urteil damit auf ganz geschickte Weise Glaubwürdigkeit – wenn da nicht ein kleiner Irrtum gewesen wäre: »Das Kleid hat keine Leichtigkeit. Sie sind eingepresst in ein Kleid. Das hat Ihnen viel geraubt in diesem Moment. Das war, was die Leichtigkeit weggenommen hat, die Sie hatten, die aber optisch plötzlich nicht mehr da war. Die Schneiderin müsste man verklagen.«

Und damit war das Kind in den Brunnen gefallen. Die vermeintlich Schuldige war benannt worden: Die Schneiderin sollte es verbockt haben. Ich machte den gleichen Fehler und schloss mich Harald Glööcklers Meinung über die Leistung der Schneiderin an. Auch ich fand, dass das Kleid aussah wie eine Wurstpelle und Maite Kelly in ihrer Bewegungsfreiheit hinderte. Nun möchte ich unbedingt betonen, dass Katia Convents, die bei *Let's Dance* die Kostüme der Tanzpaare schneidert, einen sensationell guten Job macht. Sie trägt eine große Verantwortung, denn sie setzt die Kostüme nicht nur handwerklich um, sondern bringt auch die Vorschläge ein, welches Kostüm zu welchem Typ und welcher Musik passt. Wenn es tatsächlich mal vorkommt, dass ein Promi in seinem Outfit unvorteilhaft aussieht, schiebt man ihr automatisch den Schwarzen Peter zu.

Nur war die arme Katia Convents in diesem Fall völlig unschuldig. Sie hatte das Kleid nämlich nach den expliziten Vorgaben von Maite Kelly geschneidert. Das erfuhren wir allerdings erst nach der Sendung und mussten die in Tränen aufgelöste Schneiderin erst einmal beruhigen.

So schnell kann man sich als Kritiker irren, ohne etwas dafürzukönnen. Wie reagiert man auf einen solchen Irrtum? Klarer Fall: vertuschen. Das Publikum konnte ja nicht wissen, dass Harald Glööckler und ich uns geirrt hatten. Also lieber den Mund halten, als unsere Glaubwürdigkeit riskieren. Die Angst vor einem solchen Irrtum hält viele davon ob, überhaupt Kritik zu üben. Das ist die landläufige Ansicht: Wenn ein Kritiker sich mal irrt, wird er doch unglaubwürdig! Schlimmer noch: Er wird angreifbar! Fehler dürfen wir uns als Kritiker nicht leisten, denn sie werden uns ewig nachgetragen.

Das stimmt aber nicht. Kritiker sind auch nur Menschen, und Menschen irren sich manchmal. Natürlich stellte ich den Fehler richtig. In der Folgewoche nutzte ich bei meiner Bewertung von Maite Kelly die Gelegenheit, um die Sache aufzuklären. Unglaubwürdig wird man als Kritiker nicht dadurch, dass man sich mal irrt; sondern dadurch, dass man einen Irrtum nicht eingesteht.

Kritik ist ein Prozess

Übertragen wir die Geschichte von Maite Kellys Wurstpelle mal in den Alltag: In Ihrer Powerpoint-Präsentation vor wichtigen Investoren prangt ein dicker Fehler. Da, wo »21-prozentige Ertragssteigerung« stehen sollte, steht »12-prozentige Ertragssteigerung«. Ihr Chef bemerkt das und macht anschließend viel Aufhebens davon: »Wie kann Ihnen so ein Fehler unterlaufen, vor unserem wichtigsten Investor!« Was der Chef nicht weiß: Sie hatten die Zahl durchaus korrekt recherchiert. Ihre Assistentin hat, als sie die Powerpoint-Charts erstellte, lediglich einen Zahlendreher eingebaut – ein kleiner Tippfehler mit unangenehmer Wirkung. Sie sind im Prinzip unschuldig.

Aber welche Rolle spielt das? Der Fehler ist passiert und wurde dem Investor in der Präsentation untergejubelt. Spielt es in der Sache eine Rolle, ob der Zahlendreher Ihnen oder Ihrer Assistentin unterlaufen ist? Natürlich nicht. Genauso wenig, wie es für Maite Kellys Performance beim Wiener Walzer eine Rolle spielte, ob sie selbst oder Katia Convents die Wurstpelle verbrochen hatte.

Bei Kritik geht es nicht darum, wer recht hat. Und schon gar nicht darum, wer Schuld hat. Was zählt, ist, dass eine Verbesserung in der Sache erzielt wird. Der Kritiker kann sich irren. Doch dadurch, dass überhaupt Kritik geübt wird, kommt das Problem auf den Tisch. Ihre Assistentin wird in Zukunft genauer hinschauen. Sie selbst werden nach dem Patzer vermutlich jede Präsentation noch einmal überprüfen, bevor Sie damit vor einen Investor treten. Und schon ist eine Verbesserung zuwege gebracht.

Kritik ist die Initialzündung für einen Prozess. Sie ist da, um Veränderungen anzustoßen. Um die zu erreichen, müssen wir als Kritiker immer die Möglichkeit einkalkulieren, dass wir im Unrecht sein könnten. Darum müssen wir einen Dialog zulassen. Der Kritisierte muss sich äußern können; er muss aber dem Kritiker auch zugestehen, dass er sich irren kann. Beim Kritisieren geht es um einen Austausch mit dem Ziel, eine Lösung zu finden. Wessen Lösungsvorschlag am Ende zum Erfolg führt, ist völlig unerheblich.

Ein ehrlicher Kritiker ist also immer offen für anderslautende Meinungen. Er betrachtet seine Bewertung nicht als Richterspruch, der nicht in Frage gestellt werden darf. Deshalb ist es extrem wichtig, dass Kritiker ihrerseits kritikfähig sind: Ein Veränderungsprozess kann nur in Gang kommen, wenn beide Seiten zum Dialog bereit sind. Die zehnte goldene Regel des Kritisierens verhindert, dass einseitige Kritik Veränderungen blockiert: *Der ehrliche Kritiker sucht den Dialog.*

Dialogisch angelegte Kritik ist noch aus einem anderen Grund einem monologischen Richterspruch vorzuziehen: Der

Kritisierte bekommt dadurch die Chance, sich einzubringen und das Problem selbst zu lösen. Das gibt ihm nicht nur das gute Gefühl, den Karren selbst aus dem Dreck gezogen zu haben, er lernt auch mehr aus der Situation.

Deshalb ist es sinnvoll, Verbesserungsvorschläge nicht als Direktive zu formulieren, sondern – wenn möglich – dem Adressaten stattdessen einen Denkanstoß zu geben oder mehrere Handlungsalternativen aufzuzeigen. Gerade weil der Kritiker sich auch irren kann, ist es in den seltensten Fällen ratsam, Kritik als absolut zu verstehen – oder zu formulieren.

Das gilt besonders dann, wenn der Kritisierte selbst kompetent genug ist, eine bessere Lösung zu finden.

Bei einem Profi-Tänzer kann ich mich auf den Hinweis beschränken, dass sein Spin nicht sauber ausgeführt war; er wird wissen, was zu tun ist. Ihre Assistentin fördern Sie besser dadurch, dass Sie ihr die Wahl lassen, ob sie die Präsentationen in Zukunft selbst noch einmal überprüft oder von jemandem gegenlesen lässt. Einem Praktikanten dagegen, der das zum ersten Mal macht, müssen Sie dabei stärker unter die Arme greifen. Erst wenn das bessere Ergebnis mit einem Lerneffekt einhergeht, hat Kritik ihren Zweck nachhaltig erfüllt.

Vertrauen ist gut, Kontrolle ist ... auch gut

Trotzdem gehört das Korrektiv der Kontrolle manchmal zum kritischen Prozess dazu. Nicht überall lassen sich Vorgaben vermeiden, deren Einhaltung auch überprüft werden muss. Schließlich gibt es nicht nur Menschen, die mit Kritik nicht umgehen können, sondern auch solche, die sich ihr verweigern – aus Bequemlichkeit, aus Sturheit, weil ein kritischer

Impuls allein bei ihnen nicht ausreicht, oder aus ganz anderen Motiven heraus – und die die Kritik an sich abprallen lassen. Manche Tätigkeiten sind so verantwortungsvoll, dass auf Kontrollmechanismen zu verzichten ein zu großes Risiko wäre. Was passieren kann, wenn an kritischen Stellen auf Kontrolle verzichtet wird, zeigt der Fall Mathias Rust. Der damals 18-jährige Privatpilot schaffte es am 28. Mai 1987, mit einer gecharterten Cessna auf einer Brücke in der Nähe des Roten Platzes in Moskau zu landen. Das Ereignis ging weltweit durch die Medien. Heute, in Zeiten permanenter Terrorgefahr, wäre so etwas undenkbar, weil die Flugüberwachung rigorosen Kontrollen unterliegt – in diesem Bereich wird nirgendwo mehr ein Risiko eingegangen.

Nur einmal flog ein sowjetischer Abfangjäger dicht an dem jungen Piloten vorbei. Die estnische Flugüberwachung hätte das Eindringen Rusts in den sowjetischen Luftraum bemerken müssen, bevor er Moskau überhaupt erreichen konnte. Doch er konnte ungehindert weiterfliegen. Warum, das weiß man bis heute nicht. Waren etwa die zuständigen Lotsen gerade anderweitig beschäftigt, als Rust Estland überflog?

Kontrolle ist überall dort ein notwendiger Bestandteil eines kritischen Prozesses, wo nichts dem Zufall überlassen werden darf. Kritik darf nicht damit enden, eine Verbesserung anzuschieben; sie ist ein Prozess. Das System kann versagt, die Maßnahmen können nicht gegriffen, der Adressat kann sich der Kritik verweigert – oder der Kritiker sich geirrt haben. All das lässt sich nur feststellen, indem die Ergebnisse fortlaufend überprüft werden. Auch der Kritisierte sollte da, wo es wirklich darauf ankommt, Kontrolle nicht als Schikane auffassen, sondern als Hilfestellung.

Irren ist menschlich – ehrliche Kritik auch

Ein Kritiker, der sich nie irrt, sollte uns skeptisch machen. Menschen irren sich. Wenn jemand den Anschein erweckt, dass er nie falschliegt, ist er wahrscheinlich eher gut darin, seine Irrtümer zu vertuschen. Den ehrlichen Kritiker zeichnet aus, dass er offen mit seinen Fehlern umgeht.

Das Vorurteil, dass Kritiker sich nicht irren dürften, zeugt von einem falschen Verständnis von Kritik: Niemand profitiert von unantastbaren Urteilen, die von einer Kanzel herab gefällt werden. Kritik ist Kommunikation; sie lebt vom Austausch. Wer es ehrlich meint, lässt Widerspruch zu und ist offen für Alternativen.

Damit Kritik ihre Wirkung entfalten kann, muss sie einen Prozess anstoßen, in dem beide Seiten sich ergebnisoffen begegnen. Ob die zielführende Lösung am Ende vom Kritiker kommt oder ob dieser nur den Impuls setzt, damit der Kritisierte von selbst den richtigen Einfall hat, spielt letztlich keine Rolle. Das Einzige, was zählt, ist der Fortschritt in der Sache – und der Lerneffekt aller Beteiligten.

Wir dürfen Kritikern ihre Fehler nicht nachtragen. Nicht Unfehlbarkeit macht den Kritiker zu einem wertvollen Partner, sondern seine Glaubwürdigkeit. Weder die Angst vor Widerspruch noch die Gefahr, falsch einzuschätzen, dürfen uns davon abhalten, unsere Meinung zu äußern.

Beim Kritisieren kommt es nicht darauf an, wer am Ende recht behält – sondern allein darauf, dass das Publikum zum Beispiel Maite Kelly kein zweites Mal in einer Wurstpelle tanzen sieht.

In der Kritik und in der Liebe ist nicht alles erlaubt: Wo Kritik an ihre Grenzen stößt

Kritik: Der Tanz auf dem schmalen Grat

Auch ich kann mal den Mund halten. Ich gebe zu, es kommt nicht oft vor. Angst, mir durch meine Ehrlichkeit Chancen zu verbauen, habe ich nicht. Eher hat meine offenherzige Art mich dahin gebracht, wo ich heute bin. Es ist nicht immer der einfachste Weg. Aber es ist langfristig der gesündeste. Auf einer Lüge aufzubauen mag schon vielen Menschen kurzfristige Erfolge beschert haben – in der Unterhaltungsbranche, an der Börse, auch in der Tanzszene. Wenn andere mit der ständigen Angst durchs Leben gehen wollen, entlarvt zu werden, mögen sie es versuchen. Ich tue mir das nicht an. Ich möchte lieber morgens in den Spiegel schauen können, ohne mich zu schämen.

Und da bin ich nicht der Einzige. Nicht nur das Fernsehpublikum mag Menschen, die stellvertretend für viele den Mund aufmachen und mit ihrer Meinung nicht hinterm Berg halten. Der Grat zwischen sympathischer Offenheit und Provokation ist schmal; viele Menschen, die in der Öffentlichkeit stehen, übertreten die Grenze gelegentlich. Das macht sie menschlich. So ein eigenständiger Typ, der auch mal danebengreift, wirkt allemal authentischer als einer, der immer nur mit gut geölten Phrasen daherkommt, wie wir es von vielen Politikern und Topmanagern kennen. Die können sich vielleicht bis an die Spitze ihres Fachs mogeln, aber wirklich beliebt werden die meisten von ihnen nicht. Es fehlt ihnen einfach an einer erkennbaren Persönlichkeit. Erfolg ist eine Frage der Definition. Ich polarisiere lieber, als ihn mir durch unaufrichtige Beliebigkeit zu erkaufen.

Nicht nur im Fernsehen sind die kantigen Typen beliebter als die aalglatten. Kritik lässt mehr als jede andere rhetorische Einlassung den Stil eines Menschen erkennen. Der entwickelt sich mit der Persönlichkeit. Der junge Dieter Thoma sorgte in Interviews mit seiner sympathisch-unsicheren Ausdrucksweise und seinem Temperament manchmal für Erheiterung. Heute macht der Ex-Skisprung-Champion als Sportkommentator mit versierter Kritik zum Beispiel bei der ARD einen richtig guten Job. Er kennt sich nicht nur fachlich aus, sondern weiß auch, wann beim Kritisieren von Kollegen die Grenze erreicht ist. So kann er – ohne dabei ein Blatt vor den Mund zu nehmen – manches aus der Sportlerperspektive relativieren, was ein Sportreporter vielleicht hyperkritisch sehen würde. Auch das zeichnet einen Kritiker aus: Er ist in der Lage, auch beim Kritisieren die Prioritäten im Auge zu behalten und seine Meinung nicht über alles andere zu stellen.

Den Individualisten aus der Sportwelt hören die Menschen gern zu – weil sie offen ihre Meinung sagen, obwohl sie ›dazugehören‹. Günter Netzer, der für seine Kommentatorenrolle bei der ARD im Duo mit Gerhard Delling schon Fernsehpreise abgeräumt hat, ist ein echter Klartexter. Er ist dafür bekannt, kein Blatt vor den Mund zu nehmen. Manche finden das arrogant – viele sind ihm dankbar dafür. Seine pointierten, manchmal erbarmungslosen Einschätzungen von Spieler- und Mannschaftsleistungen bringen auf den Punkt, was Millionen von gefühlten Bundestrainern zu Hause vor dem Fernseher denken. Der Unterschied zwischen ihnen und ihm liegt darin, dass Netzer auf seinem Gebiet eine Institution ist. Ein solcher Kritiker ist mehr als ein Experte; er ist das Sprachrohr der Menschen, die seiner Meinung vertrauen. Kritiker, die polarisieren, machen ihren Job richtig. Ich würde sogar so weit gehen zu sagen: Ein ehrlicher Kritiker muss manchmal polarisieren. Wer nie aneckt, der hat noch nicht ausprobiert, wie weit er gehen kann, ja gehen muss, damit sich etwas bewegt. Klare Worte sind in der Kritik nicht nur eine Frage des Stils, sondern auch eine Frage der Verantwortung: Wer für viele Menschen spricht, darf sich nicht davor scheuen, dem Volk aufs Maul zu schauen.

Empathie geht vor

Bei aller Offenheit: Es gibt Situationen, in denen auch ich mich zurückhalte. Ehrlichkeit ist für das menschliche Miteinander so wichtig, dass sie nur in Ausnahmesituationen an ihre Grenzen stößt. Doch wenn diese Grenzen erreicht sind, muss auch ein beherzter Kritiker die Lautstärke mal runterregeln. Manchmal ist das ein Konflikt zwischen der Rolle als Kritiker und dem Gebot des Anstands gegenüber unseren Mitmenschen. In solchen Momenten bewusst den Mund zu halten, ist eine vernünftige Entscheidung: Menschen in Extremsituationen sind nicht empfänglich für Kritik, dafür aber sehr verletzlich.

Der Schauspieler Bernd Herzsprung befand sich in einer solchen Extremsituation, als er 2011 an der vierten Staffel von *Let's Dance* teilnahm. Nach den ersten beiden Shows, in denen er vielversprechende tänzerische Ansätze zeigte, verschlechterte sich die schwere Erkrankung seiner Mutter rapide. Er konnte sich nicht mehr auf das Training konzentrieren, wie er das sonst tat. Noch während der Vorbereitung auf die dritte Show starb seine Mutter. Bernd Herzsprung setzte eine Folge lang aus. Jeder hätte verstanden, wenn er sich ganz aus der Staffel zurückgezogen hätte, doch er kehrte in der vierten Sendung zurück.

Den Umständen geschuldet, hatte er vor dieser Sendung wenig trainiert; dennoch erbrachte er eine gute Leistung. Das, was ich an seinem Wiener Walzer auszusetzen hatte – auf der rechten Seite hinkte gegen Ende des Tanzes seine Beinarbeit ein wenig hinterher –, erwähnte ich zwar. Anders als ich es sonst getan hätte, legte ich den Schwerpunkt meiner Kritik jedoch nicht auf diesen verbesserungswürdigen Aspekt: »Das haben wir jetzt ein bisschen übersehen.« Stattdessen hob ich seine Fortschritte im Vergleich zu den vorherigen Shows trotz der widrigen Umstände hervor, lobte die Musikauswahl und die Choreographie. Natürlich durfte ich den Wettbewerb nicht kompromittieren; der Schauspieler bekam von mir trotzdem ›nur‹ sechs Punkte. Die hatte er sich als einer der stärkeren Tänzer im Feld aber auch verdient.

Warum in einer solchen Situation weniger in die Kerbe hauen als üblicherweise? Ein Mensch, der trauert, reagiert viel sensibler auf Kritik. Was er sonst auszuhalten vermag, kann ihn in seiner geschwächten Verfassung viel stärker mitnehmen. Auch der Kritiker muss vor allem daran interessiert sein, seinem Schmerz nicht noch etwas hinzuzufügen, sondern ihn zu stützen und bei der Stange zu halten.

Kritik ist wichtig, aber nicht wichtiger als die Trauer um einen geliebten Menschen. Einen Kandidaten – oder einen Mitarbeiter – in einer solchen Situation ohne Rücksicht auf Verluste hart ranzunehmen, würde das Vertrauensverhältnis zerstören – und damit die Basis für ehrliche Kritik in der Zukunft. Hier kommt noch einmal die erste goldene Regel des Kritisierens zum Tragen: *Kritik muss zum richtigen Zeit-*

punkt stattfinden. Im Gegensatz zu einem überwältigenden Gefühl wie Trauer, das alles andere überdeckt, kann Kritik warten. Nicht immer, aber in einem solchen Moment ganz bestimmt.

Als Kritiker muss ich empathisch und in der Lage sein zu erkennen, wann mein Gegenüber bereit ist für meine Kritik – und wann ich ihm Zeit lassen muss, um erst einmal mit sich selbst klarzukommen.

Das Gewissen setzt die Grenzen

Auch im Geschäftsalltag setzt die Grenzen für Kritik nicht etwa die Firmenpolitik, sondern das Gewissen. Meine Rolle als Chef verlangt, dass ich Fehler meiner Mitarbeiter thematisiere. Und zwar auch dann, wenn jemand einen Fehler aus löblichen Motiven heraus gemacht hat. Die Entscheidung darüber, wie ich meine Kritik kommuniziere, liegt aber immer noch bei mir. Ich kann keine verbalen Ohrfeigen für Fehltritte verteilen, die ich selbst genauso gemacht hätte.

Ein Kollege von mir, ebenfalls Aktienhändler, befand sich einmal in dieser Situation. Als Tageshändler nutzen wir das Auf und Ab einer Aktie innerhalb eines Tages manchmal gezielt, um Gewinn zu erzielen. 2011 sackte die Aktie der Commerzbank, die wir damals auf eigene Rechnung handelten, deutlich ab. Als sie ihren Sinkflug nach mehreren Tagen weiter fortsetzte, kaufte der Kollege weitere Commerzbank-Anteile, um die Aktie gezielt zu verbilligen. Das kann funktionieren. Sobald der Sinkflug ein Ende hat und die Aktie wieder an Boden gewinnt, kann man mit dem Verkauf der billig erworbenen Anteile gute Gewinne machen. Es kann aber auch schiefgehen. Und so kam es damals: Der Kurs ging kurzfristig nicht wieder nach oben, sondern sogar noch weiter nach unten. Die Strategie, die Aktie gezielt zu verbilligen, war nicht aufgegangen.

Eine blöde Situation für meinen Kollegen. Ich konnte es ihm nachfühlen, denn ich hätte an seiner Stelle wahrscheinlich genauso gehandelt. Trotzdem machte er sich natürlich Sorgen, dass der Vorstand ihn für sein Handeln abwatschen würde. Jeder Händler weiß schließlich, dass das Verbilligen eine riskante Praxis ist. An der Börse gibt es das geflügelte Wort: »Man kann sich auch totverbilligen.« Genau das war in diesem Fall geschehen.

Wie sich jedoch herausstellte, hatte der Vorstand unserer Firma, der selbst ebenfalls am aktiven Handel teilnahm, genau die gleiche Position in seinem Buch stehen. Er war dieselbe Strategie gefahren wie mein Kollege. Ein Dilemma: Als Chef wäre er gehalten gewesen, Kritik am fehlgeschlagenen Risikokurs meines Kollegen zu üben – immerhin hatte die Firma dadurch einen Verlust erlitten. Aber wie glaubwürdig wäre er dabei gewesen, da er selbst den gleichen Fehler gemacht und die Entwicklung der Commerzbank-Aktie genauso falsch eingeschätzt hatte?

In einer solchen Situation wird ein ehrlicher Chef gemeinsam mit seinem Mitarbeiter nach Lösungen suchen, um den Fehler wieder auszugleichen. Ihn dafür rundzumachen dagegen könnte er mit seinem Gewissen nicht vereinbaren. Der Fehler meines Kollegen war eine lässliche Sünde: Er hatte aus den richtigen Motiven heraus gehandelt und handwerklich nichts falsch gemacht. Die Natur des Aktiengeschäfts geht mit Risiken einher, die man zum Zeitpunkt der Entscheidung manchmal nicht absehen kann. Wir waren alle davon ausgegangen, dass die Aktie nicht noch weiter absacken würde. Der Kollege – genau wie der Vorstand selbst – hatte sich einfach verspekuliert. Da kann ich als Chef nicht die Keule auspacken.

Manchmal ist das erwartete Ergebnis das Risiko einfach wert. Ein Chef, der seinem Mitarbeiter daraus einen Strick dreht, tut dem Unternehmen nichts Gutes. Ganz im Gegenteil: Er bremst das Engagement. Und ein Aktienhändler, der sich – in den Grenzen, die die Handelsbestimmungen und der gesunde Menschenverstand vorgeben – nicht mehr traut, auch mal ein überschaubares Risiko einzugehen, ist für die Firma und für seine Kunden nichts mehr wert.

Einmal mehr eine Gratwanderung für den Kritiker: Er muss einerseits Leitplanken setzen, darf andererseits aber auch nicht zum Hemmschuh des Erfolgs werden. Dazu wird er, wenn er mit seiner Kritik über das Ziel hinausschießt und andere lähmt. Auch hier ist es das Gewissen des ehrlichen Kritikers, das die Grenzen der Kritik vorgibt: Was ich selbst nicht vertreten kann, darf ich anderen nicht zum Vorwurf machen.

Kritik in der Ehe: Die Kunst des Kompromisses

Werden strenge Kritiker zu Hause bei Frau und Kindern tatsächlich zu Kuschelbären, wie es oft heißt? Ich kann zwar nur für mich sprechen, aber: Da ist schon was dran. Natürlich verkneife ich mir das Kritisieren auch in der Erziehung meiner Töchter und gegenüber meiner Frau nicht – das wäre unehrlich. Ehrlichkeit ist nirgends wichtiger als in unseren engsten Beziehungen. Gerade gegenüber dem Partner oder der Partnerin muss man alles aussprechen dürfen. Wenn man laut nachdenkt, dann lösungsorientiert – auch wenn es mal

Reibungen gibt. Dass es sogar im Streit möglichst sachlich zugehen muss, gilt in der Ehe genauso wie im Büro.

Ein paar Unterschiede gibt es aber doch, wenn wir in der Familie Kritik üben. »Drum prüfe, wer sich ewig bindet«: In einer Ehe herrscht zumindest bei den zentralsten Sachthemen mehr oder weniger Einigkeit – sonst hätte man wohl nicht zusammengefunden. Daraus erwächst ein Grundvertrauen in der Sache: Ich kann immer davon ausgehen, dass meine Frau und ich an einem Strang ziehen, wenn es hart auf hart kommt. Dieses unerschütterliche Grundvertrauen genießen wir zum Beispiel in Geschäftsbeziehungen oft nicht – jedenfalls nicht in dieser Form. Von einem Geschäftspartner kann ich im Zweifel nicht verlangen, dass er Haus und Hof riskiert, um mir zu folgen, wenn es unterschiedliche Ansichten gibt. Manchmal ist es dann vernünftig, an der Weggabelung in verschiedene Richtungen weiterzugehen.

In der Familie dagegen trifft man alle wichtigen Entscheidungen gemeinsam. Wenn zum Beispiel die Frage ansteht, auf welche Schule die Kinder gehen sollen, können die Meinungen durchaus auseinandergehen. Wenn die Partner und die Kinder unterschiedlichen Schulen den Vorzug geben würden, kann es hoch hergehen. Dennoch werden die Beteiligten wegen einer solchen Entscheidung nicht ihre Familienbande zerbrechen lassen. Entweder wird einer die besseren Argumente haben, oder man einigt sich auf die Schule, bei der es die größte Schnittmenge an Pro-Argumenten von allen Seiten gibt. Am Ende wird es eine Entscheidung geben, die alle mittragen – und zu der dann auch alle stehen sollten, wenn ein vernünftiger Kompromiss gefunden wurde. Hat die Schule das Rennen gemacht, die ich befürwortet habe, wird meine Frau mich später nicht zum Sündenbock erklären, wenn die Wahl sich als falsch herausstellt. Immerhin haben wir die Entscheidung gemeinsam getroffen. Und eine Entscheidung, die man mitgetragen hat, kann man später nicht aufs Schärfste kritisieren.

Wenn meine Frau und ich gelegentlich unterschiedlicher Meinung sind, finden wir einen Kompromiss. Immer. Wo man im Arbeitsleben vielleicht versuchen würde, sich nach allen Regeln der Kunst argumentativ durchzusetzen, geht in der Ehe im Zweifel die Beziehungsebene vor. Da ist gegen einen gesunden Kompromiss nichts einzuwenden – schließlich herrscht ja auf beiden Seiten das Grundvertrauen darüber, dass der andere dasselbe Ziel vor Augen hat. Wenn sich dann mal eine Entscheidung als falsch herausstellt, dann muss man den Reinfall gemeinsam durchstehen. Dafür ist Familie schließlich da.

Wer glaubt, sich immer und überall mit allen Mitteln durchsetzen zu müssen, der muss damit leben, dass darüber die Beziehung in die Brüche gehen kann. In der Kritik ist, wie in der Liebe, eben nicht alles erlaubt.

Wann man als Kritiker schweigen sollte

Einzuräumen, dass Sie Ihrem Partner oder einem guten Freund anders gegenübertreten als einem Geschäftspartner oder einem Mitarbeiter, wird Ihnen nicht schwerfallen. Wenn Sie bei der Entscheidungsfindung ehrlich geblieben sind und Ihre Meinung nicht zurückgehalten haben, können Sie im engsten Kreis auch mal mit einem Kompromiss leben.

Schwerer zu akzeptieren ist dagegen, dass es auch in alltäglichen Konstellationen manchmal besser ist, sich mit kritischen Äußerungen zurückzuhalten. Ich habe es schon mehrmals betont: Nur in Ausnahmefällen ist es sinnvoll, lieber zu schweigen als zu kritisieren. Nämlich dann, wenn Sie als Kritiker der Sache trotz guter Argumente eher schaden als nützen würden. In solchen Situationen greift die achte goldene Regel des Kritisierens: *Hinter die Sache zurückzutreten ziert den ehrlichen Kritiker.* Die Sache ist wichtiger als das eigene Ego.

Wenn ich als Kritiker in der fraglichen Sache angreifbar bin, nützen alle Kompetenz und alle Objektivität nichts. Für Personen, die in der Öffentlichkeit stehen, ist in diesem Punkt besondere Vorsicht geboten. Zum Beispiel wäre es nicht sonderlich smart gewesen, wenn ich nach dem Skandälchen um die Hundedame Estrella meinerseits Kritik an den Praktiken der Tierhaltung in vielen Landwirtschaftsbetrieben geübt hätte – zum Beispiel als Botschafter einer Tierschutzorganisation im Rahmen einer Kampagne gegen Massentierhaltung. Irgendjemand hätte die Geschichte über die Hundeshow wieder aufgewärmt und mich zum Heuchler erklärt – ungeachtet des Wahrheitsgehalts der damaligen Schlagzeilen. Damit hätte ich dem Tierschutz geschadet – die Kampagne wäre zur Lachnummer erklärt worden, weil ausgerechnet ich dafür warb.

Auch wenn ich mir nichts habe zuschulden kommen lassen – wenn es um Tierschutz geht, bin ich in der öffentlichen Wahrnehmung derzeit angreifbar. Darum: Wenn ich in naher Zukunft etwas für diese Sache tun möchte, dann lieber schweigend. Mit öffentlichen Bekundungen würde ich eher den Eindruck erwecken, dass ich mich rehabilitieren möchte – und schon stünde der Verdacht im Raum, es ginge mir nicht um die Tiere, sondern um mein Image.

Margot Käßmann wäre eigentlich eine geeignete Vertreterin für eine Kampagne gegen Alkohol am Steuer. Durch ihren souveränen Umgang mit der Affäre um ihre Autofahrt unter Alkoholeinfluss wäre sie ein glaubwürdiges Vorbild für die persönlichen Risiken, die mit Alkohol am Steuer einhergehen. Allerdings nicht in Form von Kritik. Würde sie mit erhobenem Zeigefinger feiernde Teenies ermahnen, sich auf keinen Fall hinters Lenkrad zu setzen, ohne aufrichtig Bezug zu ihrer Geschichte zu nehmen, wäre ihre Glaubwürdigkeit in dieser Sache dahin.

Die größte Verantwortung des Kritikers ist es, immer ehrlich zu bleiben. Sie begründet die seltene Ausnahme vom Gebot, mit der eigenen Meinung nicht hinterm Berg zu halten: Wenn ich in der Sache angreifbar bin, lässt sich diese Verantwortung manchmal nur erfüllen, indem ich auf Kritik verzichte.

Der ehrliche Kritiker kennt seine Grenzen

Ein ehrlicher Kritiker macht den Mund auf, wenn er etwas zu sagen hat. Er lässt sich nicht davon zurückhalten, dass seine Meinung vielleicht unpopulär ist, die Harmonie stört oder seinem Ansehen bei Andersdenkenden schadet. Reibungen nimmt er in Kauf, wenn der Fortschritt in der Sache sie rechtfertigt: Er scheut sich nicht zu polarisieren.

Doch ein ehrlicher Kritiker weiß auch, wann er zu schweigen hat – aus der Verantwortung für die Sache heraus. Nämlich dann, wenn er ihr mit seiner Kritik eher schaden als helfen würde. Auf jemanden, der durch eine emotionale Extremsituation offensichtlich nicht in der Lage ist, Kritik auszuhalten, geht er nicht los. Er wartet, bis derjenige wieder aufnahmefähig ist, um das Vertrauensverhältnis nicht zu gefährden, das die Basis für erfolgreiche Kritik bildet. Für eine Entscheidung, die er selbst genauso getroffen hätte, zieht er andere nicht in die Verantwortung, denn er hört auf sein Gewissen. Er gefährdet auch nicht das Vertrauensverhältnis in seinen wichtigsten Beziehungen, nur um sich durchzusetzen – weil er sich darauf verlassen kann, dass sein Gegenüber ohnehin am gleichen Strang zieht. Und er riskiert keine dicke Lippe, wenn er persönlich in der Sache angreifbar ist und mit seiner Einmischung die Glaubwürdigkeit der Botschaft aufs Spiel setzen würde.

Kritik darf nicht zum Selbstzweck werden. Beachten wir diese Grenze nicht, folgen wir nicht der Verantwortung für die Sache, sondern unserem Ego. Und wo das Ego im Vordergrund steht, geht es meist nicht ehrlich zu. Für Ehrlichkeit aber gibt es, im Gegensatz zu manch anderem Gebot des menschlichen Miteinanders, keine Einschränkungen. Nur ein ehrlicher Kritiker ist ein verantwortungsvoller Kritiker.

Epilog: Warum wir niemals »Scheiße« sagen sollten – und es doch manchmal tun

Zum Schluss möchte ich ein paar Fragen an Sie richten: Wie oft haben Sie während der Lektüre dieses Buches hinter verschlossenen Türen jemandem erzählt, dass Sie etwas »scheiße« fanden? Wie oft haben Sie sich bei Ihrem Partner, einer Freundin oder einem Kollegen Luft gemacht? Und wie oft haben Sie im Vergleich dazu direkte Kritik gegenüber der betreffenden Person geäußert? Bei welcher von beiden Varianten hat sich anschließend etwas bewegt? Und in welchen Fällen haben Sie sich anschließend wirklich erleichtert gefühlt?

Und noch etwas: Wie oft, glauben Sie, wird die Sache wohl umgekehrt gewesen sein, und jemand hat sich über Sie Luft gemacht? Wie oft wurden Sie hingegen direkt kritisiert, und wie sind Sie damit umgegangen?

Wenn Sie bis hierher gelesen haben, wissen Sie schon, worauf ich hinauswill: Nur ehrliche Kritik, unumwunden dem Adressaten gegenüber geäußert, bringt uns wirklich weiter. Wenn wir uns an den goldenen Regeln des Kritisierens orientieren, die in diesem Buch zur Sprache gekommen sind, können wir dabei auch wenig falsch machen. Wer mit ehrlicher Kritik nichts anfangen kann, ist nicht kritikfähig – und hat im Zweifel gar kein Interesse daran, sich auf einen echten Dialog einzulassen. Der setzt nämlich die Bereitschaft zu einem kritischen Prozess voraus. Alles andere ist nur Geschwafel.

Letztendlich sind die Antworten auf die Frage, was einen ehrlichen Kritiker ausmacht, sehr überschaubar: Er orientiert sich an transparenten Kriterien. Er legt einen fairen Maßstab an. Er begründet seine Kritik konkret und formuliert sie so wohlwollend wie möglich, aber auch so deutlich wie nötig. Dabei zeigt er sich auf der Beziehungsebene empathisch und auf der Sachebene lösungsorientiert. Er zeigt Handlungsalternativen auf und lässt dem Kritisierten den nötigen Freiraum, um es auf seine Art zu machen. Er sucht den Dialog und hat kein Problem damit einzuräumen, wenn er sich mal geirrt hat. Sein Interesse gilt dem Fortschritt in der Sache. Er lässt sich nicht von verborgenen Beweggründen leiten, die nichts mit der Sache zu tun haben – vor allem nicht von seinem Ego. Eigentlich alles ganz einfach, wenn es so auf dem Papier steht. Und doch erfordert es manchmal große Überwindung, den Mut zu ehrlicher Kritik aufzubringen. Ganz besonders Menschen gegenüber, die uns wichtig sind oder zu denen wir in irgendeiner Art von Abhängigkeit stehen. Dass die Hemmschwelle so groß ist, liegt oft einfach nur daran, dass wir viel zu lange warten, bis wir uns endlich trauen, mit unserer Meinung herauszurücken. So lange, bis der Anlass für die Kritik sich zu einem echten Ärgernis ausgewachsen hat – verbunden mit dem entsprechenden Fruststau. Erst wenn es sich nicht mehr umgehen lässt, platzen wir mit der Kritik heraus – und oft platzt uns der Kragen gleich mit. Und schon ist es passiert: Wir haben »Scheiße« gesagt, statt uns an die Regeln zu halten.

Wir sollten zwar beim Kritisieren nicht »Scheiße« sagen. Aber wenn es mal passiert, geht die Welt davon auch nicht unter – solange die Kritik nicht in persönliche Beleidigungen und Anfeindungen ausartet, die in der Beziehung irreparable Schäden hinterlassen.

Ehrlich Kritik zu üben erfordert Übung. Es ist keine Wissenschaft, aber es ist eine der größeren Herausforderungen der Alltagskommunikation. Uns die Rolle als Kritiker zuzutrauen setzt die Erkenntnis voraus: Aufrichtig Kritik zu üben ist nicht aggressiv, sondern konstruktiv – für die Sache und für die Beziehung. Ehrliche Kritik ist ein Angebot zum Dialog, das dem Kritisierten zeigt, dass ich es ernst mit ihm meine. Sie ist nicht gleichbedeutend mit Verriss, mit Nörgeln und mit Lästern. Kritik will etwas zum Guten verändern.

Wenn Sie das verinnerlichen, werden Sie sich Kritik nicht nur zutrauen – Sie werden sie sich auch von anderen wünschen. Es gibt keine bessere Basis für ein offenes, ehrliches Miteinander. Die Menschen in Ihrem Umfeld, die zu ihrer Meinung stehen und sich nicht scheuen, sie laut zu sagen, sind die Menschen, auf die Sie bauen können. Ihnen tun Sie sogar einen Gefallen damit, wenn Sie sie ehrlich kritisieren; schließlich tun sie Ihnen ihrerseits ja den gleichen Gefallen.

Den Mut zu ehrlicher Kritik aufzubringen zahlt sich aus. Es kann Ihr Leben verändern. Vielleicht nicht von heute auf morgen. Aber ganz bestimmt nachhaltig. Gönnen Sie sich die Erleichterung, sich auf den Weg dahin zu machen. Ich bin diesen Weg gegangen, gehe ihn weiter und habe es nicht bereut. Unterwegs werden Sie, wie ich, immer mal wieder »Scheiße« sagen. Das macht nichts, denn damit leben Sie immerhin bereits die wichtigste Eigenschaft jedes Kritikers aus: den Mut zur Ehrlichkeit.

René Borbonus

Respekt

Wie Sie Ansehen bei Freund
und Feind gewinnen

Gebunden mit Schutzumschlag.
Auch als E-Book erhältlich.
www.econ.de

Die Wiederentdeckung einer vergessenen Tugend

Egoismus und Intoleranz greifen in unserer Gesellschaft zunehmend um sich. Ob im Kampf um den
Arbeitsplatz oder bei familiären Auseinandersetzungen – immer mehr Menschen verfolgen rücksichtslos
die eigenen Interessen. Doch wer beruflich und privat
langfristig etwas erreichen will, der muss seinen Mitmenschen mit Respekt begegnen.

Der Kommunikationsexperte René Borbonus zeigt, wie
man mit Selbstbeherrschung, Konfliktfähigkeit und
Überzeugungskraft auch in schwierigen Situationen
besteht. Nur wer lernt, mit anderen respektvoll umzugehen, wird am Ende selbst Respekt und Anerkennung
gewinnen – und so leichter seine Ziele erreichen.

Econ

Boris Grundl

Verstehen heißt nicht einverstanden sein

Wie Sie respektiert werden, Freunde gewinnen und Stress meistern

Klappenbroschur.
Auch als E-Book erhältlich.
www.ullstein-buchverlage.de

Verständnis reicht im besten Fall weiter als der Verstand

Verstehen ist der Erfolgsfaktor der Zukunft. Wer tief versteht, sieht klarer, erkennt, worum es im Kern geht, und trifft die besten Entscheidungen. Und wer tiefer verstehen will, muss überhaupt nicht einverstanden sein. Egal, ob es dabei um Wirtschaft, Politik, Gesellschaft oder Familie geht.

Boris Grundl zeigt, wie wir uns von oberflächlichem Schwarz-weiß-Denken verabschieden und unseren Charakter formen. Wie wir lernen, klug hinhören, differenziert bewerten, Perspektiven wechseln und unsere Sicht erweitern. Wer verstanden hat, handelt aus Überzeugung. So bekommen wir Haltung, sind innerlich frei – und gewinnen.

Econ